林治杉◎著

道德经悟解

以心悟身解来展圣人的实悟智慧

台海出版社

图书在版编目(CIP)数据

道德经悟解 / 林治杉著. —北京：台海出版社，
2024.6

ISBN 978-7-5168-3787-0

Ⅰ.①道… Ⅱ.①林… Ⅲ.①《道德经》—研究
Ⅳ.①B223.15

中国国家版本馆CIP数据核字（2024）第027642号

道德经悟解

著　　者：林治杉

出 版 人：薛　原　　　　责任编辑：王　萍

出版发行：台海出版社
地　　址：北京市东城区景山东街20号　　邮政编码：100009
电　　话：010-64041652（发行，邮购）
传　　真：010-84045799（总编室）
网　　址：www.taimeng.org.cn/thcbs/default.htm
E-mail：thcbs@126.com

经　　销：全国各地新华书店
印　　刷：三河市九洲财鑫印刷有限公司
本书如有破损、缺页、装订错误，请与本社联系调换

开　　本：710毫米×1000毫米　　1/16
字　　数：372千字　　印　　张：24.25
版　　次：2024年6月第1版　　印　　次：2024年6月第1次印刷
书　　号：ISBN 978-7-5168-3787-0

定　　价：88.00元

序

天地悠悠星汉灿烂，古今荡荡沧海桑田，万顷洪荒岳峨河浩，泱泱神州高天厚土，浩浩文明日启东方，大哉中华上下五千年，纵横九万里，渊源悠瀚胄衍祀绵。寰洞世宇九州，唯我华夏，不死之民族，依然在这片黄土地上热血奔淌，千锤百炼愈挫愈勇，长路上每每浴火重生！历史载者垂五千年，怀瑾握瑜雄立东垣，千文万华德音汪濊，表累博精文化无休，为世宇定海神针鉴。

大国者称：地甚广、海甚阔、人弥多，核武器，文化积淀厚德载物，智者圣贤俊采星驰，拆骨为烛秉耀天下，百家文化层见叠出，睿智圣履源远流长，皆震旦之瑰宝，巨厦之基石，精神之财富，庙堂之定鼎，胤赤县之沃土，匡颓败于危难。

巍巍中华，万里河川山高水长，流星岁月白驹过隙，无识之物郁然有彩，有心之器其无文欤？虽朝代更迭白衣苍狗，唯文化，大浪淘沙掇拾圣贤，蔚道之文淀下经章。中华文明香火不断，千年的《黄帝》《道德》《论语》，万年之《山海》《周易》腾蛟起凤，吞吐六合鸿蒙苍穹，虽饱经忧患，仍屹于洪涛骇浪，问世上茹古涵今谁与比肩！

俱往矣，岁月留香慎终追远，千年来“内用黄老，外示儒术”。能与世界诸圣比肩者唯孔、老耳。史上儒家治教功不可没，然莫不寄言上德托意玄珠，其所傍藩壁乃“道”尔，水性虚而沦漪结，木体实而花萼振，文附道也。矧载道圣贤伏脉千秋者，草蛇灰线，弹指越千年，皆依黄帝诸经及此道德圣经为绳，圭臬“黄老”之学，聚文化砥柱峰斗，高山仰止景行行止。

今狮王回归震叠九宇，江南江北五洲河川，山巅一吼野干脑裂，擎大道震古烁今，日月丽天群阴慑服，义言一出既见英明。飞鸿留爪《道德经》，文词雅训金光夺目，盗天火众生仰爱，降大法雨诸天至治。虽非鸿篇巨制却定天下，大含细入倍诸贤万万，笃文心以雕龙字字珠玑，要言不烦舌灿莲花，波诡云谲笔扫千军，法流甘露拥恢展弘，荦荦大端蔚为壮观。承赤县之文化，载九州之精神，悬雄州之华盖，表人文之风采。道明千苒举世可鉴，犹川谷之于江海，文之为德与天地伍生。虽博文积富，实则归一。上汲道泉，下承祖泽，仰观宇宙，俯察人心。降法乳以沐人德，开圣眼，闭凡迷，盖天盖地逾霄汉，不入疑怖之林，稳可速归抵家。

昔，两千五百年前，函谷关上慈云升腾、紫气东来，尹喜万山无阻入主雄关，恭请凤鸣叩问玄德，斗南稀有之师徒，高山流水相遇知音，老子吹大法螺龙吟大道，动中肯綮涵盖万千，成一桩中华善事、圣事、绝顶之事也！正可谓：

智老传衍圣大道

慧尹承习妙玄德

后学圣贤皆拜于座下企望藩伯项背，不吝言辞溢于赞颂，誉为“群经之首”“能以数语抵人千百言”。“天地之心，心生而言立，言立而文明。”而今，去圣千远，虽言犹在耳，孜孜以求，然与世推移质文代变，师惰乃教不位，故非明莫洞也。举而措之天下之民，谓之事业。今若不综核究竟直窥渊海，实为可惜！是经虽短短五千言，确立中华民族之正根，上承华夏之礼乐——“守正”，下接诸子百家之文明——“出新”。万世经皇，文字隽永迭意深妙，将宇宙之本原精描细画，典据后学。

“言之无文，行而不远。”千古文墨道德经，文约义丰达道为德，虽浅观转如振玉，辞如贯珠，实则洪钟大吕逶迤崆峒，如日之芒叩问苍穹，行墨间具含龙章凤姿，非陆水极目能窥之秋蝉，须临空万里方觐其容。非理学哲辨，谋而不相。岂机巧聪明、枕典席文所能浃洽。莫以脑力研精覃思、揆情度之，惟心倾情，静以修身，俭以养德，淡泊明志，宁静致远方可入内，惟证方知。一要自立图强，二要得遇际会，如吕洞宾得遇黄龙禅师悟道后曰："自从一见黄龙后，始觉从前错用心。"

白玉蟾祖师言："学道之人以养心为主，心动神疲，心定神闲。疲则道隐，定则道生，胸次浩浩，乃可载道。""大道之妙，全在凝神处。凡闻道者，宜领此意求之。凝神得窍则势如破竹，节节应手。"当今之世，去圣远矣，大凡透圣明经者，必先行得见圣道，知其形貌长短粗细，味嗅几何，方知圣老所述之，头焉尾焉，形貌容光。犹如观象，知其头大如鼎，身如墙壁，腿如房柱，鼻能卷屈，皆观无遗，解圣自无难。若无眼者见象，或为柱，或为墙，或为蟒，或为扇，各执一词，朱紫交竞各说春秋，皆去象远矣！托于空言以盲引盲，大好紫书圣光掩半。

叹人生苦短催人老！感念苦厄者多，探索生命者少，如跳龙门，跳过、试过者多，半力罢者仍为鱼矣，"末法众生苦，向道有几人！"唯稀勇者涅而不缁，屡战屡败、屡败屡战，雪山求道，断臂求法，皆为找寻心中大道。

大道者擅一，一者不异也，"吾道一以贯之"。非有非无，非上非下，亦非中间。在眼前亦在眼内，观之弗见，唯观即是，听而弗闻，唯闻是之。见者旻穹至为亲切，举手投足即是道，不见者远在灵山，彼西外远。

"文化"者，民族之意识形态、思维方式、价值观，别于他民族之"个性"，为骨里精神之外现。吾神州民族"文化"的根即旨于"道"。"今兹捧袂，喜托龙门。……钟期既遇，奏流水以何惭？……登高作赋，是所望于群公。"今辈跨时空守望灯烛，实幸也！

明太祖朱元璋赞《道德经》曰："朕虽菲材，惟知斯经乃万物之至根，王者之上师，臣民之极宝。"鲁迅言："不读《道德经》一书，就不知中国文化，不知人生真谛。"道德真经龙吟凤哕，大智大慧矗寰宇，守望文明铸根塑魂，张华夏民族之伟大于世界。其为中华巨轮之压舱石，提振盛世之灯塔，让中华民族巍然屹立于世界民族之林。

“前瞻叠嶂千重阻，却带惊湍万里流。”有前贤言：“五星出东方，利中国。”航标指向坦途光明，道洽大同！

一　凡

前　言

常言道“开卷有益”，就是说，凡是成书要使人受益，凤冠其首，化感本源，志气之契滋养人心灵。这未尝不是对写书人的一种鞭策，我们写书的，如果没有对人、对社会有益，就似乎对不起那些“开卷”的人，所以自勉悬梁刺股之志，“富于万篇，贫于一字”，方能结言端直，骨入贤文，达到刘勰的标准——有风骨。

我国自古是世界上文化多元化的国家，是因为重视“书籍”、重视学习，这当然也仰赖于我国纸张的伟大发明，中华优秀传统文化是我们最深厚的文化软实力。

什么是“文化”？“文”者，语言文字也，是所传承下来的智慧和经验。“化”是学以致用，潜默在一切行为中。“文”与“化”合在一起，这时“文”是浓缩、提炼的智慧，“化”是那智慧嵌入到了心灵。“文化”就是一个国家的人心，这个心是人们受文学艺术、历史故事、上古神话、经典习俗等的长期塑造所形成的。比如四大名著、戏剧诗歌等。它们的背后是“四书五经”，是历史，是《离骚》《三字经》《千字文》，而这些的背后是经典，前期叫“黄老”，后期叫“老庄”。中华文化大戏的主角是孔子，是“仁”，然而其骨子里是智慧，是“德”，而仁德的背后都是化“黄老”的智慧而武装的《论语》。这些经典的根是“天人合一”，也就是大道，所以中华文化的根是“道”，就是说孔子背后站着的巨人是黄帝和老子。人民的靠山是国家，国家的脊梁是民族，民族的精神是文化，而文化的灵魂乃是大道。南怀瑾老师说：“《道德经》是讲道的，中国文化上下五千年其实都来源于这个‘道’，中国文化的中心要点就是一个‘道’字。”中华民族的诸子百家、诗词歌赋统统是“道”为尊。

都说《道德经》是“万经之王”，“王”是指它的智慧高度倍于其他圣贤，所以被尊为“元典”。

上古造字的人是圣人。“道”字（图5），是从人神一体的图腾画面符篆化而来的，在《道德经》中表示宇宙的性质。

“德”字表示人心合于道性，施德为“道”。

“经”，事之所凭，国之所依。“经”者心之径也，从经名我们就可以知晓，《道德经》讲的唯有“道”，别无旁物。

“道”是大道的代名字，“无”是大道的性质，“虚”是大道的架构，“一”是大道的当下。大道就好比是一种场，接近于我们现代的“量子场”。现代还有一个科学名词叫“以太”，这个词出自公元前的亚里士多德，其实说的就是大道，只是人们不懂亚里士多德。让我们来看看科学家所描述的“以太”：“它是不动的，无处不在，均匀无质量，充满了全宇宙，它是一切的媒介，它是爱、美好、希望。”这完全是在描述“道”。难怪伟大智慧的爱因斯坦要拿“以太”来作为光的参照系，这样才能定出光的速度。现代还有一个名词也是描述这个的，叫“信息场”，其实它就是爱因斯坦魂牵梦绕的“统一场”。

《道德经》的一个难关是“场景关”。它是在什么样的场景下讲的？是给多少人讲的？给什么水平的人讲的？司马迁写有“为著道德经”，我们后人看到“著”字，就认为是请老子写的，其实不是这样的。在上古，著书立说的“大”人物都是用嘴讲课，然后学生用脑子记下来，日后可以讲给别人听就是“著”。比如佛经就是阿难讲给徒弟，徒弟再背给徒弟，再背下去直至500年后才被写在树叶上成了《贝叶经》。历史都是口头流传的。像《山海经》、蒙古的《成吉思汗史歌》，各个少数民族的历史，前期都是由人口耳相传，一代一代传唱几千年的，直至有了文字才用笔记录的。

《道德经》是老子应尹喜所邀，专门为尹喜举办的一个悟道活动，就像禅宗的“打七”，尹喜问，老子答。还有尹喜的手下及其他几个人参加，所记录下来圣人的讲话。老子从一开始就看出来尹喜是个资质很高的人，是可以悟道的，且对自己敬若神明，所以尹喜是用心地问，老子也是用心地答，极尽启发之能事。

大家要知道，悟道是很难的，他要常常念兹在兹，心心念念地想着这码事，这就是我们从著名的中国“诗皇”所看到的“参差荇菜，左右流之。窈窕淑女，寤寐求之”的词句，就是圣人说的“读书，始读，未知有疑；其次，则渐渐有疑；中则节节是疑……”尹喜就是这样一个有“大”心的人，于生活中对生命产生叩问，于是就从书中去寻找，看不懂就产生疑问。如今，见到圣人就把一生的问题全问了。

那么反过来，让一个人悟道也是很难的，一定要老师一边答，一边问，一边察，要看他的心跟上了没有，还要留给他思考、冥想的时间。还没懂，就再讲，再问，这就是我们看到的《道德经》。因为不记录问话，老子还有一些简短的答话，并没有讲什么大道理的就不记了。假如把所有人的话都记录了，可能就像《论语》一样厚了。

咱们看一段黄庭坚的悟道过程。黄庭坚来参拜晦堂禅师，因为他是个读书人，晦堂禅师就拿孔子的话来考问他：“二三子以我为隐乎？吾无隐乎尔！”（“吾无隐乎尔”意思是：我没有一点点保留，全都告诉你们了，我也没有骗你们。）黄庭坚是何等聪明的人，当然百分之百清楚是什么意思，结果答了许多，晦堂禅师都说“不是，不是”。黄庭坚非常郁闷。过了一阵子，黄庭坚陪侍晦堂禅师遛弯儿，岩边的一棵桂花正在盛开，香气四溢，黄庭坚不禁脱口说道：“好香的桂花啊！”晦堂禅师不失时机地说道：“吾无隐乎尔。”黄庭坚一下子悟了。

孔夫子的教导，像黄庭坚这样的读书人不知读过多少遍。但是如果不是晦堂禅师在恰当的时间、恰当的地点说一下，就不会在黄庭坚的心中爆炸，而永远只是温吞吞地读过来读过去，仍然是“道可道非恒道”。同理，《道德经》里那些黄帝的话，尹喜也是同样早已读过，但是也仅仅就是“知道”而已。一定要老子这样的大圣人给予恰当的比喻为他讲解，尹喜才能真正懂。所以说，孔子的话、黄帝的话表面上黄庭坚、尹喜都懂，如果考试也能拿满分，但要真正懂，“大”懂，就不仅仅是表面的懂，懂一句，而是一通百通，天下的一切话就都懂了，如此这样方能懂《论语》《道德经》，所以说“道”是要“传”的。我们看第三十八章给排的“道、德、仁、义、礼”，这些个概念将来年轻人可以求助于AI来帮助理解。“义，礼”没有问题，“仁”可能只能讲清楚一半，而“德”，AI只能讲出个大概，“道”就只能给出个概念、轮廓，这就是“道可道，非常道”，而我们不能说“义可义，非常义”，因为我们能够看懂并讲清楚。说了这么多，我想说的是“凡圣有别”，咱们可以拿AI作标尺，这个聪明的软件能理解的就是“凡”，往上的“德”“道”就只能是“圣”才能讲得清楚。同时带出另外一个人类的大问题——“人与动物的区别”，动物只知道本能地为肉身服务，只有人类（包括其他星球长得完全不一样的人类）知道身体是灵魂的载体，灵魂才是主人。

在老子、孔子那个时代，黄帝的经典是国家君王的执行准则，是天下遵从的万圣大典，占据着天下的制高点，因此有许多是尹喜请教，老子予以解答的黄帝经典，老子的讲话也大部分是以黄帝作为背景的。

五千言《道德经》，一是应尹喜的天问而回答的，二是随尹喜的缘，对尹喜的机来问的。因为尹喜不是修道人士，而是阅历丰富、博学多才的官员，所以他就以自己的学习经典来请教，老子就根据尹喜的特质与经历因材施教。大家知道，要讲一个人们没见过的东西，就要用见过的东西来描述，比如讲龙，就要用人们见过的蛇、鱼、鹿、驼、鹰、牛来描述。所以老子是拿各种相关联的事情为素材托义于物，来描述一个尹喜没有见过的大道。尹喜懂得治国用兵，所以才会自告奋勇来守函谷关。《道德经》里这么多的治国用兵，是因为尹喜拿先圣的治国用兵来问的。然后在之后的回答中，老子也就拿治国用兵来打比方，旁征博引。所以许多话我们后人看了，感觉是一上来干讲一个道理，起先好像没头没脑、没因没缘，其实是前面有尹喜的问题，可惜没有被记录下来，我们看不到。

这个《道德经》日后在尹喜手里就是一个讲课的讲义，是提纲，他知道当时自己提的问题，所以给学生讲时就很顺畅，讲学之中自然衔接，所以他的学生就都没有我们后人遇到的障碍。

尹喜问的问题是他学习前圣人经典所生的疑问，比如黄帝失传的经，还有《归藏》《周易》以及其他失传的典籍，包括老子在社会上早已流通的经，老子对其纠正，或调整补充，或首肯，有时大加赞赏，补充一下，以达到更精炼、更简短，这就是《道德经》为什么这么精辟，为什么有很多前人的东西。

另外，我看到很多人把老子的徒弟列出来，有尹喜，还有“文子”。其实尹喜就是“尹文子”“文始真人”，是一个人，徒弟把他的讲课记录成文字就是《文始真经》。所以这里再重复强调一下，这个《文始真经》当然是尹喜“著”的，但是是其徒弟动的笔，而不是他自己的笔耕。《道德经》《论语》《黄帝内经》《荀子》《传习录》等大部分经也是。（还有佛经，历史上创造者自己动手的是《山海经》的图画，《连山》《归藏》《周易》《金人铭》。）

因为《道德经》非常出众，所以得到了历史的重视，大家也给当作了像《论语》、佛经、《金人铭》一样的了。咱们这里要说的是，其他的经典都是给很多人讲的，所以语言都要讲圆满了。而《道德经》跟它们不一样，是老子传祖师法脉的，老子眼睛只紧紧盯着尹喜一个人，且尹喜的智慧又是天下至高的，所以语言上就极度高精尖，类似于禅宗的公案。（只有《薄伽梵歌》跟《道德经》一样是一对一，也是这个徒弟的智慧是天下至高的，所以字也不多，很薄。）另外，老子还引用了大量他老师的教导，就更加千锤百炼。有时尹喜懂了，老子就半句话直接往下讲了，而不是像佛经那样，要把意思表达全了再结束，故而《道德经》只是给一个智慧极高的未来祖师的“个性化定制”，是精而又精的经中经。

《道德经》是前几天讲《德经》铺垫，然后尹喜悟道，后几天讲《道经》以提升尹喜彻悟，内里的章节是随着尹喜的问题一步一步递进的。这就像学车，尹喜之前学习的黄帝的、老子的经典相当于“科目 1”。碰到了老子，请教问题，也就是《德经》相当于“科目 2”。《道经》相当于“科目 3”。《西升经》就相当于拿了“驾照”。等许多年后到了《文始真经》，尹喜就变成一个老教练，有“教练照”了。

那么，为什么老子把原来的讲课顺序颠倒过来呢？因为老子知道，大圣智慧都不是靠单单学习经典就能懂的，必须面对面跟老师修学，是要老师“传”的，未来主要还要以尹喜讲授为主。所以老子在《道德经》和《西升经》里都表示了：大道就要靠你尹喜去弘传下去。因此，尹喜只是把它当作了提纲、讲义，并没有把自己及大家的问话记录进来，这就给我们后世的学习带来了困难。

《道德经》的版本很多，且有些差别很大，有人说：是历史中被人给篡改了，或者被马马虎虎的人给抄错了。非也，古人对于经典，对于圣人，比我们现代要尊敬得多，不会那么胆大包天大幅度地改动，也没有人敢把前后大挪位的。古人“信”高于生命，就像“君”字所表示的：说出口的话要像刻出来的律法一样不可逆，一言既出，驷马难追。就像司马谈告诉儿子司马迁，他们家族千年以来都是认真负责的“史官”，这是责任和使命，它比生命还重要。古人干事都干到一百分的认真，我们不能拿现代人的思维去度量上古的人。中华民族的文化之所以没有断，就是所有人都对先人的东西敬重、敬畏，才把它保留了下来。

那么，为什么有如此多的版本呢？在尹喜请求圣人讲课时，当时听课的其他人也都非常崇敬圣人。除了尹喜，其他人也都认真虔诚地默记了下来。古人的学习方法都是靠记忆背下来的，之后或者书写下来，或者再讲给别人，由别人听音记录。古代能识字的人很少，人们的学习都是靠听讲，所以只要读音没错，字无所谓对错，这就形成了原始版本有许多音同字不同的。马王堆汉墓出土的帛书上，可以看到明显的涂改痕迹和笔误错字，很有可能就是当时其他人事后的原始记录。马王堆出土的本就不是平日里学习用的，而是家里供奉的古董圣物。辛追夫人生前另外有平时学习的《道德经》，那个本子因为不“珍贵”就留给孩子了，只把“古董”《老子》随了葬。那个著名的“帛画”就是行道图，是修行成仙的人的待遇。辛追夫人刻苦认真，并得高人指点实证了大道，也就是“修成了”。

据传，课程结束了，尹喜便拿着记录本走了，过了一段时间才见到老子，遂拿给老子看，并问了一些问题被尹喜给记录成了《西升经》。老子认真看了讲课记录，将里面的一些词句做了修改，并说前半部分叫《德经》，后半部分叫《道经》。老子就带着尹喜闭关，配合心性转化色身，这才是我们说的“修行、修炼”。这个过程只能是师父关起门来具体指导，修本也都是给自己看，一般不外传。传下来的修本很多，都秘密在内部流传。如果没有人指导，外人是看不懂的，所有修本都需要师父对每一个名字、名词讲解的，讲怎么排除难关（妖怪），就如我们大众能够看到的《西游记》。

尹喜遵师命闭关两年。在这期间，尹喜的手下就把他们手中记录的经先行传播开了，人们传抄学习，如获至宝。以至于后来尹喜修成出山，为天下正式传播大道时，社会上已经有了非正式本在流通了。所以说，那些个其他人的记录反而是先于尹喜的定本流通于世的，自然没有名字，所以说《老子》是一个无奈的临时性名字。而代代受历史尊崇的“通行本”，都是从尹喜拿出的本子抄录开的，所以，“流通本”是经过老子后期完善了的，是定本、“官本”。

中国历史上有很多的“高人”，像黄石公、鬼谷子、黎山老母等，他们都隐居山林、行事低调，所以大家叫他们“方外人士”。他们都将自己的毕生所学教给徒弟，资质高的弟子就让他们留在山中继续学道，资质稍差的就劝他们下山去回到红尘，这才有了这些个历史上叱咤风云的人物，如张良、孙膑、庞涓、张仪、苏秦、樊梨花等。老子其实就是个“大隐隐于世”的“方外人士”、祖师。尹喜是一个文武双全、世功很好的人才，老子碰到了他，就把“祖师”的棒子传给了他，所以尹喜比那些叱咤风云的徒弟要更伟大。《道德经》相当于《素书》，也是鲜有人看得懂。就像张良给《素书》写了《秘戒》曰：“不传于不道、不神、不圣、不贤之人。”那么说到学习经典，这里借用佛家的一句话：“依文解义，三世佛冤。”意思是：如果依照文字的意思去理解，那就可能给曲解了，佛都要来喊冤的！咱们打个比方，《三国》里有讲“木牛流马”的制作方法，你按照文字去做吧，做出来的“木牛流马”就是不能走，结果有些人就说“没有‘木牛流马’”。这使我想起来有人说：“根本就没有‘道’，都是骗人的。”

所以张良才说“不传于……”，张良的“道、神、圣、贤”指的是悟道的四个境界：“贤”用禅宗的话说是“破参”“有省”，“圣”是指明心见性，“道”就是老子的“玄德”境界。

“德”就是我们人见到了自己的“人道”，见了自己这边的“道”就见到了宇宙的“道”，这时人与宇宙之大道就会合一，这就是老子说的“稽式”，也就是古人说的“天人合一”，这时就知道没有别的。其实“德”就是佛家的“心”，佛家的“性”就是老子的“道”，佛家道家讲的完全一样，“明心见性”就是“明德见道”。对他教有微词的其实都是没有懂自己圣人讲的东西。如果懂了，世界上就不会有宗教隔阂，就只有爱。

大家可能会觉得“道”很玄妙，看不见摸不着，难以理解。而那些个解释《道德经》的老师们，解释得都很接地气，通俗易懂，妙趣横生，有很多地方都与我们的看法还不谋而合呢。甚至有人说：“《道德经》我从头到尾都能看懂……”那么很可惜，《道德经》这堂课是让尹喜见“道”的，所以不讲“道”的解译都不是老子的东西，这是总原则。那个“懂”也只是文字上的“懂”，虽然可以给我们带来哲学思辨，但不是老子的智慧，圣人的心是不能够靠揣度的。比如你想讲王阳明，那么你就要见到“知行合一”，它是一种境界。如果你没有达到那个高度，那讲出来的就是“张阳明”。《道德经》虽然阐述了很多的道理，我们当然要学习道理，但更要悟那道理背后的真意，就像老子点化完孔子说的：“由此可知不言之教，无为之益也。”这些充满智慧的大道理，只是老子用来讲出一个更珍贵道理的道理。要看懂《道德经》，不能一句一段分裂地看，要贯穿全经的懂才是真懂，依文解义只是画饼充饥，是会冤枉老子的。光“物理”解译是不够的，还要“化学”解译才行，只有“悟解”了才不会误解。

这里借《西游记》来说《道德经》。《西游记》是吴承恩根据前辈的笔记汇总的，但是大家完全可以拿过来按照自己的认识来欣赏。过去说书的、唱戏的、画连环画的艺术家都拿《西游记》作为剧本，百姓们从中获得了快乐，这无可厚非，我们没有必要去阻拦。就是说，老子不是在讲什么事理、道理、哲理，不是让人做正确的事，而是正确地做事；《道德经》给的礼物非“鱼”，而是“渔”。

本书选择的版本是“傅奕本”。前面讲过，通行本才是老子修订过的，是委任尹喜祖师传播于世的标准版。本人在比较了若干个通行本后，比较认同傅奕本，它是根据汉初古本参校而成的。

道为什么不能用感官来直接感觉呢？因为我们的感官是分辨用的，它只能分辨出阴阳两头的，就好像青蛙，它只能看见动的东西，不动的就看不见，它不是眼没看见，而是心没看见。因为我们的感官大都是大脑指挥的，头脑只会分别对立性的“二”“太极”，只有心才能感觉到那不动的“一”“无极”、无可分的“恒道”。青蛙如果能看到不动的东西，那它就“升仙”为圣蛙了，人如果能看到那个就在我们眼前的、恒如不动的大道，那就可称为“升仙”的圣人，就像尹喜。

就像老子在《西升经》里交代给尹喜的：光靠《道德经》还不够，还必须有通道的人来与经典一同传才行。经典只是“讲义”“课本”，还需要老师仔细地讲解、演算才行。就像《素书》，后世千万人都看到了，为什么没有大用处？因为《素书》不是看了就能有道了，前期是有用的，但是到了最后就必须由人来讲解才能“传”过去道，所以前后颠倒无关紧要。黄石公也不能甩给他《素书》：“自己看去吧”，张良再聪明也不行，《素书》必须人“传”。

我们看经典，要用思绪未起前的心才好，这时没有“小我”的干扰——“恒无欲以观其妙”。因为念头思绪起来之后就是“想”了，“想”是“我”用头脑分析对比出来的——“恒有欲以观其窍”。借用佛家的话来说，《道德经》只是手指头，而大道是手指指给我们的月亮，我们是通过手指去看月亮，而不是看手指。所以圣人的东西，不是仗着聪明，枕典席文、旁征博引就积思顿释了，一定要像《老子》第一章说的，在动脑筋之前才能“积思”，还要有见道的老师来提点才能“顿释”。

《道德经》给人的感觉就是内容深奥难获达诂，抽象、艰深、神秘、玄妙，故向称“难”矣！不知让几多英雄好汉铩羽而归，使得人们多敬而远之，在大家心目中是高处不胜寒的，不过这倒也有一种神秘感。无论是小百姓还是大人物，各色人等皆来拜读一二，也勾起不少人的探索欲和挑战欲，使人潜精研思、深稽博考，这样也产生了一种特殊的魅力甚至魔力，让人不断有成就感，并由此产生无限的乐趣。我们看到解译的书籍汗牛充栋，八仙过海各显神通，但多限于文字章句的解释，解成治国、用兵、为人处世的哲理了，望山跑死马，引无数英雄竞折腰！假如当初尹喜把老子拦下来说："您是圣人，我要去治理天下，为国做事，请将您的治国之道留下再走。"那么《道德经》就是如大家解读的那样。然而尹喜说的是："先生乃当今大圣人也！圣人者，不以一己之智窃为己有，必以天下人智为己任也。今汝将隐居而不仁，求教者必难寻矣！何不将汝之圣智著为书？尹喜虽浅陋，但愿代先生传于后世，流芳千古，造福万代。"所以《道德经》是讲智慧、大道的，而治国、用兵、为人处世等，只是借这些熟悉的事来阐述大道，目的只有一个，就是把答应尹喜的东西给尹喜。尹喜要的不是本领，而是老子的大智慧，尹喜知道老子什么东西最值钱。所以《道德经》不是"南面之术"，尹喜后来也是以道者的身份行于世间，而没有回去继续辅佐君王，而是"托病辞官"。这里尹喜说"著为书"，在上古代，就是嘴讲，然后听者在心里记背下来，能够再讲给其他人就是"著作"，学生再慢慢写、刻在竹简上叫"册"。比如黄帝的著作，比如《六祖坛经》《传习录》都是讲话记录。

像《论语》《墨子》等很多经典，是圣人教导凡人怎么样去做事，而《道德经》是圣人教导凡人怎么成为圣人，是"王道"而不是"王化"。《道德经》《黄帝内经》如果拿来当创口贴用，那就太浪费资源了，它们是换心的手术刀。历史上，只有少数的"真人""祖师"才真正理解老子的本意。

还有些解释《道德经》的书满纸的龙虎铅汞，用了很多的修行名词，看着很玄，但不是真正领会了老子。他们只是借《道德经》来表述自己的东西，不是解释《道德经》，而是用《道德经》来解释自己。这样的解译很唬人，但只是以其昏昏，使人昭昭。

很多人对老子还有一些严重的误会，看到经中有"不恃""无为""不争""不敢进寸而退尺"等，就认为老子不要进取，像唐僧一样软弱无能，并提倡社会不要进步，最好是结绳记事，保持原始社会。有人说：道家消极避世，儒家积极入世。如此依表面文字解，就是黄金混到了粪堆里！老子是道的层面，是“跳过龙门”以后的事。要想看到老子的意思，就得成为龙俱乐部的成员，鲤鱼俱乐部的，不管你造诣有多高，再深稽博考、刮摩淬励，都只能是人们自己的“演义”，而非老子。看懂了就知道，其实《道德经》是讲心、讲道的。人们面对大师时就只有尊重和严谨了，因此多少年来，大家讲的老子哲学就是那样高不可攀，被威严给吓到了。虽然他确实是“人类灵魂的工程师”，但他也是如孔子一样有血有肉、充满人性的温暖。

“真传一句话，假传万卷书。”咱们不是说数量多的就不行，而是用少量的话语能不能点到点子上，然后你可以多多地点到点子上岂不更好。所以要解通《道德经》，你就必须见到那个尹喜向老子讨要然后老子给了他的那个东西。打个比方，就好比看外星人入侵的“灾难片”，只要观众、编剧、导演、投资方都满意就行了。那么假设有见过外星人的，或者外星人自己看这个电影，他们就会嗤之以鼻，看到的是胡扯。首先要知道老子是讲“道”讲“德”的，这是最低的门槛，这样才不会完全离谱，就是俗话说的“没吃过猪肉但见过猪跑”，再进一步要吃过猪肉就更正确了。

言尽于此，《道德经》是一本启发大道的经典著作。经中的每一句话不是让我们学到什么，而是让我们成为什么；不是让我们来分析和研究，而是让我们叩问心灵。《道德经》不是有字天书，大道也不是恍惚，不是一个高高在上的哲学，而是智者可及的智慧。它是一切财富的创造者，一切财富的总源头，得到了它就是得到了全宇宙。总而言之，《道德经》比我们想象的、理解的还要伟大，作用还要大得多，用处还要广泛得多。只有见了大道，才知道“修身齐家治国平天下”这句话的真正意思。

老子的教学是把人的心清零，把一个纯然的你还给你，不被法束缚，不被相哄骗，不被事迷惑。起于心，成于心，归于心，不负于心。让你敢于面对烦恼、恐惧，挺起胸膛，坚定自信，正面迎接，不论前边是顺利还是挫折。

华夏文明是这个世界上最优秀的文明，中华智慧之根，来源于东方智慧的宝库。我们伟大的民族，一定会站在世界之巅，“中华皇冠上的明珠”——《道德经》也一定会万方同辉的。作为中华民族的子孙，我们应当把祖辈传承下的文化遗产学好、继承好，使之成为推动我中华前进的动力。大国之德，威加海内，协同世界步入大同。新一轮的长征早已开始，起跑的发令枪已经响起，中华神龟正在坚定地，一步一个脚印地前进，它一定能够超过傲慢的兔子。

笛卡尔说：“读一本好书就是和许多高尚的人谈话。”哲学家、历史学家威尔·杜兰特曾这样评价《道德经》：“在思想史中，它的确可称得上是最迷人的一部奇书……或许，除了《道德经》外，我们将要焚毁所有的书籍，而在《道德经》中寻得智慧的摘要。”（《世界文明史：东方的遗产》）

由于两千五百年前圣人的语言传至今日已经形成了多道障碍，那么在我这里，就不要为了文句的美丽而镂月裁云。因此，笔者在释解的过程中力求遣词造句以浅显、现代为要，多方引证，将文中难懂的字词句子进行了随文注释，目的是正本清源，还老子之本来面目，不为求“雅”而摛藻以致语焉不详，但求“达”，使粗通文墨者均能进入。

大家只知道上古先民祭祀是用牛、羊、猪、鹿、马、狗、鸡，其实这些最早只是代用品，原本是人们把没有肉的小的养大，用以在没有食物的冬季果腹的。在没有去打猎时祭祀，人们就只好拿家畜了，家畜本来不到该死的时候，所以才叫“牺牲”，而真正的祭品是打来的野兽。最高等级的祭祀是用老虎，比如后母戊大方鼎上的老虎。我们现代的“腊月”其实是“猎月”，将“犭”改成了“⺝”跟肉是一个意思。冬季农闲时男人们都要出去打猎，以补充食物的不足，“腊月”意思是冬季要囤肉。“老虎”是从古“猎虎”的发音来的，后来的“孝、老、虎”都是指老虎。再后来“老虎”两个字的意思是：尊敬的大地之王。因为在远古，人们认为我们人类也是野兽，这其中老虎是兽中王。所以，“老”字是吉祥字，表示令人尊敬的王，当然也是指岁数大、福气大。不过上古名字不是很严谨，看见什么吉祥就给孩子起，所以最早有姓“老”的，但是也不能就说老子就姓“老”。

“子”，是圣贤老师的意思。之前最早是“旦”的意思，给大地带来光明、带来生机，后来是指未来的希望，也指儿子，家庭、国家的劳动力。

古人知道，人的里面都住着太阳神，有的古“心”字中间有一火苗就是表示活人的神灵，但是很多人没有开发出来就不知道。只有圣人的太阳神放出了大的光芒，就是圣人的画像头上画的光圈。“天不生仲尼，万古如长夜。”所以“子”字的意思是：能够给大地带来希望、光明的人。

大家根据“周朝守藏室史官”就说老子相当于现在的“国家图书馆馆长”，我看应该说是“国家档案馆馆长”。因为老子管理的国家典籍主要是存档及供少数有关人员查看的，不像图书馆大家都能看。就连孔子都看不到，还要去问老子，要是图书馆，那孔子一定成天往那跑了。

一般都认为《道德经》是写出来的，理由是很多句子都是工整对仗的，不可能是讲的。那是因为尹喜问的问题常常是先圣书本上的，老子也常常用书本上的话来答，所以是很工整的。尹喜的悟道包括三个方面：一是老子回答尹喜的问题，二是打坐冥想，三是老子问问题，这就是《道德经》的组成。

历史上说，老子的其他经不敢保证是老子的，有可能是“伪托”的，只有《道德经》是。那么还有一个原因说别的经不是，是因为那些经句规整、对仗，优美如诗。实际上圣人几十年的讲法形成了成熟的套路，加上黄帝等其他先贤的成文教导，就比《道德经》规整。不像其他大课讲道理、理论，老子轻车熟路，而《道德经》是小课，是“实战”，是座谈会，是启发的聊天，是聊出来的，跟蒲松龄的书一样。主要是回答尹喜的提问，纠正错误和瑕疵，还有肯定，然后借题发挥，其中有很多是尹喜请教黄帝的经，和之前看过的老子的经，所以有很多黄帝的话和老子其他经典的。

历史上，人们以《道德经》为标尺去衡量其他经就会有极大的不同，甚至会被看作是两个人讲的。比如黄帝的许多经句，历史上人们没有看懂就说是“托”的，那里头的大智慧是“伪”不出来的。打个比方，让现代诗词专家仿作李白的诗，外皮能像，神韵是“伪”不出来的，即便让同时代的杜甫，或后代的苏东坡也不行。当然，其他经典不乏后世给加工美化了，当然我也不否认有“伪托”，但是不能泼洗澡水把孩子给泼了。

《道德经》不是头脑的教科书，而是心灵的换能器。它把我们的心放大，直至无尽，是中华民族“文化自信”的根。诸子百家无不从老子这里汲取营养，老子的智慧就是中华的定海神针。早期影响了孔子、荀子、韩非子、李斯，仅这几个人就是我中华大地上把舵的，老子就是他们心中的偶像。我们可以借一句话说李斯：半部《荀子》治天下。慧天下以慧万民，慧万民以慧天下。

著名历史学家汤因比在其《人类与大地母亲》一书中说：在人类生存的任何地方，道家思想都是最早的一种哲学，他推断人类在获得文明的同时，已经打乱了与“终极实相”精神的和谐相处，从而损害了其在宇宙中的地位。人类应该按照“终极实相”的精神生活、行为和存在。因此，汤因比直言不讳地预言：未来最有资格和最有可能为人类社会开创新文明的是中国，中国文明将领先世界。《道德经》不仅是中国的，更是世界的，因为它讲的是地球、宇宙的事，“为天地立心，为生民立命；为往圣继绝学，为万世开太平”。

天下都说《道德经》“有很大的解读空间”，当还在文字上转悠时是这样的，而真正意义上的解读就没有百家争鸣，百花齐放，它的内涵只有一个——“吾道一以贯之”。

本书中也引用了许多人的话，比如孔子、庄子。咱们引用的是智慧，大家不要一看到“释迦牟尼”就联想到宗教信仰，就产生疏离感。咱们讲老子、讲《道德经》不是讲道教，而是讲智慧，于是在书里特地说：“有两个老子，咱们讲的是智者老子，而不是教主‘太上老君’，是一个骑牛出函谷关的李耳，和孔子是一样的人。引用他们是因为“道”是智慧，“明心见性”是智慧，不是知识，不是宗教。

过去引进和翻译佛法的人是有智慧的，他们看懂了佛法，知道佛法和其他智慧是一码事，所以就不分着用词了，比如佛家管明心见性也叫“悟道”，是借的道家的，这样就给后学一个明确的信号——两个是一码事，避免了混乱。

因此本书也引用了很多禅宗、佛家的话来佐证。因为《道德经》是给智慧一流的尹喜讲的，而释迦牟尼是给普罗大众讲的，所以我要把《道德经》给普罗大众讲仔细，引用一些佛家的话是会有帮助的。

本书也有助于大家理解宗教的智慧，不会使人入到宗教迷信里。如果讲出《道德经》的真意，那老子就不只是一个贤德的君子、帝王师，而且是圣人。知晓了《道德经》气势磅礴的内涵，也就了解了中华民族五千余年的智慧传承，自然就不用再猜来猜去了。

什么是“中国”？有典籍，以上天的智慧来指导我们的行为是为“中”——“致中和”“中庸”“中道”。

但是说清楚了也有另一面，就是我们大家以往所信奉的《道德经》信条、中华文化中常常引用的老子箴言，可能就不是圣人的原意了，就会致使希冀从中汲取治世营养、尘劳方略的人会有所失望，因为展现的是尘云之上的东西，与红尘是有距离的。但我要说的是，那些个教导、例子、成语已经承载了中华民族的美好寓意，我们依然可以沿用，依旧可以像过去一样信赖，因为这些文化符号承载了我们父辈的文明。《道德经》给了我们一个创造的平台，就像《西游记》给了人们无限的快乐。因为老子的比喻也是以尹喜熟知的治国、用兵为基础的，是严谨而禁得起检验的。圣人的智慧是多层面的，亦文亦武，就像《西游记》，可以作为修行“秘籍”，但是大家依然当神话故事看，依然看那些高超的艺术衍生品。《西游记》《道德经》，我们可以一如既往地学习它的文化，内层虽然有些深奥，难望项背，但是外层还是绠短汲浅，可以为我所用的，大家不必失落，“太湖三万六千顷，月在波心说向谁”。

值我中华复兴之大好时代，筚路蓝缕以启山林，天佑中华正能量，遂感念文化崛起，今不惜眉毛拖地，不揣冒昧粗具梗概，在大道的砖窑里烧成了一块砖，抛出此砖权作引玉，德不孤，必有邻。

这里感谢沈方元老师给予的智慧指导，一并感谢张珍星、韦沁彤、王昱荃师兄。书中难免有舛谬，望怀瑾握瑜者不吝赐教。

《道德经》经名解

大道是中华民族上古君王的魂，一切的大事都要依道而行，就是通过祭祀，接收自然大道神的“天意”，也就是“道法自然”。老子的“道”字出自黄帝，黄帝的“道”字来自先贤，我们能够看到最早的就是三易里了，之前叫太阳神，“易”字的“日月”就是指大道。

我们现代叫的“兽面纹”“饕餮纹”（图1），包括青铜器，古蜀、金沙、良渚的玉琮上，都是大道人神一体的图像化图腾，就是“道”字的眼睛和头发（图2、图3）。“道”字是平面化、简化出来的符篆，给现代人说就是“平面图解”“体系示意图”，后就被简化成了印信符号，就像青铜器上的字符，也就是我们叫的“字”，保守地说，“道”字有五千年以上的历史，而大道文化思想则还要早很多。

图1　饕餮纹

上面的眉毛表示通天的智慧（外国有用眼镜王蛇的），就是下边“道”字中间人头上面的三道。眼睛表示洞察天地宇宙，耳朵表示接纳世间万象。

饕餮的扉棱表面上是范逢，实际是表示贯通三际，也就是“王”字的一竖（上至大道，中成人际，俯察下界——三→丨→王。）

图2 古“道”字

图3 古“道”字中间部分

到了西周末期，金文（又称“钟鼎文”）中，就出现了多种，仅《金文诂林》中就记载有六种写法，是非常成熟的字，说明“道”字早已被人们广泛使用，黄帝就叫“道”。我们如今能够见到最早的“道”字有钟鼎文、石鼓文、侯马盟书。

在上古人类看来，人、动物出生之所以是活的，是太阳神给了生命一口气，所以人们行走的道路就是太阳神行走的道路。图2中间部分不仅是指人，同时也是指太阳，人和神是一体的，就像“凌家滩玉龟”，带它的人就是“太阳之子”，他带领大家跟随着太阳神行走的道路走，不敢造次。

“道”字是用四个直角拼成中空的十字（⼮），就是“行”字（图4）。中间部分是个人，下面是人的身体。中部是人的头部，头中有慧眼，上能见大道，中能看红尘，下能看下界。头的上方是表示气路，是双螺旋自下而上，出头顶天门，在道门修行上称为“外丹脉”，向上与宇宙天地通，与自然相融，叫“天人合一”，中间部分后来进化成了“首”字，上面的气路就被大家说成头发了。

四边围成十字路口，“道”字是指人的心灵所走的方向（图5）。下边是贪欲，贪图金钱、地位、食色等动物性的需求，叫“民”，是红色、橙色。横向是做个有道德，仁、义、礼、智、信的好人，叫“人”，是黄色。向上是合于大道，自动地做事，无“我”，叫“圣”，是蓝、紫色。所以我们说老子伟大，伟大在“道”，大家看《道德经》要看紫色的道、德，而不是黄色的道德。

图4　古“道”字释义

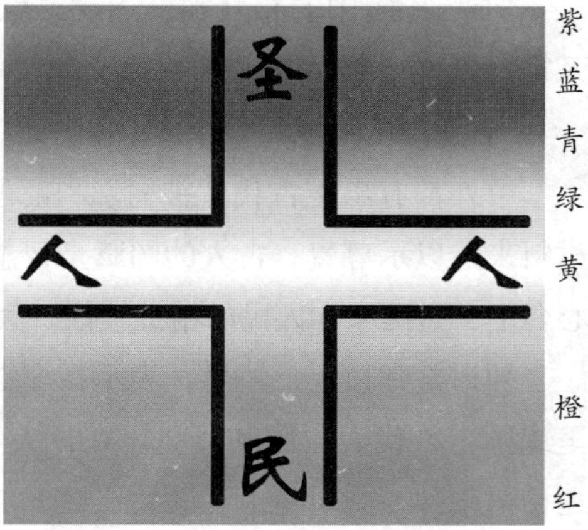

图5　人的智慧光谱频率图

“文变染乎世情，兴废系乎时序。”慢慢中间那个人形被精简成一个“首”字和“人”字，即“衜”“衍”。再后来人们慢慢由高维心灵缩减成了三维头脑，“道”字就跟着将心灵所走的路变成了心里所走的路了，就在左边写成“⻊”旁（图3），后来就进化成了走之旁“辶”。

古“道”字的姐妹字是“街”“衜”字，它才是我们现代“道”的意思，表示街道、道路。中间的“圭”和“令”是两个脚印。

我们总管圣人说的话叫“教导”，教导什么？教导“道”，繁体字“導”一看就明确了。

《荀子》的“井井兮其有理也”的“井”字其实是卝，是说横着看竖着看都是一条直线，一行一行排列整齐，比如种的树，比如中国的军列阵。因此，荀子是“行行啊其有理也”，“理”是指规矩。因此成语“井井有条”应该是“行行有条”。

《易经·系辞上》：“一阴一阳之谓道，继之者善也，成之者性也。”

“继”：大道生出了“太一”，也就是最开始的、最大的“一”。“一”分化出阴阳，阴阳一直分化便产生了万事万物。

"善"：不是善良，而是圆满，本该如此。"继之者善也"：天地万物是由无量无边的阴阳所产生，这就是大道正常的工作。

"成"：阴阳的相互和合运动，就产生了日月星辰，四季冷暖，万事万物。

"性"：功能。

中外都有出土古代"神树"，就是宇宙大道的功能模型，用最珍贵的材料来造以示尊贵。古人的图腾是智慧与万能存在，他们将"神"供在中心台上，是国家和人民的精神皈依。大家顶礼膜拜，以求大道神保佑。

神树常常顶上是凤鸟，表示在虚空中运行。上部是神鸟（金乌）在圆里或圆上，代表太阳和月亮。在古人看来，天上能动的都有鸟的飞翔性；在神树中部，有时是人和动物；在下部常常有鬼怪和动物等。有的神树上只是猴子，表示"拿取"。意思是，大道所产生的一切，都是供生命去使用的。《山海经》叫"扶桑"，"桑"是桑树，是神赐予人的宝贝，这里喻指人与自然万物。"扶桑"就是产生和养育人与自然万物，也就是大道之力量。还有叫"建木""若木"的。祭祀时，大家聚集在神台下，以鼎簋盛食物，由巫师或国王点火，唱赞美歌（《诗经》）。"扶桑"也是"人身一小宇宙"的中脉。《淮南子·坠形训》中有"建木在都广，众帝所，自上（而）下，日中无景（影），呼而无响（应），盖天地之中也"。用白话是说：有一个"造就之树"，在"都广界"（"都广界"相当于"娑婆世界"），各个天神自上而下地住着。这个树在阳光下没有影子，我们人看不见，呼它也不会答应，它遍布一切处。这就是描述的大道，是上古先圣讲给人们的大道，但区别在于，上古先民都在大道里。中国也叫"神州"，是说合于大道的国度。

古人一看到神树就知道是心之物化，就是心（大道）的模型，古人看神树就是看宇宙的"神"。

"道"是宇宙的根本性质，是一切一切天地万物的根本，也是人的根本。如果见了道就了解了宇宙，也了解了自己，这就是"明白人"。这时我们做事情就会有智慧，就像黄帝，他了解天地，了解人的身心，了解动植物，了解社会民生，自然就会修身、齐家、治国、平天下。大禹是靠着大智慧治住了大水。像颜真卿、朱元璋、王阳明、年羹尧，他们本没有学过打仗，但是在这些人身上会发生“不可思议”的事。“道”就是“道路、真理、生命”。“道”与“上帝”是“同出而异名”，本来就是一个。

古“德”字是从“道”字演化而来的，最初仍然是与“道”字同样的四个“L”组成十字架҈（图4），保留了“道”字的眼睛及上边的一道通天。后来将“道”字右半边简化掉了。道是宇宙的规则，德是人践行这规则。所以“德”也是“道”，是人行大道，所以古“德”字不是一个独立创造的字，而是取了“道”字的一根肋条骨做的，就是《易经·系辞上》说的“乾知大始，坤作成物。乾以易知，坤以简能”。

《道德经》说白了就是《道经》，如果用古字写“道德”两个字（图6、图7），一看就知道是一码事。《诗经·大雅·抑》曰：“有觉德行，四国顺之。”“有觉”就是见道，“德行”就是按照天道大自然行事，就是“道法自然”。《诗经》的这段时代要早于大禹的九州，应是虞国的四周都来归顺，听命于有德明君，共用他们的大王和“天台”一起祭祀。

图6 “道”字

图7 “德”字

“道”是人掌握了宇宙自然的性质，“经”是给人讲“道”的语言文字，人学习道、掌握道、拥有道都叫“德”，“德”是人心里的道，所以《道德经》就是“道道经”。

就好比“尊”是指能够解读宗旨“道”的法王，“遵”是指人们遵照道天法旨去做。

“经”表示的是织布时预先纵向固定在机器上的，叫“经线”，意思是以此为基准，不可变动的坐标，然后衍化成权威、原则，不可改变之意，也是道路的意思，属阳。“纬”是蜿蜒穿梭于经线之间的，是从属的，属阴。天下的一切事情，就像是布，都是人与大道合作完成的。当然，古人说的“民”大多数人是不知道的，只有“圣”知道，那么中间的“人”，是听圣人告诉的，是道理层面的知道。

古“经”字绞丝旁是说从丝，表示是用贵重的丝绸做的。右边放在一个经台上斜靠着，上面还要罩以丝布以示神圣、尊贵。经是古代的最高法典，是国家占卜、观星相时的卦辞，以此看上天的旨意。夏、商、周分别是《连山》《归藏》《周易》。

“道”可以译为：一切的本质，也可以解释为“造化”“本源”。

老子告诉尹喜，你真正的主人就是“道”，尹喜当然是自己就已经看到了。当见到了就知道自己是与之不分离的，也与其他的名词不分离的。没有见到自己真正主人的人，才龟缩在自己的一亩三分地里，不肯大大方方地出来，吸一口全球一体的空气。

“德”可以解释为：我们人的心灵还原成为本质。

《道德经》可以翻译为“归源的经”，即回归源头的经。

“老”可以解释为：至高无上。

“子”，原意是初升的太阳，给大地带来了光明，后来指出生的儿子，可以传宗接代，是未来的希望。再后来到孔子、老子时代，“子”就是指给人类心灵带来光明的人，即圣人。

“老子”可以解释为：高于君王的圣人。

目 录

第一章

知非知否——懂者，非懂也，是名懂

【原经】

道①，可道，非常②道，名，可名，非常名。无名③，天地之始。有名万物之母。故“常无欲④，以观其妙⑤；常有欲，以观其徼⑥。”此两者⑦同出而异名，同谓之“玄⑧”。玄之又玄，众妙之门。

【帛书版】

道，可道也，非恒道也。名，可名也，非恒名也。无名，万物之始也；有名万物之母也。故“恒无欲也，以观其妙；恒有欲也，以观其所徼。”两者同出异名。同谓玄之又玄，众妙之门。

（这一章还需与帛书版本对照，因为原本是“恒”字，“恒”字很重要。）

【解析】

①“道”：宇宙乾坤的性质，法则，根本。

②“常”：替代帛书的“恒”，避汉文帝刘恒的名讳。意思是：永远不变。

③“名”：抽象概念。“无名”：头脑没有起心动念的时候。

④“欲”：起心动念，向外求索掉入了红尘。

⑤“妙”：里面的原理，功能，幻化。

⑥“徼”“窍”：外表现象。

⑦“此两者”：指无欲、有欲。

⑧“玄”：精微极致的小，也就是“始”和“母”。

【白话】

“道”，咱们可以这么叫它，但不是它的不动本体，只是先给你们“道”的一个概念，要说这个就是名字，可以就算名字吧，但其实不是真正的名字。因为不给它附加上任何抽象概念才是天地的本质，若有个标签的话那就是万千的事物啦。所以说，在你没有启动分别心时看到的宇宙万物才是本体道，而一旦你起心动念，有分别心了，就把一个道看成分散的万物概念了。道和万物是一个东西，只是标签不同罢了，都是“穷极点”。穷尽再穷尽的尽头，就是道和万物概念的产门。

【意译】

（大概尹喜说：师父，您给讲解一下先圣的“道虚无形，其督冥冥，万物之所从生。故执道者之观于天下也，无执也，无处也，无为也，无私也”。）

这个大道，咱们就勉强用“道”来称呼吧，一是为了说起来方便，二是为了你们有一个悟的目标。但你要清楚，一旦有了名相就不是那个真正的大道了，就是跟你们定义、认为的万事万物一样了，就都是头脑里的抽象概念了，因为万事万物本来是道，只是被我们给分成了一个个单独的事物，你就只能看到万事万物而看不见那个整体的、不变的道了。那怎么才能见到道呢，就是在你还没有升起念头的时候看世界就是道，而一旦你头脑一介入，就将道打成了碎片，你的世界就只有万物啦。所以先圣说，不论是道还是宇宙万物，都是一个东西，都是硬币，只是圣人凡人看到了不同的面，是凡圣认知的不同罢了，都是那个“原极点”，你那个穷极之穷极的地方，就是宇宙性质、游戏规则的展示屏。

【心解】

道是"道"不假，虽非非道，但没有真正见到，只是"山寨版"的道。大道是"言语道断，心行处灭"的。在你无分别心、无我的时候才是道，而一有了对待，看到的就只是道性所显现的事物。当我们以平等心去看待一切，没有高下之判时，一切就本来是道。圣人凡人有一个东西是一样的，那就是心。它小之又小直至无空间、无时间，但却能映照出大而又大的世界，吞吐六合。"若问此玄玄会得？此玄玄外更玄！"

【延展】

我们都说"万事开头难"，《道德经》开篇第一句就给后世来了个下马威，各家对它的解释不同，有的断句也不同，给人们的第一印象就是"难"，因此，开头的难关不知让几多英雄好汉折戟沉沙！

咱们给补上了尹喜的问话，用括号给括出来，是因为本来就有，但是尹喜自己没有记录给后人。也许有人会有异议，觉得老子那"完美无缺"的东西，加上了就画蛇添足了，破坏了原有的"完美"结构。首先，《道德经》很难有人给解释好，是因为很难看懂，关键就是因为缺少尹喜的问题。大家就很容易看向相反的方向，也就是非"道"的地方，这就是方向性错误。为什么佛经容易看懂？主要的原因是有问话。因此，不要把《道德经》看作是一个完整的瓷罐，而是如一个破碎的陶罐。博物馆展览，如果摆一堆陶片，我们看着就很枯燥，而文物工作者，努力用白石膏将碎片撑起来一个立体的器型，这样我们看上去就有了形状，尽管出土的只有小部分的碎片，但是那直观的视觉效果非常有代入感，使咱们看到了文物的本来面目，在这里，尹喜的话就相当于石膏。佛经里面的字都一样大，其实完全可以把阿难的字印小一号，但是没有，这说明，徒弟的问话同样重要，是佛经的组成部分。没有徒弟问，佛是不讲经的，是徒弟启动了一部佛经。

“道”是名词，是宇宙的游戏规则，宇宙之性，不是什么东西，只是一种性质，但对于大多数人来讲只是脑子里的一个虚拟概念。

老子在《太上清静经》里说，大道“无名、无形、无情”，因为对于大多数人来讲，大道只能是找一个字来凑合形容一下，因为你一起名字就把它单独分出来了，那就立即成了事物了，是在头脑的妄想中产生的标签，而其实宇宙中的一切就根本不存在非道，我们找不着哪个地方贴不上“道”的标签，所以也就根本用不着贴，就好比我们没有必要在地球上插上“地球”的界碑，因为没有不是地球的地方。

比如与一个人视频对话，问：“哪个是屏幕？请你指给我看看。”他会说：“你看到的就是屏幕，我就在这里面，所以我没有办法指给你，我就是屏幕的显现，你看到我就是看到了屏幕。”“言之灼灼，奈何弦殇！”

除非他在那头再拿一个手机，然后指着手机说“这个框子里的就是屏幕”。就是说，他必须在屏幕的外面才能指给你，在里面就只能给你形容、描述，甚至于讲故事。在《道德经》里，首先是屏幕里的圣人在给屏幕里的尹喜讲什么是“屏幕”。再次，是圣人说：我现在讲“道”，你一听到，一想找它，就已经不是真正的了，真正的要在你找之前、你想它之前。大家看，这有多难！但是不管有多难，世界上还是有很多的人见到了，比如尹喜。尹喜在《文始真经》第六章曰：“一陶能作万器，终无有一器能作陶者，能害陶者。一道能作万物，终无有一物能作道者，能害道者。”意思是说大道是不能被改变、损害、消耗、磨损的，因为道是性质、性能。它有些像“热”“温度”，“热”不能独立存在，只能存在于物体里，因为它不是物质而是性质。比如吹风机吹过来风你感觉到热了，虽然不像火锅或热水是东西，但是热是存在于空气中的，真空中就没有地方附着上。所以，“性能”是看不见的，但是一切都是它造的。就像“温度”是看不见的，但我们摸到的一切东西，什么都有它。比如冬天我们在外边摸什么都是冻手的；夏天哪儿都是热的，柏油马路都烫手。因为一切都有温度，所以红外成像仪才能工作。

“名”这里是指头脑里的标签、概念、理念、名字。比如“能量”就是人们给运动定的指标；比如“时间”是人们给运动和空间定的指标；比如软件，没有也不耽误生存，但给我们的日常生活带来方便。

这个第一章是老子关起门来的一个专修活动，非常像禅宗的“打禅七”，会使学生多多少少悟到一些端倪，或悟了一半。尹喜是全悟道，就是达摩说的“得了我的皮，得了我的肉，得了我的髓”。参加了老子的这个闭门专修活动，就自动成为老子的门人。

大早上老子一进来，大家就七嘴八舌地说这几天的所悟。老子看了看，大家都有不同程度的悟入，挺满意的，但是老子知道，除了尹喜，其他人还有距离，就跟大家说：大道是在你的分别心之前才能见到，之后，就落在了分辨出的标签道理上了，就错过去真正的“道”了，而看到的就只是万事万物了，你们其他人是悟到了“道”的一半含义，当然外表面事物和大道都是一个硬币的两面。然后老子给出了一个悟道的指标：你们必须见到那个既小之又小又大而又大的心才是见道。

咱们打个比方，这个活动就好比老子教大家“御剑飞行”去了解火星。有的人一点也飞不起来，他们看到的火星就是一般人看到的样子，但是也学习到了理论知识（得了皮）。有飞上天空的，有飞到了太空的（得了肉），有飞到火星的轨道上了（得了骨），只有尹喜一个人跟着老子在火星上着陆了，踩到了火星的土地（得了髓）。回来之后老子跟大家说：你们在座的都是我的徒弟了，因为你们都多多少少了解了火星，在当今天下已经没有人比你们有智慧了，你们都是硬核，都可以开堂讲课啦，但是真正全看到火星（大道）的，只有尹喜一个，我就封你为讲火星的下一代权威啦。就是说，那堂课在“道”的道路上所有学员都弯道超车了，而尹喜是直接飞过去了。

“道，可道”，就是仰望天空，欣赏那美丽的火星，歌颂它，景仰它，而非“恒道”。老子是教我们飞上去，而不是崇拜，宗教就是永远的信仰，而信仰就是遥远的凝望。

人与人的交流沟通很有限，语言的传递也很有限，通常情况下人们只能听懂见过的，而没见过的就必须拿大家见过的来形容、比喻才行，所以给尹喜解决难题都要用例子来描述，讲治国用兵是为了让尹喜理解“道”。

“道，可道，非恒道”字面意思：“道”是大道，但是是纸上谈兵的“道”，是空洞的“道”，是概念层面的“道”，是“山寨版”的“道”。所以，第一句话的两个“道”是指大家听老子讲的“道”，而学习到的大道的知识、概念、标签。第二句话的“道”就是老子希望大家知道的真正的大道，是悟的“道”。其他人有的也悟得非常好了，起码比天下非老子的学生都强。天下，除老子之前的学生外，已经找不出来了，可以给天下弘扬、传播、宣讲“道”了。那么尹喜是真正的、完全彻底的悟道者。

“名”是指通过动脑筋想，分辨之后，在头脑中得出了一个结论。“道”，从“一”生出来“二”了。另外，我们人慢慢地长大，“咸盐”和“桥”多了，藩篱教条就多了，也是“名”多了。

“无名”是指人还没有得出概念、答案之前，就是还没有起心动念时，就是“恒无欲”。

“始”是原始、无极，是指“道”。

“无名天地之始”，还没有“我”给事物加什么概念、名相上去时，还没有生出“一”，更没有生出“二”的时候，就是一切的“始”，那个时候就是事物的本来面目。“道”不是学，而是见。“德”就是人见了道，所以《道德经》也就是《道々经》*，都是围绕着“道”的。

“无名”就是《金刚经》的“无我相，无人相，无众生相，无寿者相”。“有名”就是有各种“相”，因为凡夫什么都要贴标签。

“有名万物之母”，当我们启动了头脑和眼睛、耳朵、身体触觉感官时，我们的心里就分别出了万事万物，世界就是一个个单独的事物了，就有了“道理”，就有了“文学”“哲学”“科学”“方法”，也就有了“道”，有了“德”，就有了“道德经”。本来没有这些，只有道，不是“道”而是道，是自然的道，你一听“道”再一想“道”就不是道了。在你没有想

* 注:《道々经》中的“々”为重复号，代替“道”字，即《道道经》。

“道”之前才是道——“无名万物之始”。（这一小段很重要，大家可以多看几遍。）

假设一个湖就是宇宙，它有亿亿滴水，那么“天地”是指一湖水，而“万物”是指那亿亿滴水——同出而异名。“有名万物之母”，有了头脑分别心，就看到的是亿亿滴的水。“无名万物之始”，没有启动头脑分别心，而是本心去看、去感受，就看到的是一湖水，这也就是第三十九章的“得一”。“同出而异名”就是说“湖”与“水”是一个东西，只是我们的观察角度不同而给的名字叫法不同。

好比在我初中时代，大家使用收音机就是知道“徼”，这就是“道可道”，而我舅舅给我讲收音机的原理并教我组装收音机，就是知道“妙”了，就是“是恒道”了。

“恒”是指大道永远不会改变，且不生不灭，就是《心经》的“不生不灭，不垢不净，不增不减”。“恒”就是《金刚般若波罗蜜经》的“金刚”。“道”就是“般若波罗蜜”，“恒道”就是“金刚般若波罗蜜”。没有真正懂佛的，分不清楚“不动”和“如如不动”。“不动”就是“佛性”，叫“如来”，也就是“恒道”，而“如如不动”是人掌握了大道，也就是老子的“德”。

“恒无欲，以观其妙（图8）。”我们只有卸载了聚集在“我”上面的“力”，就没有了“势能”，就回弹到了事物原来的样貌——原点，自然就见到了一切原本的原点——“妙”道。这句话就是王阳明的“无善无恶心之体”。也就是《金刚经》说的“凡所有相皆是虚妄，若见诸相非相，即见如来”。

“恒有欲，以观其徼（图9）。”这就是西方人说的“宇宙大爆炸之前”，也就是我们熟悉的“五蕴皆空”，我们“有欲”天地就有“五蕴”，我们“恒无欲”就“皆空”了，就见的不是“五色”“五蕴”而是道了。

图8 书法

图9 书法

“恒无欲”是说，不要用你们习惯的线性思维去想问题，要用非线性思维。“恒有欲”就是线性思维。

真正做到了无欲，就看到了宇宙的游戏规则，也就是大道；但是如果常常是被欲望所牵引，那就只能见到大道的表面现象——万事万物。表面现象就是用头脑去区分事物的差别，而不是体会事物的原貌。头脑就如同尺子，在我们需要的时候它作用非常大，这一点不可否认，但是就因为它作用大，我们就碰到什么都用尺子去量一下，这样我们对事物的知晓就变成了数据，而不是直接的感觉了，我们就成了“数码宝贝”了，就像“郑人买履”。

“妙”，是大道的游戏规则，大道的“性”。“众妙”指天下“阴阳”“一、二、三、万物”“无极、太极、四象、八卦”等一切一切的性质。

“窍”可以用头颅来讲解。我们脑袋上有七窍，所以叫“面孔”，眼睛能看、会动；耳朵能听；鼻子能闻；嘴能吃，能咬，能叫唤和说话，这些都是明摆着的，这就是脑袋的“窍”。而这些能力是受到内部大脑、小脑和神经系统的指挥，就不是那么好搞明白了，这就是脑袋的内部原理——“妙”。“窍”和“妙”就是佛家说的“色”和“空”。

其实给见道的人讲“妙”字就不用上面那么多话，因为他们看到了宇宙世界是“一场游戏一场梦”，是假的，因此“幻化”两个字就够。

所谓“欲”，就是我们的心往外找了，向外瞧和追了。天下无数学道的、学佛的，圣人都讲清楚了，都是我们的心把智慧的讲话都向外去“学习”了，我们很能学习！其实关键是我们要把圣人这些智慧、道理，连同出去的心一起收回来，搁在里边听，听我们心的感触，听灵魂的回溯。在外面是道理，在里面就是道，这才是老子“恒有欲，恒无欲”的意思。“听，学习”是“知识”；学懂了，“化”了才是“文化”。

“此两者同出而异名”，形而上与形而下殊途而同归。有一句话叫

“透过现象看本质”，“现象”就是“本质”，万物就是大道。“恒有欲”，你就看到大道的“现象”；“恒无欲”，你就看到了大道的“本质”。

“玄”字上古最先是指繁复，而后也指黑色。过去祖先织布，先要将纺线染色。在所有的颜色中，黑色是最复杂的，首先需要多种皂斗植物。其次需要多次染不同颜色，才能慢慢趋近呈黑灰色。另外还要将黑灰色埋在乌泥下深化才能变成正黑色。

“玄”，老子是指尽头的一个点，道教叫“玄珠”“心珠”，就是元始天尊手里拿的“混元珠”，也就是现代科学中的“奇点”。

“黑洞”里面没有空间，没有时间，是一个无限压缩的引力井，极致死亡终点。那么有人见过“黑洞”吗？当然见不到，就像问“有人见过上帝吗”一样。大家会说“太大了，所以见不到”。我告诉大家，伟大的爱因斯坦就恍恍惚惚地见到了黑洞，老子就清清楚楚地见到了黑洞，且他又使尹喜也见到了那个“奇点”，“玄之又玄”就是清清楚楚地描述黑洞的情性。

“道”（衜，衍）字（图10）的姊妹字“微”字，是指见道了就见到了自心的微小点。我们见了大道（明心见性）的世界，是一个没有空间、没有时间、没有熵的原点，这个点是全维、全息的，它既是无限小，也是无量无边的，它就是黑洞，尽管自己小到没有体积、没有空间，但是能装下一切——“寄蜉蝣于天地，渺沧海之一粟”。“紫微星”的“微”就是这个意思，不是“小”，而是这个点代表无限，代表全部。往小了说，是得道的人从头顶上的“上丹田”那个点放射出紫色莲光，照耀宇

图10　“道”字书法

宙，照耀高维。

老子的意思：尹喜，你已经悟道了，你就与宇宙合一了，宇宙就是你的那一个点——“玄”。刚刚你悟道时，由你的下丹田上冲两股能量，螺旋上升到达泥丸宫，与太虚相接呈千叶华盖，产生一切——“众妙之门”。你现在就是无我无为，无我之为“大”，无为之为“道”。扶桑神树既表现宇宙，也同时表现这里讲的人体内部的这些，“人身一小宇宙”。大家可以参考本书第六十二章“延展”里解释“万物”太阳神的内容。中西方古代都有权杖，那是向世人展示能够沟通宇宙大道的人就是大家遵从的王（我们现代叫“巫师”）。权杖是王那打开的中脉，权杖头的梨形球是中脉顶端的松果体。王在行事时拿着权杖表示不是我干事，而是替天行道，是得了天旨的，其实就是见了大道，叫“权威”。我们看“欧西里斯权杖”上面缠绕着两条蛇，表示中脉玄通天。

“王”字，上一横是天，下一横是地，中的“十”字是“大”字的简化，是指大王，是表示为王者是沟通天地的。后来人解释是“天地人三才”。

“门”字大家会觉得，就是房门，门里可以出来东西和人。而在圣人这里是指无限。那么什么才无限呢？只有无中生有的才能无限，只有通大道的才能无限。

“玄之又玄”也是禅宗“虚空在我心中如片云点太清”，这句话的字面意思是：整个虚空在我的心中，就如同一片云朵在整个虚空中那么小。“玄之又玄，众妙之门”，道家见大道、佛家的明心见性，还有其他大圣人都是见到了这个。我们学佛、道的可以用这个来作为“悟”的检验标准。那个时候，我们才有资格说自己是一个具有完全“自由意志”的人，才是达摩说的“不受骗的人”。

“玄之又玄，众妙之门”。那穷极的地方就是一切游戏规则、一切万物的性质、一切形而上、形而下等等一切一切产生的地方（图11），就是佛家的“三千大千世界于一微尘中”“芥子纳须弥”，两者讲的完全是一个东西。

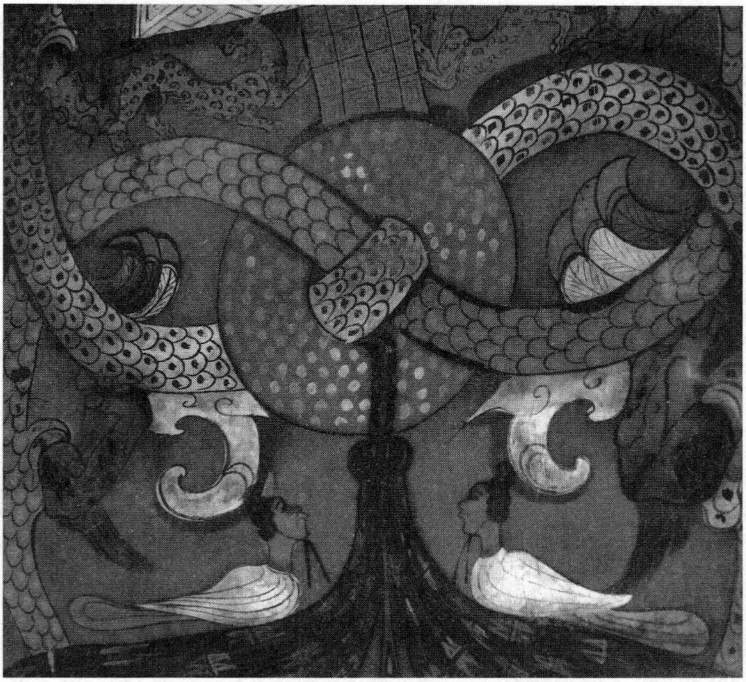

图11　马王堆帛画（局部）

“玄之又玄”就是“微尘”“芥子”，“众妙”就是“三千大千世界”“须弥”，“之门”就是“于一……中”“纳”“如”，也是张衡的“玄览”。老子告诉尹喜：你见到的这个点能产生一切宇宙，就是前辈圣人都见到的，它的名字叫“道”，它也就是我们这个没有时间、没有空间、如如不动的本心，释迦牟尼叫“阿赖耶识”，它“其小无内”，是“不生不灭、不垢不净、不增不减”的。它也没有名字，因为没有名字，所以每个大圣人就都给起了不止一个名字来形容，结果反倒有诸多的名字了。

“众妙”，为什么我在上面说是尹喜的天下呢？就是说为什么三千大千世界是属于个人的，而不是大伙儿的呢？这就是量子物理学的“观察者效应”。没有别人，就是你，唯有你，只有你是这个世界的看客，别人只是你“看”到的、“摸”到的幻象，这世界就独有你一个玄点。

其实“玄之又玄，众妙之门”用西方科学名词叫“曼德博集合”，之前叫“全息”，现在叫“量子纠缠”，这就是大道的全维性、“不二”性、一致性，也就是“恒”性。可贵的是“曼德博集合”，又叫“上帝的指纹”，还有公式：fc（Z）$=Z^2+C$。

《西游记》金箍棒可小可大，就是指我们“玄之又玄，众妙之门”的自性，对于还没悟道的修行人则指的是中脉。

《西游记》借了道家的“乘蹻（qiāo）”述说孙悟空“十万八千里”，为什么不说是像飞机那样直飞过去，而要叫“筋斗云”呢？

大道的样子有两个，就好比电有“电压”“电流”两个样子，都是一个电；光有“波”和“粒”两个样子。大道的一个样子是小无可小的一个点，叫“小”，另一个样子是无量无边的一切东西，叫“大”，是说无尽的空间和无尽的时间。因为当我们的心执着时就有“我”，这时我们是在三维，当我们无“我”时就硕大无朋，那是进入了六维、七维乃至全维，老子叫“玄德”。这时候时间空间消失，我们所看到的世界就是从“此”这个点“照”出去的，所以说，“玄”就是全维的一个点。然而，“照”出去又是无量无边的，是“其大无外”的，老子就说“众妙之门”。这个点和它照射出去的世界就是“道”的显现，古今中外描述、形容它的名词数不胜数，上古就叫“太阳神”。“玄之又玄，众妙之门”是说，由见大道的人（尹喜）的那个点化出无量无边的阴阳，就是万事万物。

“玄之又玄，众妙之门”“一粒微尘”“一粒粟米”都是圣人给我们讲的宇宙真相，也就是大道，就是明心见性。

那个“众妙”“万法”和“一切”就好比是我们看到的世界，我们通过眼睛看进来的图像使我们“见”了的“见”，就是“玄”“一”和“心”。我们常说的所谓“看见”，其实是分开的，“看”是眼睛，“见”是心；还有“听见”，“听”是耳朵，“见”是心；“感觉”，“感”是我们神经末梢的触觉，眼睛耳朵只是给我们创造“空间”“距离”的器官，而“觉”（图12）是心，也就是老子的“玄”。

释迦牟尼看到了什么？就只是看到了星星，那只是一个亮点儿，没有什么不同嘛！宇宙的本性在哪儿？在遥远的“西”边吗？在书本里吗？其实就在一切普通的事物上，就是庄子说的，在瓦上，蚂蚁上，杂草上，袁禅师说在“青青翠竹、郁郁黄花”上，当然也在星星上。什么叫“茶道”？我们看见的是茶，尹喜就是看见了大道。什么叫“花道”？大众看到的是花朵，而迦叶看到的是佛性，王阳明看到了道。

图12　“觉”字书法

为什么老子说有了名字就不是那个真正的大道了呢？比如说“时间”“爱”“函数”“数据”“数码”也是看不见摸不着的，似乎与“道”也是一样的，都可以起个名字来说明。这些都可以通过其他形式展现给我们，我们可以看太阳的位置，看太阳的影子，看星星，看钟表来确定时间。我们可以通过生命的交流去体会爱。我们可以通过在屏幕显现，或用打印机打出来去还原数据。那么，我们可以通过看万物来还原大道。所以“显现”的和那个“真正”的，要靠我们去领悟，然后就能够区分了。

道是永恒长存的性质、功能，不是被生出来的，也不会死，不会被污损，不增加也不减少。这个性能产生了宇宙，产生了万物和人。所以说一有个名字就具体化了，就贴上了标签，就在我们的心里有了属性。有了属性，就在我们的头脑里产生了一个东西的概念。概念、东西、事物都是在我们心里“产生”出来的，是幻象。幻象才有标签名字，真正的这个永恒性质是干干净净的。只有尹喜的心达到干净了，就看到了这个性能；释迦牟尼打坐心干净了，看到了星星的当下，猛一下子就看到了这个性质，他管它叫“佛性”。我想尽管这么解释了，可能大家对“道”与同样看不见摸不着的像“空”“相对论”这些抽象的概念还是不太清楚。我们说的这些概念可以有附加条件来说明，可以类比或反比。比如“空”，可以说陶土围出来的里面什么也没有的地方，可以说房子里面就是“空”。那么，我们没有办法加上什么正反条件来展现“大道”，来证“大道”，只能形容，然后再把形容给否定，就可能把少数像尹喜这样的人头脑里的概念给打掉——“损之又损”。多数的人还是本能地跟着老子的话语跑，抓老子的话了，就还是停留在概念的层面了。纵使听老子的话，去除了一个概念，结果不自觉地又抓了一个老子新的“去除”概念，就像把病给“去除”了，结果我们又抓住药不放了。狗熊掰棒子，永远要抓一个不放，这就是“恒有欲”，释迦牟尼叫“坚固妄想”。

《伏羲女娲图》就是“法”，是虚空分了阴阳而产生的，“道生法。法者，引得失以绳，而明曲直者也。”此图就是宇宙大道“母”所产生万物的机制。

“道”算是大道的代名字，“无”是大道的现象，“一”是大道的当下。老子说：“无名天地之始，有名万物之母。”意思是说：那原本清净、无有一切的时候，有的只是本性功能，甚至在需要给它说明之前的那个，才是一切之本，天地是由那里出发的。有了万物，我们才能给那个“本”加以描述，因为这时才有“相对”，描述是“相对”而生的，只是一个假名而已。没有了相对、概念和假名，一切就都不会成立，一切的产生也是无有实体的，就是佛家的“色不异空，空不异色”。

这一章特别难讲清楚，咱们借用风来讲一下或许效果会好些，也借了一点第十四章、第二十五章，叫“意译2”。（大家回头看完了第二十五章后如果再来看这个“意译2”效果会更好）

【意译2】

咱们这几天讲风，不是为了让你们了解你们熟悉的风，我是不得已用你们知道的“风”来证明有一个你们不知道的东西。它其实一直都在咱们身边，它也没有名字，我就勉强给起了个名字就叫“空气”吧。你们要透过风这个现象看到本质是空气。这几天下来，你们大多数人道理上都知道了“空气”这个词的含义，但这仅仅是理论上的知道，还不是真正的知道。因为大家都还是只知道眼睛盯着那看得见的风，只有尹喜已经透过现象看到了本质。所以，知道是一回事，明白又是另一回事，因为空气我们看不到、听不到。只能拿风来描述风的本质，能够感觉到吹到脸上的、吹得树叶满天飞的，都是大家熟悉的风。所以呀，你们一旦静下来不用头脑分辨，不去随着动的跑，就能知道是因为有一个本质不动的东西存在才有的风，就能够明白风的本质是空气。而你们眼睛、头脑一旦随着刮得乱飞的树叶子看，看尘土飞扬，就只知道“风”这个概念，这在你的头脑里只是一个事物，而不是那个真正的、动和不动它本来就一直在这里的空气。当然，不管是风还是那个风的本质，它俩其实就是一个，只是我们的认知角度不同而名称不同罢了，它们俩都是那个没有色彩、没有重量、没有味道的本质东西——空气，我们虽然看不见，但动植物、微生物、地球海洋统统都离不开它，它是一切生命的支柱。

第二章

美丑互为缘——只有心空才能永恒

【原经】

天下皆知美之为美，斯恶已①。皆知善②之为善，斯不善已。故有无相生，难易相成，长短③相形，高下④相倾，音声⑤相和⑥，前后⑦相随。是以圣人⑧处无为⑨之事，行不言之教。万物作而不为始，生而不有⑩，为而不恃，功成而弗居。夫惟弗居，是以不去⑪。

【解析】

①“已”：造成的。

②“善”：明白道。

③“长短”：不是说物体，而是指人的个子高矮。

④“高下”：是指人的地位是高贵还是低下。

⑤“音声”：不是指发出的什么声音，而是指人的声音好听还是难听。

⑥“和”：人的声音好听、悦耳。

⑦“前”：优秀、聪明。“后”：蠢笨、落后。

⑧“圣人”：指尹喜。

⑨“无为”：逍遥，得大自在。

⑩“万物作而不为始，生而不有”：我们所看到的事物的开始不是真正的开始，而在开始之前早早就开始了。现在的结果也不是从一开始我们

看到的那个原因造成的，而是过往早早就形成了这样的结果。

⑪“去”：丢失。

【意译】

天下人就只看到了美丽就是美丽，却不知道它包含了丑。只看到好就是好，却看不到它包含了坏。因此经上才说：拥有是从一无所有那里来的，反过来一贫如洗也是从拥有很多那里回报来的；阻力和顺利也是由过去相互造就出来的；帅气的高个子是由过往的矮个子换来的；高贵也是从过往的低贱变来的；声音的优劣也是过去造就出来的；优秀也是由之前的笨产生的果。所以你要明白，你所干成功的事并不真正是你干成的，也不是因为按照你说的话去做了才成功的。一切今生的结果都不是今生所看到的这些原因所造成的，因为我们看到的原因并不是真正的原因，这样的结果也不是因为那样做了而成的，一切都只是表面现象，是假象。所以，做事情不必执着是我们自己做的，成了也不要当成功。你只有不执着这一切，才不会跑到道外面去。

【心解】

天下一切的一切，统统都不是我们看到的原因所造成的结果，所以我们找事物的原委，不能只知道看眼前的原因，而这个结果是早在这个事物开始前就有了。也不要以为你能够主宰什么，就连你自己都不是你主宰的。只有不执着一切，才能看到事物的真相，心才能不被事物裹挟着走。只有心空才能以真眼、真心去看真相，凡眼只能看到假象，“药内有仁方为善，方中无我是真人”。

【延展】

这一章很容易给看成：美丽是由不美丽比较、衬托出来的，当我们美的概念一出来，丑的概念就同时产生出来了。没有丑就没有美，没有美也就没有丑。高和低、上和下也是通过相互比较才产生出来的，讲的是对比，或者说对偶。

上面这样讲，按照文字的意思确实很圆满，只是老子给大智慧的尹喜不是在说这个层面的事，不是在说咱们大多数人的这个三维度。不怪大家，我们后人因为不在那个悟道活动的场景中，就容易依文解义，尹喜他们在那个语境下自然知道圣人的意思，就不会跟着语言的浅表意思走。这一章是讲阴骘（zhì），意思是：一个事物不只是我们看见、知道的这些原因，而是有许多看不见的、之前的因缘，我们都是被肉体生命给限制住了，人们凡没有“眼见为实”的都认为没有。

大家看《道德经》要一直将环境因素加进来，就是说名字的三个字就是宗旨，“德”就是道，“经”是圣，因此要在圣道的层面去理解，不要降到凡夫的层面。这一章老子是在说四维以上的因果，因为悟道的尹喜需要知道的是高维的事，而不是凡层面。老子是在告诉尹喜：你现在的大智慧是你过往多生累劫的修行所造就的，而不是你仅仅靠着今天的聪明就能悟到的；同时也在告诉其他人：你们不要觉得自己笨，也不要觉得尹喜聪明，这只是一个生命的积累和置换，大家都要把心放平了，谁也不要低看了自己，也不要高看自己，不管多么大的辉煌，每个人都是能够实现的。

《黄帝阴符经》说：“生者死之根，死者生之根。恩生于害，害生于恩。”也是这一章的意思，不能当寻常理解，所以后面才是“处无为之事，行不言之教”，“善言者无瑕谪”。只有懂了这一章及黄帝的话，才能够理解“无为”和“善”，所以老子才在第一章跟其他学员说：“非恒道，非恒名。”老子旨在让尹喜更加坚定认可自己是真的见大道了，自己真的在高维了，而不必有一丝一毫的心虚。因为刚刚开悟的人还不够清晰，所以道心还不够坚定。

这一章前面是讲事情现象，从“是以”之后是讲圣道，讲事情背后的真正意义，是给尹喜这样大智慧人讲的，是让他们“处无为之事，行不言之教”去成为伟大的人。所以很难看懂，咱们借一个清晰一些的道理来说这里。比如释迦牟尼的遗训“以戒为师”，人们一看就觉得懂了，其实不然。因为阿难是为当时在场的罗汉问的，而不是为天下的大多数人问的，所以佛也是告诉当时在场的明心见性的罗汉，要看住妄念，妄念一起就能够尽快地觉察到。没有悟的人看不见妄想，就没有“戒”的目标。所以这个“戒”是心戒，心如如不动，不随着念头乱跑就是老子的“不惊”。就是说，除了释迦牟尼佛之外，只有他们罗汉见到的心中的如来佛才能是他们的“师”。就好比六祖慧能被五祖弘忍用船偷偷送走时说的：“迷时师渡，悟了自渡。蒙师传法，今已得悟，只合自性自渡。”这里的“渡”就是“师”。十五年在猎人堆中的“保任”“牧牛”是“以戒为师”，因为只有明心见性的慧能才能知道怎么样管住妄念，也就是“戒”，才是释迦牟尼说的“如暗遇明，贫人得宝。当知此则是汝等大师，如我住世，无异此也”。能够成为罗汉老师的就只能是佛，“戒律”哪里担得起“师”的责任？那么回到这一章，“圣人”怎么“无为之事”，怎么“作而不为始”，“不恃，不处，不去”，这些都是圣层面的，那么上面“美之为美，斯恶已。有无相生，难易相成”就不是这么简单的世间道理了，而是圣道理。

《道德经》里有很多的“已”，不少人把它当作了语气虚词“矣”是不对的。“已”是表示已经完成了，有结论了，盖棺论定了，就是英语的“过去完成时”。比如“斯人已矣”就很清楚地展现了区别，“已”是实词，“矣”才是语气词。

“有无相生”等排比句对于大众来说是讲生命的，对于突破了生命的尹喜来说是讲心的。

“圣人处无为之事，行不言之教。”因为晓得一切的结果是怎么来的，就知道如此的结果。虽然我努力了，但是不是眼下的一言一行所造成的。

“万物作而不为始”，天下的事情，不是因为这里发生了什么原因而造成的这个结果。比如一个骑摩托车的人被小汽车撞死了，警察一看原因，是路边上停了一辆车，他一开车门自行车就往里躲他，摩托车就躲闪自行车，因为摩托车比较快就往里得多了，刚好一个车开得超速了，就撞了摩托车。最终的结果是，骑摩托车人死亡，开车人判了刑，路边开车门的也被罚了款，骑摩托车人自己也负有责任。五个因素就瞬间凑到了一块儿，只要少一个因素就不会有事。那么回到这一章，圣人的意思，真正的原因不是我们看到的原因。这几个人的各种结果不是从开始到结束这两秒钟发生的事，就是说不是我们大家认为的“凑巧”，或者说“他赶上倒霉了”。不是的，还有其他的真正原因，“大”原因，才导致了死亡、坐牢、罚款。“婚姻”“联姻”都是从“因缘”一词来的，就是说他和她能够走到一起，是因为“有缘”“千年修得共枕眠”，而不是像珠子走盘那样的，像大海盲龟似的碰上了。

这一章的解释就是第六十三章的经文，大家回头可以两章一起看，是“自同构性”的。

另外，这一章非常口语化，也许大家没有觉得，那是因为年代太久了。比如“斯恶已，斯不善已”就是口语语言，文字不这么写。

第三章

头脑无欲可入道——打得念头死，方得法身生

【原经】

不尚贤，使民[①]不争[②]。不贵难得之货，使民不为盗。不见可欲[③]，使民心不乱。是以圣人[④]之治也，虚其心，实其腹，弱其志[⑤]，强其骨[⑥]。恒使民无知无欲，使夫知者[⑦]不敢为。为无为，则无不为矣。

【解析】

①“民”：头脑的思维、想法。

②“争”：欲望。

③“尚”“贵”“见”：贪图。

④“圣人”：指尹喜。

⑤“志”：不是指志气，而是欲望索求。

⑥“骨”：指尹喜悟道了，就有了主心骨。

⑦“知者”：聪明的好事者。这里喻指尹喜的分别心，妄心。

【白话】

不追求神圣，就不会起贪心，不追求高妙的东西，就不会有投机取巧的想法。没有欲望，思维就不会乱，这就是智者的管理心。妄想少一点，多关心生活，憧憬少一点，身心踏实点。让那些分别心、欲望强的人也没

什么想头，让那些个好事者不没事找事。大家都做该做的，不该做的不做，则社会自然就会顺的。

【意译】

（应该是尹喜说：听您一说，那孤王就可以把其他学习的法门都不要啦？……可能有人接着问：天下也有许许多多的修道法门，我们都学习过，难道都没用啦？……）

不稀罕什么圣地，就不会生起贪求心。不去找什么窍门，就不会有投机取巧的心。只要不贪图什么便捷，你的心思就不会歪，就像尹喜现在这样如如不动的心。无我无为，把心安下来；看住妄想，只有坚定地相信自己所悟的，永远让头脑无妄想、无欲望，使你的头脑没有用武之地，归根结底只有放得下，才能拿得起呀！

【心解】

“人生无根蒂，飘如陌上尘。”求道不要东求西拜，敬仰追求上边的、远方的什么世界，你的心就不会有奢望和匮乏。不追求高妙宏大的法门，你就不会有非分之想。根本没有什么“诀窍”，那都是骗人的，不要找什么捷径，因为根本就没有捷径，所以人要务实，只一心一意求悟道。

【延展】

这里咱们总的说一下，因为大家根据文字都认为《道德经》是治国用兵平天下的，那都是“依文解义”。错不在大家，在尹喜，他因为谦虚，把自己问的问题省略了，只把珠穆朗玛峰记下，而认为自己是小土包。他因为自己拿着讲给学生时可以用嘴讲，在他看来，不耽误伟大大道的传扬就行了，就没有辜负老子，结果给我们后世造成了很大的困难和误解。尹喜的问话都是在说大道，任老子怎么答都是在表达“道”，因为尹喜懂治国，懂用兵。因此我们在看《道德经》时，要在每一段话的前面加上尹喜问“道”的意思，这样才能不脱离圣人的轨道，才能不被语言带跑了。所以咱们此书不但要有文字层面的“白话”，还要设立“意译”，因为年头的久远会带来很大的不同。

“不尚贤，不贵难得之货，不见可欲。”应该是先人的圣教，这里应该是别人问老子一些社会上修行的事情，诸如：怎么样努力用功？往什么世界去？用什么便捷、高效的法门？修哪位大神仙的法门更快？老子就用先圣的话来给他们讲解。

这一章是比喻，托义于物，故“意译”与“白话”完全不同。“民”在上古是贬义字，这里指我们的外求之心，“君”为人之真心，天地为心所创。就像《圣经》说的：“因为造你的是你的丈夫，万军之耶和华是他的名。”都是比喻。这一章可以作为《西游记》的最好注解，整个《西游记》的全过程，就是让道者最终要达到如这一章要求的目的。唐僧师徒四人（还有白龙马）就是贪嗔痴慢疑集合的一个“我”，而所有的妖怪都是“我”变出来的。当他们消灭掉了所有的分别心、恐惧心，就没有妖怪了，就是大“我”，也就到了西天，《西游记》就是关起门的《道德经》秘本。颜回曰：“回之未始得使，实自回也；得使之也，未始有回也。可谓虚乎？”

“争”是指争取利益，当然要有一个目标来“争取”了，那么如果有一个“我”，自然就为了“我”来争取、努力奋斗了，可是如果没有“我”，那就自然变成了为了天下而“争”。

“虚其心”就是无欲无求空掉小我，就是“悟空”，就是《列子》里说的：“黄帝昼寝，而梦游于华胥氏之国。”“实其腹”意思是心里有谱，充实、踏实。“志”和“骨”在老子那个时代是指人的志气想法、勇气力量，而“骨气”反而是咱们现代褒义的“志气”。

“为无为”，不造作地做事，而是顺其自然。

第四章

鼓盆歌出四海情——空耶？不空耶？道到底是个什么面孔

【原经】

道，盅而用之[①]，又不满。渊兮[②]似万物之宗[③]。挫其锐[④]，解其纷，和其光[⑤]，同其尘[⑥]。湛[⑦]兮似或存。吾不知谁之子，象帝[⑧]之先。

【解析】

①“盅”：容器中的空腔。“道盅”：就是佛家说的“佛性本空”“空性”。“盅而用之”：就是佛家的“性空缘起”。

②“兮”：啊。

③“宗”：根本、源头。

④“锐”：锋芒。

⑤“光”：高贵。

⑥“尘”：平头百姓。

⑦“湛”：空寂。

⑧“象帝”：图腾。

【白话】

这个道啊，是空的，我们就是用这个空，但是永远也用不尽。无尽的呀，仿佛是万物的源泉。挫掉锋芒，开解混乱，把高贵平下来，把低贱提升。于空旷中有那么一点灵明，我不清楚它属于谁，我只知道它是在老祖宗之前就有的。

【意译】

（尹喜听了上面老子说的产生了困惑，大概是问：那我们就不需要努力啦……什么都不做怎么能达到如您一样的智慧呀？）

我自从得道之后，心空得再也没有执着的地方了，智慧多得呀简直用不完，因为你抓住了一切事物的根本。它能为你消除锋芒，开解心结，使高贵和低贱都平等。我心清净得呀就只有那么一个灵光点，它既不属于宇宙也不属于我，我不知道怎么将它归类，反正是在一切之前就有的。

【心解】

天上天下，唯我独尊。照体长生空不空，宫室虚闲神自居。为法王者万乘之君，心无穷无尽、无量无边，一切竭宇宙之力。

【延展】

这一章是老子给尹喜讲自已得道后的情况，“而用之又不满，渊兮似万物之宗”就是六祖明心见性了，给师父讲他所见到的什么样子：“何期自性，能生万法。”

“道盅”就是“用之又不满”，就是“玄之又玄”，也就是尹喜说的“其小无内”。“湛兮似或存”，就是“众妙之门”，也就是尹喜说的“其大无外”，因为大道最主要的表现形式就是这两个。咱们打几个比方。就像硬盘里边的圆片这么小，但是能够放进去一百部电影，我们可以在电影院看多少山河大地星际旅行。一粒松子，它就是一棵参天大树，大树“法”种子。你妈妈肚子里的那个受精卵就是你，你爸妈就给你起好名字叫“王富贵”，现在这个比卵子重一亿倍、体重一百五十斤的你也是王富贵。卵子就是“玄之又玄”，现在这个长大的你就是“众妙之门”。你给了别人一个肾，那个肾就叫别人的名字了，但是它是你的，它应该叫“王富贵肾”。然后你死后变成几两重的骨灰也是“王富贵”，也许被洒入了大海，你家里有一个“王富贵”的牌位还是你，这时候的你就是“空”的状态。你一生就是第五十一章说的“长之，育之，亭之，毒之，盖之，覆之”。“长之”就是卵子受精。“育之”是零岁到你工作自食其力。“亭之”是人的“当打之年”，“毒之”是你有大的变化了，头发白了，背也驼了，没有“当年勇”啦。“盖之”是你变成了尸体。“覆之”，尸体、骨灰最终会消失，就是“空”。注意，在圣人那里，也就是说在真实那里，“空”也是“王富贵”，所以老子说：“域中有四大，而王居其一。”所以你不是只有“成、住、坏”三个阶段，而是“成、住、坏、空”四个阶段，尽管大家不在乎死了以后的事，觉得跟自己没了关系。

“满”“盈”，不是现代“满”的意思，而是极限。比如变戏法的，他能够变出多少东西，那就看他大袍子里边藏了多少，不可能再多了，上限就是“满，盈”。“不满”“弗盈也”，是说不会达到极限而停止产生。也就相当于变戏法的，桌子下边的舞台有个地洞，有助手往上递就可以一直往外变出东西。

“宗”是玉琮里边的圣经，夏朝是《连山》，商朝是《归藏》，周朝是《易经》。“玉琮”，我们在博物馆里都能见到，在古人眼里是“神器”，代表天地宇宙。装在里边的必须是宇宙的解说词——经，用经来解释龟裂——神谕。

“和其光，同其尘”，人一得道，心就静了，平了，不会像从前那样宠辱就惊了，不会在乎自己是高身份地位就有什么了不起的，没有了比量心，隐入尘烟，这就是“平常心”。“挫其锐，解其纷，和其光，同其尘。”应该是老师的话。

上边“湛兮似或存”是说尽管什么都没有，但是里面有一个穷极点，这个点虽然没有体积，但是你不能说它不存在，因为它不但有，还包罗整个宇宙呢，就是“玄之又玄，众妙之门”。这里跟第一章一样，是见道的情景。

“吾不知谁之子”这句话很好懂：我不知道它是什么原理，依靠什么而有的？但是，这一章不能看表面，不要以为老子是从宏观角度来描写大道的。老子当然什么都知道，他是故意这么讲的，是在让尹喜思考，让尹喜产生疑问，就像禅宗的“参话头”，使尹喜的分别心抓不住东西而放弃，迫使他头脑停止运转。老子不是表面在讲什么大道理，而是要破坏尹喜的“我”，使之达到无人我、无时间、无空间、无一切分别。

（下面这一小段大家不必认真，只要看过去就行了。）

“吾不知谁之子，象帝之先。”老子是说：尹喜呀，你给我认真地看看，你刚刚悟的那个“道”，它还能在谁的下边？看看有可能吗？它只有在一切的起始之前、一切的事物之上。因为尹喜已经上了一个台阶，老子还要他再悟得更高一层，是在绕尹喜的脑子，意思是：你见到的是一个永恒的“道”，如果你认为是存在的，那你就有头脑里的“名”了，也就是“有”了，一有了相就不是“恒道”了，对不对？那么你好好想想，怎么能够给我一个合格的答案？《薄伽梵歌》里说：“尽管我是众生的唯美者，尽管我无所不在，但我不仅仅属于某个展示的一部分，因为我本身就是创造之源。要明白，我就像强风吹遍各处，却占据整个天空一样，众生都在我之中。宇宙秉承我的旨意自动地展示，天地、大自然皆是我的一种能量，在我的运作下活动，产生一切生命与物质。”

“象帝”是指国家供的祖宗图腾，黄帝部落挂的是龙，其实华夏的祖先有很多，都有各自不同的图腾崇拜。青铜器上也是，商说自己的祖宗是“玄鸟”，就挂鸟的雕像，外人就管他们叫“鸟族”。三星堆的大面具就是“象帝”。“虎方国”是老虎图腾，虎背上的鸟表示这虎是天上的，西方在小天使的背上都画上翅膀，实际上天使没有翅膀。许多古代图像都是这样，比如“玉琮王”，神像旁边的鸟表示这神是“上面”的，是能够通天的，也就是宇宙大道。

“象帝之先”就是宇宙之前，就是赵州禅师说的“未有世界，早有此性，世界坏时，此性不坏”。

这一章是引导尹喜进一步悟，可惜尹喜的问话和答话没有记录下来。

我们首先要搞清楚这一章是说谁，这是关键。这一章很容易看成讲大道对宇宙天地的功能，比如看成：大道是空性的，是产生万物的源泉。这个“其”字是指世界、天下，那么就是“挫”天下出头的“锐”，“解”天下的一切“纷”，大道能够与光明和黑暗“混同”——“和其光，同其尘”。其实这一章是指老子自己掌握了大道之后，大道对他所起的作用，给他心性上带来的变化。所以古代使用“其”字是“你”，就像我们平时说话在说自己时也说“你”怎么怎么。原意是：给我去掉了心的不平和，捋顺了我的心，使我说话办事都不乱。高低宠辱都是以平常心去接纳。

第五章

天若有情天亦老——尹喜看到的是一个客观的世界，不可抓持，也不必执着

【原经】

天地不仁①，以万物为刍狗。圣人②不仁，以百姓为刍狗③。

天地之间，其犹橐玥④乎？虚而不诎⑤，动而俞出⑥。

多言数穷，不如守中⑦。

【解析】

①“天地不仁”：即第三十八章的“不德……无为……”，也即第七十九章的“天道无亲”，是说大自然也就是大道对待一切都是客观的。

②“圣人”：有智慧、人格高尚的人，指尹喜。

③“刍狗”：草做的“盘瓠”狗。

④“橐”：装书的布袋。“橐龠”：冶炼青铜器时的风箱。“橐玥”：橐龠的一来一回。

⑤“虚”：无，就是佛家的“空”。“诎”字面意思：短缩，低调，收敛，不出头，像罪犯一样大气儿不敢出。实际意思是指不做事。“虚而不诎”：虽然空空如也，无有一物，但并不是不做事，而是充满了活力，具有无限的可能性和创造性，虚位以待。

⑥“动而愈出”：只要一动就能产生出一切，就是六祖慧能的“能生万法”。

⑦“中”：持中道，无对待。

【白话】

天地从来不执着什么人情，它把万物都当作草狗；您也不要执着人情，把人类也要看作草狗。天下的一切你没看见就像风箱一样来来去去吗？大道虽然是什么都没有，一旦动起怒来是无穷无尽的。

说得再多也是白搭，都不如你守住中道就都有了。

【意译】

（尹喜听老子讲了上章，就问了许多问题，大概其能够猜出来一些，应该是：那上天是不是就能让天下的事情都平顺啦？也许我们遇到的不和谐就只是短时间的，时间长了就统统都完美吧？老子就耐心地回答他：不是你想的这么理想的。）

宇宙大道不会有人一样的情执，它是客观地对待。

（尹喜又说了一些看法。）

你不要执着道理，也不要执着小我，没有一个你，一切都要客观对待，不能按照道理去想当然。大自然是无常的，地球家园就是“沧海桑田”生灭着生命。你不要以为看着宇宙之中什么都没有。当它发怒的时候，它可以产生无穷无尽的水火毁灭一切。

（尹喜听了老子的教导，又讲了一大堆他的进一步理解。）

你说了这么多，虽然讲的都合理，但是大道往往不按照我们人的道理出牌，再多的办法有时也没用。你只要记住一条，就遵照你见的“道”去行事，直道而行就全有了，没有那么多的道理可循。

【心解】

“天若有情天亦老。”“东边日出西边雨，道是无晴却有晴。”生生死死都是客观现象，好坏优劣也都是必然，只看这云卷云舒。天下的一切皆是你方唱罢我登场，人类也是几回生、几回死，“劫劫长存，生生不息，宁极深根秋又春”。只要保持和谐就不会灭。

【延展】

借此咱们总讲一下《道德经》，有时是老子问尹喜，有时是尹喜请教老子，老子的答话又形成了问题，尹喜听了老子的讲解有所悟入，在回答之中同时又形成了新的问题，然后老子再答……有时老子的话使尹喜陷入深深的冥想。就这样不断问答、答问、参就，来回打磨，致使尹喜一步步趋近完美，就形成了这么完美的《道德经》。有时其他人也七嘴八舌地讨论，畅所欲言，所以课堂的气氛是宽松的，就像一个小型研讨会。比如第四十一章，有人理解不了甚至可以大笑，可能还是哄堂大笑。

有四点：第一，尹喜是一个很能说的人，学富五车，满腹经纶，知识水平、理论水平很高，身份地位高，见世面广，智慧根基又高，所以问的问题涉及面很大。就是因为尹喜文韬武略治国平天下，所以问的问题就有治国平天下的内容。第二，反过来老子也就可以用治国平天下、用兵来打比方。第三，尹喜多少年向往、学习、参就大道，虽未登堂入室，但所疑经年水平极高，所问问题皆略窥堂奥，也就把老子的热情最大限度地调动了起来，知无不言。最后一个最最重要的原因就是，刚悟道的人，整个大变了，他的世界、宇宙都是全新的了，完全不是原来的，看问题也变得一针见血了，这时候人会特别兴奋，就是说见到“道”了，是尹喜从来没有见过的全新世界，因此就产生了许许多多要问的。所以《道德经》有很多是答话，同时也是问话，就像这里，就造成了我们后世不容易看懂。

咱们这里把尹喜的意思括了出来，大家再看到没头没脑的话时，就要想前面可能有尹喜的话。

这一章尹喜问了怎么样能让世界完美？老子就告诉他：若想让世界完美，不是去改变世界，而是来改变自己的心。是要尹喜不执着外面，而是要以无我、无为之心，站在大道的角度客观看待一切，知道万物的生灭都是它的正常运行，不会像生命似的有感情，有执着，宇宙不是有个什么大神，以它的意志所创造的。

“天地不仁”即第三十八章的“不德……无为……”，也即第七十九章的“天道无亲”，是说大自然也就是大道对待一切都是客观的。“天地”是指大自然，但是咱们今人的思维与大自然是分开的，是有“我”的，而上古人大多是一体不分的，是无“我”的，因此古人今人的思维模式是不同的。这里的“天地”按尹喜的理解是成语“皇天后土”。“天”是指皇天上帝，也就是老百姓说的“玉皇大帝”。“地”也就是“后土”的“后”，是指西王母。“天地不仁，以万物为刍狗。圣人不仁，以百姓为刍狗。”是说：天主、地主、圣人都是客观处事。

“刍狗”并非大家所理解的，在祭祀的时候给草狗搁在高高的祭台上代替真狗披红挂绿，大家顶礼膜拜，等到祭祀完了就丢弃。所以历史上有些人就认为老子是老滑头、阴谋家、厚黑学家，用人朝前，不用人朝后。大家说的替代品是有的，是用米粉做的（就是后来的“面塑”），塑成动物的造型。那么，为什么不说祭祀时排在狗前面的猪、牛、羊呢？说狗是有特殊所指的，因为在所有家畜中，其他都是属阴性的动物，唯有狗是阳性的，具进攻性，它可以为人类做攻击性的事情。这里“刍狗”是指古时的一个咒术，是尹喜他们都知道的。取一根病死牲畜的骨头，用草扎成狗形，叫神犬“盘瓠”，人们对狗一起诅咒敌方首领死亡。诅咒后，将这草狗“盘瓠”偷偷地放在敌方首领住的附近或所经过的路边。就是说草狗我们不能保护它了，让它去它该去的地方为我们服务。

古人还常常在敌军有可能饮食休息的地方，在对面崖壁上画大群戾气鬼、“盘瓠”狗、病气的船载着敌军去“阴山”，来诅咒敌人。老子的意思是让这个“刍狗”，去它该去的地方发挥作用，才是对它的尊重，一切要客观对待，该怎样就怎样，该把它搁在我们的呵护范围以外就要搁，不能怕它损坏而不搁。再爱惜的东西和人民，到该用的时候也得用，这不是不在乎，而是大爱。这很像军队，我们的战士都是宝贝，平时都要花大力气好好训练，花大钱好好养着，将军们都爱惜战士，“养兵千日，用在一时”。到了战场上，该冲的时候就要冲，将军不能因为爱惜战士的生命而不冲锋。到了冲锋最好的时机，就要下令击鼓“吹冲锋号”。不是不拿“刍狗”和战士当回事，而是该用在哪儿就要用才是大爱。

“刍狗”也就是《清静经》开头的话“大道无情……运行日月”。就像太阳，它对生命的爱是最大的，没有它就没有万物。但夏天也要有动植物，人会因为热、旱而死。这就是太阳给我们的爱，让活下来的同伴更加有生机。

这里的“圣人”是指已经悟道的尹喜。

“橐”，是裹书的布。“橐籥”是冶炼青铜器的鼓风袋囊。“橐玥”是指来来回回，也就是“周期”。

“橐迭”就像手风琴来回推拉。

“橐玥”，老子是指天下的一切事物，不管大的小的，统统都是生灭循环的沧海桑田。

只有“动”才能与外界有“交流”，就能“感知”到“人生、世界……”。“交”就是参差不齐，不平，有了落差就会“流”，就有了“动”，“动”就能“生”，子曰：“天何言哉？四时兴焉，万物育焉。”

“中”就是不产生分裂意识，直面一切。所谓“两边”就是有对待的，好坏，左右，前后，内外，外围和中间。外围和中间都是属于两边，都不是“中”，因为它们有对待。就是说“中间”是由“外围”对比而生出的，“外围”也是由“中间”的对待而产生的。

“中”字的金文“”在古代是日晷（guǐ），就是钟，○画的是晷盘，≈不是旗帜，是表示画的针杆，叫“指标”，|不是木杆子本身，而是针的影子，虚的东西用波浪线标示。

因为日影的守信，所以“中”代表了至高无上的信誉，一切至高美德莫过于“中”，然后，一系列最高峰的名词便诞生了：中间，中央，中心，中道，中庸，中和，中正，中听，中兴，进而就有了“中华”“中国”。

“中国”的“中”，全世界包括中国人自己也没有解释好，大家只知道是中间、中心等，其实“中”是根、源、归处。谁的“源”？世界的，中国是一块“神选之地”，也就是种源地。在其他大洲，人们可以去探索、去实验、去拼杀、去失败，成了就可以发展、发达、开拓出新的；败了，有地方退回来休养生息，火种不灭。所以，中国是世界的“母亲”，有大山大河，最独一无二的是，有“第三极”青藏高原，就像电影《2012》拍的，人类的避风港是青藏高原。

“天地之间，其犹橐玥乎？”你难道没有看出来吗？天地之间的生命统统都是来回循环生灭，一切都是。

“虚而不屈，动而愈出。”应该是尹喜前面听了老子的话，就说了自己的想法，老子才说他：你不要看天空里什么都没有，人心是能够在天空中创造出“灾难”的。

尹喜博学聪明，心量开阔，有经验，有责任心，如今又有了大智慧，所想出来的治理天下的办法是很完美的。应该是尹喜跟老子说了很多他的想法，但还没说完老子就打断他说：“多言数穷……”老子的意思：你说的这些办法很实际，但是你要知道，天地的事情往往不是靠人为、有为就能弄好的，后面还有很多的大背景、大趋势……背后的意思是：将来你全明白了，那时才能够做到全面、准确地把握好一切。

这时尹喜已经明白了，这一章当时的现场情景是只给尹喜一个人讲见大道的情景，就是说是给无“我”的人讲的，所以讲得太直接、太清晰，其他人就更不容易听懂了。这一章是说：小尹你看见了吧？你在大道这里就是这个样子的，没有空间，没有时间，没有“我”，也没有“我”以外的别人，生命最末没有别的，只剩下一个客观的当下，就只是个起伏，总之就是没有分，只有一体——“和”，一个有力量的大“我”，统统都是一个命运共同体，一荣俱荣，一损俱损，但是又有无限的可能性，从来没有限制。最后老子说：其实你自己都是见到的，我只是告诉你，你现在见到的与我没有不同，你明白吧？

所谓“中道”“中庸”是合适、恰当。我们大多数人的认知及做事，都有“我”的参与，就会不客观，或靠前，或靠后，或靠左，或靠右。而明白了道就会在最合适的地方，此谓“中”。

人在见大道后就通天地宇宙了，无我，身体中脉上下各“门”等统统打开，开始启动了生命本该有的橐龠呼吸，如同婴儿。人也就启动了迈向生命回转，“返老还童”，身体向着“纯阳之体”转化，疾病慢慢就减少直至无，再往前走就是肉身不坏。老子这里也是在问尹喜，你是这样的吗？是开始“内动”了吗？是空而不空，一“动”就能生天地万物吗？我也不多说了，你就给我始终在“中道”境界就行，那些个东西都会自己发动、自动成长的。

第六章

谷神为天地之根——心生万法，一切唯心造

【原经】

“谷[①]神”不死[②]，是谓：“玄牝[③]”。“玄牝”之门[④]，是谓：“天地之根[⑤]”，绵绵若存，用之不勤[⑥]！

【解析】

①“谷”：画的是在脑下丘体和松果体下一点的头颅中间，叫“泥丸宫”“上丹田”“第六轮”，现代简单地说是松果体。西方权杖的头，像“谷”字样的上面有天门和囟门二层可开闭的门。

②“不死”：不再如死一般地睡觉了。

③“玄牝”：又叫“谷牝”，是“谷”的神，就是人的灵神，佛家叫“阿赖耶识”，东南亚叫“湿婆神”，也就是智慧、“心”（各派系所指、解释各有不同，不必拘泥）。

④“门”：产门。“玄牝之门”：宇宙穷极之门，三千大千世界之门。

⑤“天地之根”：就是上一章的“虚”，是指尹喜见道后的心。

⑥“绵绵”：永远在，虚位以待，“时刻准备着”。“绵绵若存”：就是上一章的“虚而不诎”。“用之不勤”：就是上一章的“动而愈出”，也是六祖慧能的“能生万法”。

【白话】

当你的松果体不再继续睡大觉时，就是“打开了穷极智慧”，穷极智

慧之门就是你的“天地宇宙源泉”，不管过多长时间，它都一直存在，取之不尽，用之不竭。

【意译】

我们脑袋里的“电脑”一旦激活，就是接通了智慧Wi-Fi，我们就能够上大道网了，就能够收发无量无边的信息，创造无量无边的天地，这就是不可思议的网络世界。你别看它宛然是虚的，但它里面包罗万象、无穷无尽。

【心解】

大道智慧一旦打开，就是一切唯心造。此心安处是故乡，“青山一道同云雨，明月何曾是两乡”。

【延展】

尹喜大道之门业已打开，也许是老子用黄帝的话给他讲的，也许是尹喜问的。黄帝曰：“谷神不死，是谓玄牝……”黄帝、老子的意思：智慧门二层都统统打开了，相当于禅宗的“破三关”。老子另外的意思还有：我讲的不是我老子的，而是慎终追远，从上先圣一直下来的，你如今所悟的臻于圣祖黄帝的及格线。

老子的经也有许多，为什么唯独《道德经》大行于世呢？咱们说个类比，王羲之的字在当时也很多，但是独独《兰亭集序》声名远播，那是因为《兰亭集序》是个特例，是在一个极完美的条件下写成的，是连王羲之自己都不可复制的。《道德经》就是相同的因素，能看得出来，老子对自己讲的也是非常满意，就是因为尹喜。尹喜是老子一生当中所遇到的智慧最高的奇才，然后就封他为下一代的大道祖师。后世拿《兰亭集序》作为王羲之的水平去跟别人比，那一下子就把别人给甩了几条街，其实那只是他偶尔的一次超水平发挥。但是天下人才不管什么特例不特例，只要看到你的精彩，纵使只有一次也会为你疯狂。《道德经》就是中国文化的“天花板”，起点就比老子其他经的终点还要高，因为是给一个智慧顶尖的继任者讲的，所以只讲干货，只讲“精”“尖”。所以，谁也挡不住人们对王羲之、老子的膜拜。

这里的“谷”，是指山谷。“谷神”字面意思：松果体里面的灵魂，是动物沟通天地的天线，道家叫“泥丸宫”，佛家叫“藏识”。我们管头盖骨叫“天灵盖”，就是“谷”字的“八”。“灵”的繁体字“靈”就是指沟通天地宇宙，也就是大道。

“不死”，启动打开了，活了，或者从小时候长大就没有关闭，就能沟通天地——天人合一。

“玄牝之门”有说是指天门，也没错，但是小了点，而是三千大千世界之门、宇宙之门，是我们的自性点，那是宇宙万物的产生地（图1、图8），“一粒粟中藏世界，半升铛内煮山川。”因为可以由这一点照出阴阳，由这阴阳“一而二”再分出无限阴阳，“二而三,三生万物”，与万物合一就是“有”。后世道门的很多名称多取之于《道德经》，比如“玄牝”是陈抟老祖借黄帝、老子的词，但非黄帝、老子的原意，因此，大家不能用后世的道教理念去读《道德经》。道教与《道德经》的“道”相差巨大，早已不是老子的意思，甚至不是陈抟的意思了，慎之慎之也。

“谷神”就是黄帝给大家说的大道的形象，就是第一章“玄之又玄”的那个极点、穷极之门，那里小之又小，至穷极小，也就是禅宗明心见性后的“粟米”，道门叫“黍米宝珠”“空歌宝黍”“灵台”等。“玄之又玄”就是老子告诉尹喜大道长啥样，就是佛家的“三千大千世界于一微尘中”的“微尘”，“芥子纳须弥”中的“芥子”，就是后来尹文子说的：“其小无内。”黄帝的“玄牝之门”就是第一章的“众妙之门”，也就是这里的“三千大千世界”“须弥”，就是“其大无外”，也就是六祖慧能开悟时给师父的回答：“何期自性，能生万法。”这里诸人的言句，都是在清清楚楚明明白白地讲大道和明心见性（开悟）所见到的景象，是大道和佛性的模样。

“‘玄牝’之门，是谓：‘天地之根’，绵绵若存，用之不勤！”还有上两章的“渊兮似万物之宗”“虚而不屈，动而愈出”“天地之大德曰生，生生之为易”都是一个意思，取之不尽，用之不竭。

“绵绵”是指缫丝纺线，只要不断地往上续蚕丝、麻丝和羊毛，就可以无限长。这里老子的表面意思是无限长，真正的意思就是《金刚经》的“寿者”，也就是“时间”。

“绵绵若存”就是恒长，也就是《心经》里的“不生不灭”。

当人悟道了，他从里到外所有的身心灵各个方面都是一个豁然开朗，所以当事人的感觉是“宇宙大爆炸”，然后什么空间、时间都没了，唯有一个点。

《诗经·国风·召南》* 中的《殷其雷》就是说的爆炸、见大道：

殷其雷，在南山之阳。何斯违斯，莫敢或遑？振振君子，归哉归哉！
殷其雷，在南山之侧。何斯违斯，莫敢遑息？振振君子，归哉归哉！
殷其雷，在南山之下。何斯违斯，莫或遑处？振振君子，归哉归哉！

解析：

“殷其雷”字面意思是心中的雷声啊，实际是我心底的声音，指大道。

“南”：尊贵。“南山”字面上指国家的大祭台“九层高台”。这里是指与大道合一的在场的人。

“阳”：上面。

“何斯违斯”：这般的高，这般的宽广。

“莫敢”：达不到。

“或遑”：字面意思是迷惑，迷失在滚滚红尘中。“莫敢或遑”：大道时时警醒着人们，告诉我们，家永远为我们敞开着大门。

“振振君子”：有志气的、响当当的好儿郎。

---

* 《诗经》是上古时期，王在国家祭祀时，沟通天地、天人合一唱的沟通词。《诗经》《易经》《山海经》的年代是超出了大多数人的认知范围的，我们现代所说的“年代”那只是可见文字年代，之前一直是口耳相传的。

歌词白话：

唤醒的雷声啊！震撼着我的天庭，这般有力，使人心不迷惑。有志好男儿啊，就归来吧，归来吧！

唤醒的雷声啊！震撼着我的左右，这般有力，使人心灵坚定。有志好男儿啊，就归来吧，归来吧！

唤醒的雷声啊！震撼着我的地府，这般有力，使人心不跑偏。有志好男儿啊，就归来吧，归来吧！

意译：

神啊！您这般有力，震颤着我的灵魂！没有比您更伟大的啦，圣光照耀着我的心灵，我愿做一个有志的儿郎，就马上抛弃一切走向神的怀抱！回家，回家！

这一段是讲太阳神（大道）的召唤。歌词是殷殷期待浪迹红尘的灵魂，不要再游荡啦，放出我们本有的大光明来，照破一切黑暗，坚定地选择回家之路，就是孔子说的“以备王道”，也是《道德经》、佛经的宗旨，都是惊醒黑暗的天雷，是冲破万古长夜的闪电，是讨伐愚昧的檄文。这里不由得让我想起了我们悲壮的《义勇军进行曲》，它也是讨伐愚昧懦弱的檄文，也是一个唤醒。它唤醒我们“不愿做奴隶的人们”，放出我浩浩五千年伟大文明本有的光明来，不再趴在地上，站起来，起来！起来！！人民的靠山是国家，国家的脊梁是民族，民族的精神是文化，而文化的灵魂乃是智慧。英国著名汉学家马丁·雅克在《了解中国崛起》的讲演中说道：中国其实是一个文明。这样我们就可以很容易理解为什么西方帝国衰败后就再无崛起的可能，而中国总是能不断复兴，这是因为中国本身就是一种文明！文明没有出现断层，国家兴衰只不过是一个摔倒再站起来的动作而已。

这一首《殷其雷》除了赞颂昊天上帝——宇宙之神，也同时赞颂当时在场的人们是英雄好汉，是能够与天地宇宙合一的英雄。国王高声呼号舞唱，手中铃鼓大作，大家和着大声唱“振振君子，归哉归哉！”烟火翻腾，金鼓大作，群情激愤，震撼人心，人们被这澎湃的声浪反复冲击着心灵而震开天门、中脉，沟通大道，天人合一。古代叫“啸”，比如今的大型舞蹈史诗要猛烈得多。《诗经》(以及后来的诗词、《千字文》)都是领唱的歌词，所以歌词都是反复重复的，也是着重强调，这样有助于心打开而天人合一。就像老子送孔子走到黄河，孔子就被黄河那强大的气势所震慑，心门打开了，这时老子不失时机一点化，孔子就悟道了。人在歌唱的时候容易投入进去，忘我而入道。

“谷神”和“玄牝”是一个东西，说的是人见了大道的自性、心。“谷神”是这个点的静态情况，可以算作代名词；而“玄牝”是动词，是对这个点性能的描述。就好比自性是电，“谷神”就相当于“电压”，是描述电的静态情况；而“玄牝”相当于“电流”，是描述电的性态。

老子不是轻轻地来，轻轻地走，而是重重地来，带着宇宙圣光龙吟狮吼、紫气东来。虽然他带走了一个大夫尹喜，但是带回来了一个圣人。

图13　梅花与鼎

第七章

无私而成其私——不被法缚，不被相骗，不被事惑

【原经】

“天长地久[①]”。天、地所以能长且久者，以其不自生，故能长生。是以圣人后[②]其身[③]而身先，外[④]其身而身存[⑤]。不以其无私邪[⑥]，故能成其私[⑦]。

【解析】

①“长”：空间无限，宇。“久”：时间无限，宙。

②“后”：不当回事。

③“身”：小我，佛家叫“我见”。

④“外”：抛弃，损。

⑤“身存”：大我不灭。

⑥“邪”：原因。

⑦“私”：自己。第一个是小我，第二个是大我。

【白话】

苍天无限宽广，大地无限长久。天地之所以无限大且无限长久，那是因为它不是被生出来的，所以才是永恒的。就好比您不在乎“我”，就真我现出在眼前，能够放下“我”就看见大我了。就是因为没有自己，所以

才能成就自己。

【意译】

（可能是尹喜问：为什么先圣的经上说“君子知天下之不可上也，故下之；知众人之不可先也，故后之”。）

天地宇宙何以能长久？因为它没有拿自己当回事，懂吧。就像你为什么能悟到天地大道呢？也是因为你没拿自己当回事，放下了小我反而就成就了大我。黄帝是这个意思，懂吧。

【心解】

一切能长久的都是没有“我”的，好比圣人都是无“我”，才能够有本来的“我”，天人合一的“我”。“存地失人，人地皆失，存人失地，人地皆存。”

【延展】

“天长地久”可能是失传的书上的话，比如《归藏》、黄帝的、姜太公的。

老子的“长”不是我们现代时间长久亿万斯年的意思，而是“大”的意思，是指无限的，是精神、灵魂诸方面的，直至高维度，不是大多数人认为的那个范畴。

“是以圣人后其身而身先，外其身而身存。不以其无私邪，故能成其私。”弘一大师说过：“不为外物所动之谓静，不为外物所实之谓虚。”

我们有一个词叫“性命”，“性”“命”就是说的一个东西，只是角度、维度、层次高低的不同罢了。这里的两个“私”字，第一个“私”是小我——“命”，第二个是大我——“性”。

圣人说话都尽量两面说，阴阳对仗，“一阴一阳之谓道”。比如孔子的“三人行必有我师”，为什么不说“二人”？“二人”就是每个人都有我可学习的地方，这样不是显得孔子更谦虚吗？对不对？“三人”就是说一个人有可能实在是太差了，我实在是找不出他身上可以学习的地方，多一点可能就行，或者“三”是代表很多，对不对？

不是的，有智慧的人都是不偏不倚，不会好的就多要，坏的就排斥。大家不要见到“师”字就是指学习，而是指对于我有所帮助的人。所谓“三人”是指两类人，给予我顺境和逆境的，一个人的提高、进步，都是要经历磨炼的，一个小孩子的成长也是要经历顺逆，光是顺那是被溺爱，一定是没有出息的废物。所以“好坏”都对我们有好处，“好”能给予我们鼓励，“坏”能让我们坚强。比如古代管父亲叫“家严”，管母亲叫“家慈”，表明我们长大，不光要获得慈爱的看顾，还要有严厉的教育，阴阳都具备方称“圆满”。

我们要抛开线性思维才能理解高维，因为线性思维是由小我产生的，小我给我们造成了很多的局限。我们要不囿闹于一切概念，无我、无人，如如不动，舍二从一，也就是“无为”。

第八、九章

上善若水——流水不曾怀昨日，钱财名利身外物，急流勇退谓知机

【原经】

（第八章）上善[①]若水。水善利万物而不争，居众人之所恶，故几于道矣。居善地[②]，心善渊，与[③]善仁，言善信，政善治[④]，事善能[⑤]，动善时[⑥]。夫惟不争[⑦]，故无尤[⑧]矣。

（第九章）持而盈之，不如其已[⑨]。揣而棁[⑩]之，不可长保。金玉满室，莫之能守。富贵而骄，自遗其咎[⑪]。成名功遂身退[⑫]，天之遂[⑬]。

【解析】

①“上善”：合天意，也就是第七十七章的“天之道”（下善，合人意，就是第七十七章的“人之道”）。

②“地”：地位。

③“与”：为人处世。

④“政善治”：《礼》《法》运用得合情合理。

⑤“能”：因为热爱而有动力。

⑥“动”：所做，所说，所思。“时”：时机。

⑦“不争”：无“我”，道法自然。

⑧“尤”：烦恼忧愁。

⑨“已”：成了，这里指尹喜心踏实了，安住到了家里。

⑩“棁”：短木棍武器，相当于现代的警棍。

⑪“遗”：留给后代。“咎”：懒惰、不思进取，家族就衰败。

⑫“功”：成就了祖师。“成”“遂”：成果。

⑬“天之遂”：自然规律。

【意译】

（大概是尹喜听老子上边肯定了自己，就说：那在道的范围里，可不可以推进这个事，使之加速利好，加速天下顺和？老子告诉他：不是的，反而是要放下，放下的越多你反而越有智慧，办出来的事就会更精准简练，天下就越顺，懂吧。）

最好就像水似的从善如流，全心全意地利于万物而无我，因为它能够干人们最不喜欢的、最受累的事，这样，你才能完成大道啊！纵令身居再高的位，但心依然是如同平常人一样平和低下。说话办事待人接物都非常有口碑。对礼法、律法都运用得最合适。做事时都带着热情，热爱所干的工作。总之，什么事情都恰到好处。你只有无我，才能够彻底无烦恼呀！不然，你拥有再丰富，也不如心丰富好，因为那些身外之物你再怎么想办法保住，也是保不住的。金银财宝再多，也保证不了你家族代代富，回头你后代就会给你败了去。你既已悟了道，就此辞了工作，这样才是顺天意、遵法旨。

【心解】

水最像大道的地方就是当好载体，只参与不掺和，不参谋，不入局，安贫乐道，“流水不曾怀昨日，桃花依旧到春时”，“久利之事勿为，众争之地勿往”。

【延展】

上古，国家的重要岗位都是世袭的，子承父业，如国家的规划总设计师——司空（大禹父子），如记录历史的太史，制造玉器的玉人，射箭的司羿，负责打仗的司战（孙子，孙膑），负责祭祀礼仪的司仪。这些家族的孩子从小培养，有机会学习文化知识，自动成为这一领域的权威，因此，这些家族都有高度的责任心和使命感，世代以做好本职工作为己任，就像司马迁父亲的谆谆教导，就是后来的家训，比如同仁堂对联，“曾国藩家训十六字箴言”，国外的“洛克菲勒写给儿子的38封信”。尹喜家族也是世袭的职位，他想与君王联手推动大道。老子听出来，这样会增加尹喜的“我”，是“有为”，会影响尹喜的智慧中道，既不利于他稳定道，也不利于天下，因为目前智慧还不圆满，需要像酒一样静置一段时间。所以老子要尹喜辞去世代的要职，这样于社稷更为重要。这不光是我说的，而是上古历代祖师的法旨。那些责任、富贵跟大道祖师比，统统要让位，“地势坤，君子以厚德载物”。

因为要尹喜辞的不是普通的职位，而是世袭，所以事情就大了，因此这里老子是属于苦口婆心。

在天地物语中，山就是反、上的表征，水是弱、降的展现。水，遇物赋形，永远是“顺”的，全心全意利万物众生而不图回报，也不表现自己，永远出现在最需要的地方、最低下的地方，比如生命的身体里面，臭水沟，屎尿污物，不论是好的还是不好的都要有水的参与。老子说水的最大目的是它永远不会挑肥拣瘦，下于万物而无我，这是大道最需要我们学习的地方。

在老子之前，“上善若水”是《易经》中的“坤卦”，也就是“阴”，是以水的阴柔来说不可抓、不可执，来告诉人们要顺应大自然，也就是“道法自然”，也是暗示一场游戏一场梦。水的“因果”性与道是一样的，水和道都是，左边多了右边一定就会少，那么右边只要一少，左边就一定会往右边流，直至平等了为止，多大的因就有多大的果，不会多也不会少，在大道就叫“天网恢恢，疏而不漏”，那么在水就可以说：水性平等，“疏而不失”。

“不争”就是不掺杂任何想法，不给予调整，是客观的展现。水就是客观公正地帮助完成事物，而不加力或减力。比如你给青年人介绍对象，总免不了添油加醋，说的情况总会比本人好一些。老子的意思是：我们要宣传谁，就客观地宣传，不掺杂宣传人的态度。

我们看“造纸术”，在“打浆”“抄纸”阶段要用大量的水，但是那干干的成品纸，水都默默地离开了。瓷器“制泥”“拉坯”“上釉”都要有水，最后那精美的成品，水也默默地离开了。还有婴幼儿的含水量是百分之八九十，老年人是百分之六十，当初不可或缺的水是默默造就这些的无名英雄。老子想说的是：我们周围的万事万物（天下），它们背后都是大道在默默工作，成全着一切。

老子说水是最符合大道的，大道的力量作用在一切物质上，我们要看清这种力量想要达到的目的。我教给大家一个能够“看”到结果的办法。比如冬天，你在东北制作了一个山水盆景，到了春日芳华，矗立的山峰不见了，树木芳林没有了，只有一泓柔美的清水，水面比原来上升了，你知道那是山峰林木化下来的水。你所见到的一切，就是大道最终要达到的目的——平。水和一切都是在大道之手的推动下，去到它该去的地方，最后地球就如水泡一样平滑无瑕。江河裹挟着高原的泥沙带向冲积平原，在入海口形成滩涂，最终泥沙进入苍渊大海。星球的圆球和吹的泡泡一样，就是大道的“统一场论”。

水谦虚谨慎，舍己从人，全心全意地造福众生，朱元璋的“公道杯”就是利用水的特性来教育人戒贪。简而化之，水有八德：一者，无私；二者，包容；三者，柔顺；四者，谦下；五者，公平；六者，融合；七者，恰当；八者，守信。

孔子拜访老子是中国历史上有名的故事，孔子由此而悟道，老子正是以水为契机点化孔子的。

《推背图》曰：“无王无帝定乾坤，来自田间第一人。”“而今中国有圣人，虽非豪杰也周成。”《烧饼歌》：“帝曰：‘弥勒降凡在哪里？’温曰：‘未来教主临下凡，不落宰府共官员，不在皇宫为太子，不在僧门与道院，降在寒门草堂内。’”意思是，尽管是王中王，但是把他扔到人堆里，就是一个平头百姓，这就是老子讲的如水一样的平凡，“水善利万物而不争，居众人之所恶，故几于道矣。”但内心是有货的——“被竭而怀玉”。

老子送孔子到馆舍之外，说：“吾闻之，富贵者送人以财，仁义者送人以言。吾不富不贵，无财以送汝，愿以数言相送：当今之世，聪明而深察者，其所以遇难而几至于死，在于好讥人之非也；善辩而通达者，其所以招祸而屡至于身，在于好扬人之恶也。为人之子，勿以己为高；为人之臣，勿以己为上。望汝切记！”大意是说：我知道，一般在送贵客的时候，有钱的就送钱，有学问的人就赠以金玉良言。我呢，不富贵，没有钱财相送，我就以几句话相送吧：当今之世，头脑聪明、无所不知的人，他们之所以总是遇到危险甚至命悬一线，就在于总去批评人；喜欢辩论是非，且总摆出掌握真理的样子，其反而屡屡招惹祸端，就在于他好指责别人。为人之师不要觉得自己多了不起；为人臣者不要以自己为最聪明。希望你谨记！

孔子说：“弟子一定谨记在心。”

他们走到黄河边，见河水浊浪翻滚如万马奔腾，声如虎啸雷鸣。孔子站在岸边很长时间，不觉感叹道：“逝者如斯夫，不舍昼夜！黄河之水奔腾不息，人之年华流逝不止，河水不知何处去，人生不知何处归！”

听到孔子的话，老子就不失时机地说：“人生天地之间，乃与天地一体也。天地，自然之物也；人生，亦自然之物。人有幼、少、壮、老之变化，犹如天地有春、夏、秋、冬之交替，有何悲乎？生于自然，死于自然，任其自然，则本性不乱；不任自然，奔忙于仁义之间，则本性羁绊。功名存于心，则焦虑之情生；利欲留于心，则烦恼之情增。”

老子是说：人来到世上，是与天地为一个整体的。天地是自然的流转，人也同样是自然的流转，没有根本的区别。人有出生、长大、死亡的过程，就像大自然有春、夏、秋、冬，太阳有升有落一样，有什么可感怀的呢？生也是必然的，死也是必然的，本该如此，你客观地去看待就本性不会乱；如若不客观地看，成天分辨是是非非仁义道德，努力做正确之事、做君子，就见不到本性。因为总想着为天下人成就大业，则焦虑牵绊、心神不宁；

心总追求宏图伟业，就会情牵红尘，烦恼滋长。

孔子解释道："吾乃忧大道不行，仁义不施，战乱不止，国乱不治也。故有人生短暂，不能有功于世，不能有为于民之感叹。"

老子能够感知到孔子执着深久，一时半会儿是不会立马放下的，就先不说话了。两人走了一会儿，老子指着浩浩荡荡的黄河对孔子说："你怎么不学习水的德行呢？"

这一问有点突然，老子重新开辟了一个问题。孔子便放下了之前的执着，慌忙恭问道："水有何德？"老子说："上善若水：'水善利万物而不争，处众人之所恶。'此乃谦下之德也；故江海所以能为百谷王者，以其善下之，则能为百谷王。天下莫柔弱于水，而攻坚强者莫之能胜，此乃柔德也；故柔之胜刚，弱之胜强坚。因其无'有'，故能入于无间，由此可知不言之教，无为之益也。"

老子说："最好就像水似的从善如流，全心全意利于万物而无我，因为它能够干人们最不喜欢的、最受累的事。所以，大的江湖之所以能够吸纳、团结百川，是因为它能够低姿态，所以才能够有那么大的水量。天下最柔弱的莫过于水了，然而却能克制硬的东西，这就是柔软的力量，因此说：柔优于刚，软优于硬，是因为水没有自己，所以就能广纳博采。你不要跟着我的话跑，要看你心里面的感觉，不要注意我的手势，要看你里面的心。"（参看第四十三章）。

孔子大悟，说："先生此言，使我顿开茅塞也：众人处上，水独处下；众人处易，水独处险；众人处洁，水独处秽，所处尽人之所恶，夫谁与之争乎？此所以为上善也。"

老子点头认可说："汝可教也！汝可切记：与世无争，则天下无人能与之争，此乃效法水德也。水几于道，道无所不在，水无所不利，避高趋下，未尝有所逆，善处地也；空处湛静，深不可测，善为渊也；损而不竭，施不求报，善为仁也；圆必旋，方必折，塞必止，决必流，善守信也；洗涤群秽，平准高下，善治物也；以载则浮，以鉴则清，以攻则坚强莫能敌，善用能也；不舍昼夜，盈科后进，善待时也。故圣者随时而行，贤者应事而变；智者无为而治，达者顺天而生。汝此去后，应去骄气于言表，除志欲于容貌。否则，人未至而声已闻，体未至而风已动，张张扬扬，如虎行于大街，谁敢用你？”

这也是“太一生水”，此外，古希腊哲学家泰勒斯说“水是万物的始基”。

“平准高下”，将高处的东西冲掉去填到低处。（见第七十七章）

“圆必旋，方必折，塞必止，决必流，善守信也”：遇到斜的阻挡就滑向旁边，遇到正的阻挡就回头，遇到堵塞就停止，可以马上收敛自己，可以忍耐无始的久远。如果阻挡我一亿年，那我就在这里心安一亿年，这也是“忍者”的精神。而一旦阻挡去除了，一定第一时间流过去，这就是遵守天道。

孔子从老子那儿回来，三天没有说话。大家知道，孔夫子是一个爱说话的人，况且还有学生陪伴。这样一个以讲学为己任、心系天下的天下第一教师，一天不说话是不可能的事，除非至亲去世。三天，应该是非常反常的一件事。记载说，弟子很奇怪地问：“老子何样？”孔子说：“……至于龙，吾不知其何以？龙乘风云而上九天也！吾所见老子也，其犹龙乎？学识渊深而莫测，志趣高邈而难知；如蛇之随时屈伸，如龙之应时变化。老聃，真吾师也！”为什么如此反常三天不说话呢？那就是宇宙大变样了，完全不同了。为什么呢？就是悟道了，如今换成圣人的眼睛去看世界了，全新的天全新的地、全新的学生、全新的老子、全新的道理、全新的看法、全新的“忧国忧民”，总之，是一个全新的世界、全新的自己了。

这就是孔子的悟道过程，这个对话可以说是《道德经》的浅简版，是老子抓住机会点化孔子的“经”，我叫它“双圣经”，孔子由此悟入道境，才有了流芳百世的感慨名句：“朝闻道夕死可矣。”这不仅仅是说说而已，而是孔子发自内心的有感而发（见第十六章）。

孔子不但接纳了老子的教诲，而且还用老子的话来教育弟子。弟子也有了进步，证明孔子在老子那里受益匪浅。

我们经常引用孔圣人的话“逝者如斯夫，不舍昼夜！”这是一个有理想、有抱负、有责任、有担当的大人的感慨。这已经是世间少有的了，非常了不起了，但是在老子这里，却还是不及格。等到孔子说出了“夫谁与之争乎？此所以为上善也”时，老子才给予了“及格”。

孔子之所以能悟道，绝非偶然，那是孔子有大智慧的根基，已经对大道向往已久（至少二十七年），我们来看看之前他与子贡的对话。子曰：“彼，游方之外者也，而丘，游方之内者也。内外不相及，而丘使汝往吊之，丘则陋矣。彼方且与造物者为人而游乎天地之一气。彼以生为附赘县疣，以死为决溃痈。夫若然者，又恶知死生先后之所在！假于异物，托于同体；忘其肝胆，遗其耳目；反覆终始，不知端倪；茫然彷徨乎尘垢之外，逍遥乎无为之业。彼又恶能愦愦然为世俗之礼，以观众人之耳目哉！”

子贡曰：“然则夫子何方之依？”子曰：“丘，天之戮民也。虽然，吾与汝共之。”子贡曰：“敢问其方。”子曰：“鱼相造乎水，人相造乎道。相造乎水者，穿池而养给；相造乎道者，无事而生定。故曰，鱼相忘乎江湖，人相忘乎道术。”

孔子说：“他们都是些摆脱红尘俗世的世外之人，而我却是活在红尘中的俗人。凡圣有别，可我却让你前去吊唁，跟他们比，我真是浅薄呀！他们与天一体，已经把生看作是如赘肉和瘤子一样的多余物。他们把死亡看作是瘤子被割掉。像这样的人，又怎么会执着死生呢？他们只是外借各个不同的形骸，但内里却与道同体合一；内不执着于五脏六腑，外不依赖于眼耳鼻舌；只是在这波涛中埋头耕耘，不问收获；入世而出尘，逍遥自在于无为中。他们又怎么会囿于世俗的礼仪而去迎合众人呢？”

子贡说：“既然如此，那么先生的心遵循什么呢？”孔子说：“我啊，乃是苍天所遗弃的罪人！即使是这样，我仍将跟你们一起努力去追求至高无上的‘道’。子贡问：“请问如何追求‘道’？”孔子回答：“就像鱼是水里生的，人是大道生的。水里生的就可以挖出水池来养；道里生的，就可以无为而入道。所以说，就好比鱼必须企望于江湖，人就必须企望于大道。”

我想说，不管孔子有多伟大，在他的心中也是有偶像的，那就是老子。孔子是给我中华民族补气补血，而老子是补钙。孔子是丰满的皮肉，而老子是骨，是内在默默支撑的力量。

老子为了让尹喜及我们理解这个来无影去无踪的“道”，就找了一个与“道”接近的“水”来说明，因为人一般都要能看得见摸得着的东西，如果还不能看得见摸得着，那样会导致执着。而当你见了道之后就会明白，选水也是权宜之计，用佛家的话说就是“方便说”。“权宜”“方便”也同样需要大智慧，所以往往需要讲故事，打比喻，旁敲侧击，触类旁通。

这一章意思是，我们观看水就相当于看到了大道。水就是庄子的“齐物”，也是佛家说的“平等性智”。表面上讲的是水，实际是在教导尹喜。

“上善若水”还有深层的意思，即我们世间的一切事物都如水一样是相连的。当我们一动或一变时，天下的一切也会变化，但不是硬连接，是软传递，像水一样以波的形式扩散，而不是沿直线传递。一个事物产生了，它传出去的总能量是不少的，时间越长就越小，但是可不是像我们说的那样是“减弱”，而是分散。事情没有凭空消失，而是扩散到无限的空间和时间里，这是大道的作用。

水可以产生生命，亦可以毁坏东西。

水可以使东西变得更透光，亦可以使东西更模糊。

水可以帮助涂料往物品上涂抹黏附，亦可以帮助往下洗掉东西。

“水能载舟，亦能覆舟。”

“上善若水”（图14），水是给我们在能够理解的范围内，告诉我们融合。老子的意思就是：我们看到水与万物的“和”就类似我们与大道的“和”。因为有了水，我们生物与物质就能够有机结合，即“人法地”的某一层面。老子的意思是：我们看懂了“人法地”，就有可能看懂“人法道”。古人比现代人清楚，我们与宇宙是一体的。他们心中是人与宇宙共同合作，通常我们看似是在完成一切事情，实际上这里边大道在不显山不露水地帮我们完成了大部分。在事情的完成

图14　书法

上，我们只是小股东，大道才是大股东，但这些只有无“我”的人才能够看到。

“上善若水”“上善如水”，土、木、石等就没有直观体现大道的意思。人，柔顺的就比刚强的多一些符合大道。老子管得道者叫“大顺”，就是“道法自然”的“自然”，佛家叫“如来”。“如”就是自然随顺，“来”就是做事、生灭。水只是载体，水做的事都是大道做的，水是大道的手脚，一切事物都是道的身体。“顺从”就是“大顺”，也就是佛家的“皈依”，就是各个地方说的“侍奉”“奉献”。上古时代的王都是通“道”的，青铜器上都画着“侍奉”上天的符箓文，现代被翻译成“母”字。比如“后母戊”鼎，“母”是指全国人民“侍奉”“皈依”，跟性别不沾边。“戊”画的是“戟”，象征龚簾旌钺，表示天。“后母戊”的意思是奉天专用。上古祭祀不是为了祈求老天爷怎么样，而是与天，即大道合起来“顺”天成事——“道洽大同”。我们看吹的泡泡，在没有外物干扰的情况下是绝对圆的，还有水平面是最平的。如果是一盆沙子就没那么平，那么我们花时间敲盆，沙子会慢慢趋于水平。如果我们用纸糊一个气球，它就没那么圆，因为纸还有自己的性格在，不是那么“顺”从。

“上善若水”就是水的行为是天下最符合“道法自然”的，我们看到了水的作为就能够悟道。水是有影无形，无我、不争，到后来尹喜说“观道如观水”，正是他的悟解。我们看“核糖体”，它无我，但是有“个体”，它能够创造出“非它”的东西——蛋白质。如果它有“我”，它的世界——人，就会混乱，因为它们有“整体观”；蜜蜂蚂蚁有个体，它们也有“整体观”，无我，不然蜂、蚂蚁会灭亡；我们的无人机群也一样。这些是我们人类能够接受的，因为人能够看出来蜜蜂、蚂蚁、无人机群的“群”。其实鹿和狼也是一个系统的，就是一个“群”。咱们这样一步一步渐进地讲，是不是对“上善若水”好理解一些？就是说人类也是一个“群”。“人类命运共同体”不是一个口号，是完全符合“道”的。

《道德经》里有很多的“不争”，除前边第三章的，还有第二十二章“夫唯不争，故天下莫能与之争”，第六十六章“以其不争，故天下莫能与之争”，第七十三章“天之道，不争而善胜”，第八十一章“圣人之道为而不争”。老子的“争”有的也含有咱们现代“诤”的意思。当我们无我了，天人合一，与周围的一切和谐同步了，就是没有了“争”。不该争的时候你去争了就叫“争”，就是打了妄想。不打妄想去争，那就是该争的，就属于“不争”的范围。就是说，该争时争，不该争时不争就是“不争”。“不争”是我们在大道之心下的一切努力，这里包括了“争”和“不争”两方面。做的一切事情，其中包括了竞争、比赛性质的事情，都是“不争”。那么什么时候该，什么时候不该呢？这就是看我们自己的本心，得道之人做事情就全在本心上——道洽大同。那么未得道之人做事，只要别太勉强了，柔和舒缓些，就会自动接近于本心。就怕我们过于较劲儿，过于加上人为的，过于“我”了。“不争”不是不努力，是无我无贪欲的努力，是正常的努力，佛家叫“正精进”。有妄心的努力佛家叫“邪精进”。有妄想的努力，看眼前确实好了。其实如果你能看长远了的话，无妄心的努力比有妄心的更加多、快、好、省，更加有效率。山谷里的水，一路上左冲右突一直杀到了“壶口”犹如万马奔腾，它们努力了吗？用力了吗？当然用力了，但是它们是“无争”的用力。做妻子的就做好妻子，当然要争、要诤，但是是无“争”之争，这就是“女子无才便是德”的真正含义，不是忍气吞声，不是低三下四，而是天天地地、君君臣臣、父父子子。

“居众人之所恶”，永远去到最低下、最肮脏的地方，比如泥泞，臭水沟，屎、尿、鼻涕、呕吐物、污秽之物等。这里是指祖师就要“地势坤，君子以厚德载物”。

“政”是一个“正”字和一个“文”字组成，表示正确掌握《礼》制和《法》制的条文，所以过去读书人都让他为官，依法律条文治理一方百姓，所以叫“父母官”。“正”是公平，公正了就正确，就像故宫挂的“正大光明”匾。“政善治”，《礼》《法》运用得正确合理。

“事善能”，因为热爱所做的事而有兴趣、有动力。

“动善时”，依据把握大自然的运势时机，即中道。“动善时”三个字是对前面三个字讲的方方面面具体事物的总说。“中道”“中庸”简单地说就是恰到好处，火候。

“持而盈之，不如其已。”比如我们去饭馆，点的够吃就行了，不必为了什么面子而铺张浪费，“一饱之需，何必八珍九鼎。七尺之躯，安用千门万户。”心不要觉得老不够，老不踏实，那是匮乏心理。

“富贵而骄，自遗其咎。”就是富贵了，自己也“骄”，全家都“骄”了，特别是孩子。这世界就是要有阴阳才成立，“富贵”已经就在儿子的手里了，他就不需要受累去追求、去努力了，因为没有二了，也就是没有“间”了，就引不起孩子的注意。人都是对那些没有得到的才有兴趣，就好比，属于自己时，就多看到对方的缺点，等失去了，就净想着其优点。“凿壁借光”也是，有钱人家的书、老师（先生）、灯光、宽敞的书房，还不用操心吃饭问题，一切应有尽有，可孩子就是不喜欢读书，反而是穷得连灯油都买不起的匡衡使劲读书，寒门出贵子。所以“富不过三代”的对句应该是“穷则思变”。“时间”“空间”要分开“间”了、“二”了才被看到。

老子是说，你既然已经拥有了天下唯一的祖师智慧，就不是过去的单纯的那个你了，你就自动担下了祖师的重担。就像《蜘蛛侠》里说的“能力越大，责任越大”。

“成名功遂身退，天之遂”，有的版本是“功遂身退，天之道”。不要总想着发发发、多多多，贪心无度。人生要知进退，懂收敛，藏锋芒，才是有智慧。

“大江歌罢掉头东，邃密群科济世穷。面壁十年图破壁，难酬蹈海亦英雄。”这里借用周总理的诗表达一下求道人的心路历程。

第十章

玄德境界——一切唯心造，故勿追逐影幻

【原经】

载、营、魄裒一①，能无离乎？

……

专气②致柔，能如婴儿③乎？

……

涤除玄览④，能无疵乎？

……

爱民治国⑤，能无以知乎？

……

天门⑥开阖，能为雌乎？

……

明白四达⑦，能无以为乎？

……

生之，畜之。生而不有，为而不恃，长⑧而不宰，是谓“玄德⑨”。

【解析】

①“载”：身体。“营”：灵魂。

②“专气”：打坐入定旋玑停轮了，致心于丹田、中脉。

③“婴儿”：日月合璧。

④“玄览”：打坐时所看到的美丽怪异的景象。

⑤“民”：外事。“国”：内心。

⑥“天门”：二龙上冲顶门出华盖（图15）。

⑦“四达”：时间的过去、未来的尽头，以及空间的大小两个尽头。

⑧“长”：永远，一直。

⑨“玄德”：彻底见了道所见到的玄点，“止于至善”“正等正觉”。

图15 古希腊蛇杖

【白话】

你头脑想的与心里的感觉无有差别，身心灵能够同步知行合一吗？

（尹喜的回答）……

呼吸深度能够如婴儿般的胎息吗？

（尹喜的回答）……

抛弃一切修行中的奇特境界，能一点都不看吗？

（尹喜的回答）……

对待一切事情能够不依赖头脑吗？

（尹喜的回答）……

天门的开合能够像母鸡下蛋那样不太难吗？

（尹喜的回答）……

能够知道时间空间都没有尽头，而不执着吗？

（尹喜的回答）……

不论是干事，还是谋划，这一切都不是属于我们的。干也不是“我”的行为，从来就不是我们在操控，这就是“究竟之德”。

【心解】

你希望的、你想象的、你觉得应该呈现的，是否跟现实没有差别？是否心由衷了？身心灵不再阋（xì）于墙了？

用新鲜、纯真、由衷的目光去观察生活，你就会感到幸福。心即国，事即民。心正事顺，国治民顺。天地惟心惟一，别无他物。无论身体及万事万物，皆是心之催动，我们人、事、物只是皮影，故不必执着，勿追影逐幻。

【延展】

前部每一句话都是不挨着的，因为都是在问尹喜一些身心灵的指标。（尹喜是盘腿打坐在思考老子的问题）心能操控身体吗？尹喜一一做了回答，可惜没有如佛经一样把他自己的答话都记录下来，那样会让我们看清楚是一句一句分开的，也更精彩。然后老子根据尹喜的回答，再接着问，最后老子给予了大原则的指导。

注意，老子问学生问题的目的，不是像大家认为的，就像学校老师根据学生的回答，来判定学生的程度。圣人比学生本人还要清楚学生到了什么程度，提问是为了调动学生的内力，让他自己返照一下，就在这当口学生可能就“空”掉了自我，见了大道。圣人看得清清楚楚，大家不要以为，老子以及大禅师在“打七”当中问学生问题或“公案”，是要听听他们回答的智慧如何，然后判断其智慧到了什么程度。这只是大众的低级想法，圣人在教学生时不是那么被动的，都是主动权掌握在自己手里的。真实的情况是，老子已看出来某学生的智慧已臻于要求，但是一定要他自己认可，这样才有力量。禅门叫“自肯承当”。老师就假装问大众，通常会有人回答，该学生在听到问题后突然有所触动，就不由自主地冲口而出，必须是完全由他自己打心底里迸发出来的回答，没有外边人的提醒，这样效果才是百分之百的，学生的智慧尽可以全数喷涌、绽放。

对一切事物的产生与发展都要顺其自然，就如同对待“刍狗”一样客观，只做我们该做的而不要执着，从头到尾都不要人为地把控，这样才能称得上是“根本之德”。

这一章和第六章、第四十七章是老子看到了尹喜身、心、灵的情况，老子不失时机地加以指点。

“载、营、魄袌一，能无离乎？”你能头脑想的与心不二以达运化吗？人一有了妄想贪欲，魂魄就被拉扯导致不能与身体同步，我们的场能就小，就容易生病。我们人就是一个“明堂”。什么叫“明堂”？就是阳神为主，阴魂魄为辅的生命。那么，越是接近道阳气就越足，心力充足，俗话说浑身是胆，一身浩然正气、“正能量”。有力量的人反而能够处处谦让，彬彬有礼，面带青春，不易生病；反而是气虚体弱的人脾气大，没耐心，就越容易生病。能如婴儿般地不损耗能量而保持纯阳之体吗？能如婴儿般地“转和车”吗？能如婴儿般地出神吗？能如婴儿般地透视一切吗？能如婴儿般地客观无我吗？能如婴儿般地与天地大道连接吗？能如婴儿般地深层次中脉呼吸吗？婴儿的呼吸肚子一鼓一瘪的，不似我们大人是胸腔的起伏。其实是在问能不能逆“熵增定律”而行。

老子常常用比喻，来讲那个不太容易讲清楚的大道，咱们也用比喻讲一下。我们人的小“我”身体，老子叫“身”，释迦牟尼叫“臭皮囊”，禅宗叫“提线木偶”，《西游记》叫“徒弟”，是我们灵魂的寄居贝壳，是我们租借来的立体皮影。灵魂是主人，是“师父”，是“真宰”，我们主人要想方设法使皮影活得更好，我们用心指挥脑做事，就能挣钱过好日子，想着饿了给它吃饭，冷了给它添衣，给它娶媳妇生孩子等，总之我们非常用心地善待这个租来的头脑和身体。但是许多人不知道还有“主人”这码事，就把这个租品当作了生活的全部，为了它而奋斗终生。

我说过：老子是用尹喜熟悉的事情来描述一个他不熟悉的大道，这样才能让尹喜听懂，并不是在讲治国用兵、仁义道德。比如我是画画的，老子要是给我讲道，那就可以用绘画来打比喻。那么后世就会认为《道德经》

是讲绘画艺术的；假如老子是给一个懂医学的人讲，那《道德经》就成了《黄帝内经》了。

图16　荷花

老子是讲大道，“德”是指人按照道去做，处处都是阴阳。《道德经》的“道”字是指阳“道”，就是形而上的“道”，“德”是指阴“道”，就是落地的、形而下的“道”。《道德经》就是“道道经”，整个经里老子是三句话不离本行，所以不能依文解义地解道，道要“悟”。

“四达”之“四”是指时间的过去、未来的无尽方向，空间的无限大和无限小这四个方向，也就是宇宙在时间和空间的四维世界里是无限的。“宇宙”是指时间空间，其实就是我们的心，也是“爱国治民”中的“国”，而我们所看到的时空一切就是“民”，也是佛家说的“法”。当我们悟道之后，心与外物便合为了一体，即“褒一”。“达”，老子真正的意思是归位回家。

我们人统统都在耗能状态，“无以为”“无为”和释迦牟尼的“应无所住而生其心”都是让人回复到不消耗的状态，米哈里叫“心流”，都要“道法自然”。

“玄德”是至高级别，类似于佛家的“无学位”，直追“无上正等正觉”。

第十一章

空、有之幻相——“无”只是大道的另一种形式

【原经】

三十辐共一毂，当其无①，有车之用。埏埴②以为器，当其无，有器之用。凿户牖以为室③，当其无，有室之用。故有之以为利，无之以为用④。

【解析】

①“无”：空性。

②“埏埴”：用水和土。

③“凿户牖以为室”：“地坑院”窑洞，《诗经》称为“陶复陶穴”。

④“利”“用”：我们不是直接使用东西本身，而是借用其创造出来的东西。比如盒子、扇子、笛子。

【白话】

三十根辐条共同拉着的一圈空间组成车轮，它之中的空间可以用作车。和泥巴烧陶土围出来的空膛，它之中的空间就是我们用的容器。挖出来一个有门窗的空间，它之中的空间我们就作为房子住。所以，人们是利用物体围出来的空间，我们就能用里边的空了。所以“有”是辅助的，“空”才是我们用的。

【意译】

我们人都是注重东西的“有”，而其实，非物质的“空”才是最重要的，“有”其实是作为辅助的。我想说的是：大家不要只看那看得见的物质，而忽略了看不见的空无，真正的实质是非物质的东西。物质只是躯壳、木偶罢了。

【心解】

打破认知边界，看事物能不能换个角度，逆向思维去看，可能才是事物的真正意义。一切都是我们的心操纵的，是精神方面的，而不是那些表面的——“此心安处是吾乡”。

【延展】

有学生问我：您的“白话”和“意译”哪个重要？我说：因为“白话”在尹喜当时就是意思，但是过了两千多年，文学语言的意思就大变了。我们看到文字的理解已经和尹喜的理解不一样了，就不是圣人的意思了，所以是“意译”重要。

这一章表面上没有像其他章那样高大上，其实是最高大上的。

我们看东西都是习惯性地看“有”，我们满眼都是“有”。“利用”的“利”，是说我们不是直接使用东西本身，而是借助产生出来之外的东西。比如古代的钟是看杆的影子。比如铁盒，是借助铁皮，我们用里面的空间；我们用扇子是要获得它创造的风；我们要的是笛箫发出的声音，而不是直接用这根竹子。比如说：对坏人的姑息就是对好人的犯罪。

悟道难，是因为人们的思想总是固定在一个方向看世界，是被自己给限制住了。这一章老子是让尹喜反方向换个角度看世界，不要顺着从小到大的视角。顺着看，就依旧跟我们的父母、跟爷爷奶奶、跟大众看到的一般无二。老子的意思是，大家可以想象：我是整个宇宙，我们看到的事物包括我们自己，都是“大我”空出来的“阴”人、“空”人、反向人，就像水中的空泡，把世界看成是反向世界——“反物质世界”，这样是不是就容易想象出“大我”，就可以把“小我”给看成虚幻的、暂时创造出来的、暂时变现出来的彩色水泡。

老子是在告诉尹喜，你我都是在“利用”大道来制造事物。老子用“埏埴”也就是陶碗让尹喜破掉小我，尹喜就见了“道”。

这一章另外也是在说：我们看得见的胳膊、腿、眼睛、嘴巴，喜怒哀乐，山河大地，宇宙星辰，万千事物，都是我们的心与“道”共同产生的。

这一章与《心经》“无，无，无……”一样都是讲心，都是说：不要执着我们看到的、听到的。天下的圣人讲“空”“无”“放下”“丢弃”，老子讲“妙”“虚”“冥”就是让尹喜拥有天下第一大的“房子”，也就是最大的空间，就拥有一切，其实就是一切。注意，不是想象地“拥有”，而是真正地拥有，宇宙都是你的，宇宙就是你。

第十二章

五色五味令人心迷——觉察外缘，秉持宁静

【原经】

五色令人目盲，五音令人耳聋，五①味令人口爽，驰骋畋猎令人心发狂，难得之货令人行妨②。是以圣人③为腹不为目，故“去彼取此④”。

【解析】

①“五”：五行，是指我们心上的五类映像，佛家叫“五蕴”。

②“行妨”：趋之若骛，表示欲望。

③“圣人”：祖师你，尹喜。

④“故”：所以先圣才说。“腹”“此”：内心。“目”“彼”：心外面的红尘。

【白话】

看到的花花世界让人眼睛瞎，听到的各种美音让人耳朵聋，吃到各色美味让人嘴爽快，围猎让人为之疯狂，奇珍异宝让人玩物丧志。身为祖师就要为肚子而不为眼睛，所以先圣说：不要那里而要这里。

【意译】

（这一章可能是尹喜问了老子其他经上的话，比如：您为什么说“众

生所以不得真道者，为有妄心。既有妄心，即惊其神；既惊其神，即著万物；既著万物，即生贪求；既生贪求，即是烦恼；烦恼妄想，忧苦身心；但遭浊辱，流浪生死，常沉苦海，永失真道。真常之道，悟者自得，得悟道者，常清静矣，去彼取此”。老子就告诉他，大多数人都是靠眼耳鼻舌身意去看世界的，也就是用的分别心，所以就被红尘给带跑了。）

纸醉金迷令人目不暇接，尘世喧嚣令人神魂颠倒，口腹之欲令人追逐不休，惊险刺激令人丧心病狂，新奇百怪令人沦陷沉迷，滚滚的红尘令人深陷物欲的泥潭，勾引着人们把福报挥霍过了头，超载了人的生命。那么将来你作为祖师要只在意内在，而不要执着外在的声色犬马，这就是我说的：不要外求而要守内心。

【心解】

乱花渐欲迷人眼。一切看到的、听到的、闻尝到的、好玩的都会令人的心向外驰求、颠倒梦想。一切我们喜欢的、沉迷的都是茧房，会囿住我们的身心，腐蚀我们的心灵，戕害我们的灵魂，泯灭我们的智慧。“若争小可，便失大道”，见道的人看一切都如过眼云烟，从不执着。

【延展】

这一章就是《庄子·应帝王》讲的，到七窍都打开了，混沌就死了。“混沌”是什么？庄子的“混沌”指的就是《心经》“无眼耳鼻舌身意”的道心。庄子的意思是：人一执着“五色、五音、五味、驰骋畋猎、难得之货”这些眼耳鼻舌身意所关注的，就丢了圣心成了凡人。

这一章讲的其实就是“格物致知”。大家对圣人的“格物”都错解了，都高推圣境了。“格”是划分开，比如种地都要划上格子，就成了“田”字。《礼记·大学》和王阳明的“格物”指的是我们人看到一个东西一个人，在我们的心中就与其他的东西、其他的人区别开了，也与“我”区别开了。贴上了标签，就是佛经的“人相”，就变成了我们的“知道”，就是老子的“名”，我们就“知”了——“致知”，我们的世界就不是一个整体了。“习相远”了，就成了佛家说的有“我相”有“人相”。

大家会说：“致知”不就是“致良知”吗？恰恰相反，“格物致知”的“知”是指凡人的分别心，是小我的知道。“良知”是圣人的知道，是大我的“知”。“道可道非常道”，老子的意思是：你们都知道了什么是“道”，但只是道理上的“知”，而尹喜是真正的知道——“良知”。“格”就是区别、框架、分裂，一分成了二，无极分成了太极，混沌变成了天地。由此，有了竞争、比赛、利益、战争。“格”，佛家叫“遍计所执性”。

这一章与《心经》有异曲同工之妙。这一章和上一章都是解释第十章的，讲大多数人为什么不能够达到第十章说的层次。这一章字面意思最容易看懂，就反而容易给理解错了，“白话”几乎跟原文一样了。比如一开头的意思是“世间物品的颜色让人眼睛瞎，世间的声音让人耳朵聋，世间的味道让人嘴巴爽快，骑马围猎让人心发狂……”注意，“五色、五音、五味”是指我们日常生活中正常的颜色、声音、味道。我看有的老师给解释成“过分的颜色刺激……过分的声音刺激……过分的味道刺激损伤味觉……”这是不对的。如果老子说“闪电令人目盲，惊雷令人耳聋，麻辣烫令人口爽”，才是那样的理解。

“五”，中国叫“五行”，佛家叫“五蕴”，是指人从小到大都接受、认可的事情的“相貌”“情况”，其实是指我们心上的五类映像。

我们看《道德经》只要牢牢记住两个原则就好，第一,百分之九十多是给尹喜讲的。第二，是讲修行方面的，而不是教导天下的。这一章给尹喜讲，怎么样保持新得到的大道——“载营魄衮一”。开头的“盲，聋”是说没有见道的人们，就只是喜欢贪看物欲横流、纸醉金迷。学过《心经》的人看这一章会有帮助。

佛家的“五蕴皆空”，尹喜把“五色、五音、五味……”统统都“皆空”了，看到的五色万物就是大道，释迦牟尼看到的星星也是“色”，迦叶、王阳明看到的“花”更是美丽的“色”，但是他们看到的是道，因为他们心“皆空”了。

“五味令人口爽”，“爽”字我的解读是：糖衣炮弹。也就是一个“人”

字，里面隐藏着许多的错（×），眼前是爽了，但是心灵、内脏都受到了腐蚀，这就是“糖衣炮弹”。

“畋”是在附近的田地、野地里打猎，是比赛、展示本领的活动，带有充满了刺激和娱乐的性质，不像“猎”，是真正的为家族生存去到远处。

“腹”指内心，“国”，一切唯心造。

“目”指看外边，心向外追求，“二”，就是佛家的“颠倒众生”。

眼通“魂”，如果我们人过分贪迷“五色”就会伤到“魂”。比如人们都沉迷手机，“魂”就会受伤，会影响我们的“精神”。

“此”就相当于“内家拳”的“内”。“目”相当于第一章的“窍”“风”。这里的“此”就是指“魂”，而“彼”是指没有守住“魂”而分散到外事外物上去了。圣人无“我”，心就不会去“从”于外面的什么。

贝克莱说过一句名言：“存在即被感知（to be is to be perceived）。”我们所看到的、所听到的“远”“空间”“时间”，都是我们头脑里面的“相”。我们伸出去的手也是我们“知道”和“感觉”手伸出去了，而实际上是我们的感觉神经和眼睛配合好了来给我们的假象，这些个遥远遥远的、长久长久的宇宙空间、时间，这些个复杂再复杂的事物，统统都是在我们的头脑里边完成的。我们手指远端的“感觉”实际上是在我们的脑袋里“知道”的，而不是在外边。只是我们“感觉”好像在一米远的手指尖上摸到的，同时还看到了。那个“对坝坝圪梁梁上要命的二妹妹”在向我招手，并向我喊山歌表心意。这个在圣人尹喜来看，那个“看”到的遥远，其实是在他的视网膜上，传导到大脑里，是大脑里边“知道”的，也就是大脑里边“看到”的；他听到的遥远，也是耳朵传导给大脑，是大脑里边“听到”的。是眼睛和耳朵（还有鼻子、舌头、触觉）它们配合得天衣无缝来“哄孩子”，哄着我们玩，来让我们“看到”有一个这么大的花花世界。《华严经》说得最明白：“心如工画师，能画诸世间；五蕴悉从生，无法而不造。”这正是老子说的“彼”。佛家说“三千大千世界于一微尘中”就是这个意思。“此”就是那粒“尘”，就是雪峰禅师说的“尽大地撮来如粟米粒大”。这个能够“创造”假象的就是“道”，佛家叫“心”。能够知

图17 书法

道、学习这些的人就是有“德”，能够完全维持在道上面的就是“玄德”（图17），能够真正、彻底懂这个的，才是真正的“知行合一”。

民间有曰“三分饥和寒”，就是让我们处处不贪，有节制。比如我们现在喜欢的事情是玩手机，前边讲过了，我们喜欢的、追求的，可能就会戕害我们的魂和魄，而我们不追求的、不喜欢的反而使我们的魂魄不受损伤。这里老子虽然是在夸赞尹喜有天下第一的“自律性”，但我想，这未尝不是在告诉我们这些后人，少贪少欲能够做到多少，全看我们的自律性。人在红尘中的“乐趣”少些，身心灵就会好一些。那么，只有看到了这天下最大的“乐趣”之人，就不会再去贪爱那红尘中的小乐小趣了，而是去“贪”那大乐大趣、全乐全趣了，就像尹喜，就像慧可。

第十三章

好坏令人心迷——摒弃小我，找到大我

【原经】

“宠、辱[①]若惊[②]，贵大患若身[③]。”何谓“宠辱若惊”？“宠”为下[④]，得之若惊，失之若惊，是谓“宠辱若惊”。何谓“贵大患若身？”吾所以有大患者，为吾有身。苟吾无身，吾有何患乎？故，贵以身为天下者，则可以托天下矣！爱[⑤]以身为天下者，则可以寄[⑥]天下矣！

【解析】

①“宠”：别人对我好。“辱”：别人对我坏。

②“惊”：字面意思是出乎意料，这里是特别在乎。

③“贵”：这里是尊称“您”“阁下”。“患”：在意。“身”：凡夫假“我”。

④“为下”：是人类的低等需求。

⑤“爱”：含融全人类、全宇宙的大爱——博爱。

⑥“寄”：托付，寄托，承当。

【白话】

“宠和辱如果常常出乎你的意料，那么你的根本弱点就在于有一个‘我’。”什么是“宠和辱就出乎意料”呢？是我们把“宠”顶在头顶上患得患失时，得到了我们就患得，失去了就患失，这就是“宠和辱就出乎意料”。那什么叫“你的根本弱点就在于有一个‘我’”呢？我们之所以有懈可击，是因为有个小“我”。倘若无“我”，那我们还有什么诚惶诚恐的？所以，如果您将身当作天下，就能够托付天下啦！如果您特别爱天下，天下就可以寄希望于您啦！

【意译】

（这一章是尹喜请教过去学习过的一句话“宠辱若惊，贵大患若身”。）

所谓“遇到好和不好就出乎意料”，那是因为你太拿小“我”当回事了。什么是“遇到好和不好就出乎意料”呢？就是我们的心还不够大，没有以平常心去看待一切，获得了、失去了都没有在我们的意料之中，而是在我们的意料之外，我们就会高兴或不高兴，这就是“遇到好和不好就出乎意料”。那么什么是“太拿自我当回事”呢？我们人之所以身心不得安宁，就是被患得患失缠缚住了，就是因为什么都以这个假“我”为出发点，作茧自缚。假如我们看透了、放下了小“我”，那么贪嗔痴等就没有地方依托，那还有什么大惊小怪的呢？就都在我们的意料之中了。所以呀，如果你心怀天下，就可以担当天下啦！如果你敞开心怀全心全意爱天下，天下就来找你啦！我就可以将天下的灵魂交付于你！

【心解】

“万法本闲，惟人自闹。”我们最大的敌人是自己，过于在乎别人的眼光就是“我相”，小我是身外之物，能放下“我”就是“大人”。要真正找到大我，就不会有出乎意料了。小人者，天下为私，大人者，天下为公。“大丈夫当如是”，“春有百花秋有月，夏有凉风冬有雪，若无闲事挂心头，便是人间好时节”。

【延展】

这一章是尹喜请教先圣的教导“宠辱若惊，贵大患若身”。这一章讲的是人生如戏，人们都全力以赴地为了这个“我”，因为心中匮乏，对辛苦得来的东西就患得患失。

“堪惊小儿啼，能开长者颐”，遇见事情心就七上八下的。当我们未来到泰山，就想“岱宗夫如何”，来到之后，“齐鲁青未了”，感叹泰山如此之大，而当我们“会当凌绝顶”时，就“一览众山小”了。“惊”，是因为“宠”和“辱”对于我来说太大了，在圣人眼里，别说事情，天下都不够看的，宇宙在他的心里都是小之又小（“玄之又玄”）的。

上面讲的是表面道理，老子让尹喜了解的是“道生一,一生二,二生三,三生万物”的心流，就是我们人在碰到事情时先升起了分别心。心之树分了两个叉，之后又生出了情绪。黄石公扔鞋，就是看看张良心量有多大，能不能没有情绪，能不能如如不动。总有情绪的人是不堪大用的，所以林则徐大人在墙上挂着“制怒”，曾国藩则曰：“耐烦之人每临大事有静气。”

“不惊”就是“泰然处之”“心如止水”。

“宠辱不惊”就是我们常说的“随缘不变”。

“吾”不是后来的简单一个“我”的意思，而是带有“我们人”“伍”的意思。庄子“吾丧我”的“我”就是指小我，而“吾”是指悟道了的自己。无我的这个“大”自己，这就是禅宗说的“虚空在我心中如片云点太清”。

注意，“身”字面意思确实是指身体，但是这样的依文解义不是圣人的意思，老子就已经没有“患”了，可是老先生有身体，回头尹喜也没有“患”了，还有庄子、孟子、荀子，他们都没有“患”了，可他们都有身体。老子的意思是说有身体的概念，佛家叫“身见”，也就是“我”，也叫“我相”。同理，“及吾无身，有何患？”不是说没了身体就没“患”了，那是死人鬼魂。老子是说：没有了“我”见，人的错误就没有了根，就无处依托。我们其实不是自己真正的老大，我们只是店小二，只是我们不知道，以为我们就是自己的主人，我们大多数有我的人就体会不到无我，当然就只能是指身体了，这样自然就看不懂，就像不知道“道”为何物，就把“道”理解成道路、心路、方法、规律。所以，我们要以尹喜的角度去学习《道德经》才行，这就是本书叫“悟解”的原委——从尹喜悟道的层面解读《道德经》。咱们这本书也有一点点和《文始真经》异曲同工。张载曰："道德性命是长在不死之物也，己身则死，此则常在。"

"吾所以有大患者，为吾有身。"就是作茧自缚，这就像道信跟三祖说："我好像被捆住了。"三祖说："你把捆你的绳子拿来。"道信说："我找不到捆我的绳子。"三祖说："我已经帮你把绳子解开了，从今以后你就自由了。"道信大悟。

比如，来了一群高个的，相比之下，我们就是矮子，有些人就自卑。回头来了一群矮个的，站在我们旁边，我们就是高个的，有些人就扬扬得意。老子的意思是，你不要因为外面的变化而心跟着变化，就保持一颗平常心。

我们人生就如同K线图上下波动，还有中长线、大趋势的上下波动，我们的心就随着牛熊市的波动而高兴和不高兴。这"高兴和不高兴"都是我们的对待心、分别心、"二"心，是比出来的。老子的生活，不是由一件事一件事如铁链串起来的，它没有分别和分割，所以是铁丝。没有事与非事的区别，没有断续，是一直从生到死贯过去的一条线，就是"一"，也可以说是"干干干"，就是"干"这个音一直赓续到死。当然生活的色彩还是有的，只是不在贪嗔痴的作用下而干事，这就是"全心全意"。

朋友讲起她参加了一群人的爬山活动。她水也没带，想着到山上再买。结果是个难爬的野山，根本就没有路，更没有卖东西的，风景也不美。想退也退不回去啦，只好硬着头皮继续坚持，到达山顶才看见风景还是有些美的。下山更难，有的地方很陡。她说有一对小夫妻干脆坐在那边，不走了，打电话等着救援。大伙儿都劝说："就这路，救援派担架都没法派，还是咬咬牙往下走吧！"

这就像我们人生一样，最开始就是我们选择的，也知道这些过程，但一旦进入到生命的实打实里面，这样的苦难和挫折还是出乎了我们的预料。本来是我们自己选择的，到时早已把那些丢到脑后了，大呼上天为什么这么不公平，为什么这么对待我，我的命怎么这么苦！

本来爬山（人生）是高兴的事，自愿来参加的，也事先知道内容，但当身临其境时才晓得，理想与现实有很大的差别。与其硬着头皮地走，不如快快乐乐地前行，只当是一个快乐的挑战游戏，在其中领略风景、学会接纳、感恩，而不怨天不怨地，以平常心对待一切，而不是挑挑拣拣，那是“运愁为我”。乐是快的，稍纵即逝。想要找到永久的快乐，就不要去找；找到了，一定是外面的。不用外求，放下我们的执着，放下我们的分别，放下贪嗔痴慢疑，放下自我，放松身心，全然享受当下，享受生命，热爱生命，心无杂念，就像克里希那穆提说的“是否存在一种自己发光的喜悦和至乐”。

第七章和这一章的“身”字，人们有叫“臭皮囊”的，有叫“牢笼”的，有形容为“捆缚”的，有叫“蚌壳”的，有叫“监狱”的。当人见了大道，就从“捆缚”中解脱出来了，就获得了自由。这只有出到外面的人才能体会，从小就出生在监狱里的人是体会不到的。

这一章是给尹喜讲悟道以后的思想转变，为的是让尹喜对一对，看看自己悟得怎么样——“直道相思了无益，未妨惆怅是清狂”。

“贵以身为天下者，则可以托天下矣；爱以身为天下者，则可以寄天下矣。”（图18）我为什么把“矣”字不翻译成“了”而是“啦”，因为老子是口说的，而不是笔著的，因为“贵”字是叫尹喜，是说话，写文章是不会有的。

图18　书法

“寄天下”，齐白石画的境界是有目共睹的，其书画落款有一个叫“借山主人”，他解释说：我住的那个地方，山不是我的，我只是借来看看。其他落款还有“寄萍堂老人”，书法也有“人生如寄”的诗句，可窥其“画外功”境界。这个世界以及人的身体我们认为都是“我”的，其实都是我们借来的，归你使用，用完了都要归还的。就像我们喝的水、饮料，我们只是借来作为载体，用完了，几个小时之后就要还给大自然；空气也是我们借的，我们用几分钟就要还，我们什么都没有办法扣留。我们以及一切动植物吸的空气，喝的水，都是一个，它们吐出来我们吸进来，我们真正拥有的只是“小产权”，而不是“大产权”。我们吃进去的，我们卡里的钱、生育的孩子，乃至这一百多斤的身体，甚至我们的思想、利益都只是“小产权”，只是“使用权”，而不是真正拥有的“大产权”，就如《金刚经》说的：是我，非我，是名“我”。《道德经》及一切圣经典就是告诉我们什么是“大产权”。

子曰：“君子坦荡荡，小人长戚戚。”君子宠辱不惊，安之若素，小人有“我”，所以就左顾右盼，患得患失。

我们人总喜欢争辩，我是对的，我说的。当年我老师跟我讲“一切不解释”“画落款不写上自己的名字”，意思是要无我，这就像丹麦人把车标拿掉，只是为了使用高级车的好性能，而不是为了炫耀。

记者问尼古拉·特斯拉：“您说我像每个人一样，是光，您这是在奉承我，但我承认我还是不理解。”

特斯拉：“为什么你需要理解，史密斯先生？只要相信它，一切都是光。合一的光芒是人类的命运，光芒都源自我所看到的太阳神。请记住：在那里没有人会死，没有死亡。他们转化成光，因此继续存在，秘密在于光粒子恢复其原来的状态。”

记者：“这是‘复活’！”

特斯拉：“我更喜欢叫它‘回到以前的能量’。基督和其他几个人知道这个秘密。”

“惊”就是《心经》的“恐怖”，但是老子和《心经》不是咱们现代那么严重的意思，而是特别当回事。

常常有人说“每个人都有一副假面具，不敢以真面目示人”。如果我们抛掉假面具，以本有的自己去看，去听，去说，去唱，去跳，去喜怒哀乐，去做自己，我们就距离“道”不太远了，因此，许多民族喜欢载歌载舞，比如藏族人在珠穆朗玛峰下歌唱山之神，是在融入天地，也就是投入神的怀抱。

第十四章

虚道实传——新锐递上投名状，稽古之力传大法

【原经】

视之不见名曰“夷”，听之不闻名曰“希”，抟之不得名曰“微”①。此三者不可致诘②，故混而为一。一者，其上之不皦，其下之不昧③。绳绳兮④不可名，复归于无物。是谓：无状之状，无物之象，是谓“芴芒⑤”。迎之不见其首，随之不见其后。

执古⑥之道，可以御今之有，能知古始⑦，是谓“道纪”⑧。

【解析】

①“希”：同“稀”，没有质量，没有密度，所以不会出声音。“抟”：抓拿，摸。

②“致诘”：问个明白，揪着不放，必须给我说清楚。

③“皦”：亮处。“昧”：影子。

④“兮”：啊！“绳绳兮”：找啊找啊！搜肠刮肚地找。

⑤“芴芒”：也作“惚恍”，指柳絮、芦花这类虚而不实的东西。

⑥“古”：为“十口”，“十”表示多，上古的历史和经典等重要的事情，都是人们口耳相传的，“十口”代表很早以前。

⑦“知”：指尹喜知道了。“古始”：最初始上古掌握大道的祖师，就

是上古的“王”。

⑧“纪”：缫丝的抽头，后来指时间线，就是现代的“脉”“脉络”。“道纪”：一脉相承。

【白话】

看它不见就是“没有形象”，听它不见就是“没有密度”，摸不着它就是“没有体积”，这三项不可分开来单独深究，因为它们是一个。它上边也不会被照亮，它下边也没有影子。我找啊找！不管怎么也找不到合适的语言来描述它，无奈我只能告诉你，它是没有形状的东西，没有质量的物质，就叫作“虚幻”。去找它也找不到，追它也追不到。

我拿上古传承下来的传道活动，教导当今的你，你能掌握古上的智慧，就是“道脉”了。

【意译】

（可能尹喜请教：您给讲讲“形动不生形而生影，声动不生声而生响，无动不生无而生有，形必终者也，天地终乎？”）

它呀，没有外形，没有体积，没有重量，没有色彩，没有温度，所以我们看不见它，听不见它，也摸不到它，这三方面其实是不可分割的，是不同观察角度的指标。它不是像一般东西那样靠上面就明亮，靠下面就是阴影。我穷尽天下所有的语言却仍然没法准确地描述它，无奈我只好说它什么都不是，把它归进空无一类。我只能这么跟你说：它没有外形，没有身体，一切相只是它的幻象。你去找吧也找不到，你等它出现再追吧，也等不来，因为它从来就没有开始，也就没有结束。

（这里应该尹喜点头，意思是：师父，我明白了，我就是如您说的这样。然后接着上面问：“‘与我偕终’是不是就是您说的‘能悟之者，可传圣道’，知道这些就算进入圣位了吗？”）

这几天的闭关大课，我能够拿着上古祖师传承下来的手段，来传正宗大道。你能够一点不走样地领悟到，就是咱们道门中“法脉”的传递。你就是“法脉”上的祖师，和我们历代祖师一样，都是“道”的载体。

咱们来新编一个“意译2”，应该就能够表现出它应有的宏大。

【意译2】

虽然我们能够看、摸到这一切的一切，但是本质都是虚，因为一切都是亘古不变的那个本性，它是最大的虚，虚的源头——太虚。因此不能执着，着意处似无，无意处即有。

（尹喜回应。）

尹喜呀，我刚讲的就是咱们最高的道法，你能够有合格的回应是天下唯一的，你的洞见跟我当年接法时一模一样，师父就是看到了我的领悟，就把衣钵传给了我。尹喜，这洞见就是从上古黄帝之前传下来的，历代祖师都获得的洞见，是真正的大道。如今你有了这样不走样的洞见，我就像当年师父传我法一样，像历代祖师一样将上古的祖师衣钵赋予你，你就是我法脉上的“衣钵传人”，袭祖师位（空口无凭，这几天讲的经是书面证明，也烦请其他同学做个见证）。

【心解】

“无心心即是真心”，“你见或不见，它就在那儿，不悲不喜；你爱或不爱，爱就在那儿，不增不减。”新锐递上投名状，稽古之力传大法，慎终追远为正道。

【延展】

这一章是《道德经》里的“封神榜”，类似于释迦牟尼“拈花微笑”传法。后半章的意思是：我跟你师公学的，据说是上古圣祖传下来的，我专门为你而讲，你我能够一点不走样地完成传递，就是“法脉”，你就是大道的继承者，下一代“祖师”。

整个这些天《道德经》的课程，有很多是尹喜请教黄帝的话。黄帝除了是大智慧的帝王，还是大道的祖师，还是大学问家。他的那些影响了轴心时代中华圣人的伟大著作，都是他把他老师及前辈圣人的智慧，收集汇总流传给后人的。比如《黄帝内经》，是他学习了前辈的养生智慧，以及请教了圣人讲的而汇总的学习笔记，并以帝王的身份广布天下，造福百姓。《道德经》也一样是一个集大成，所以中华民族的圣人们，都是从黄帝和老子这里汲取的营养，因为他俩背后有从上古传下来的圣人智慧，是站在了前人的肩膀上。《道德经》里面的少部分话及里面的大智慧，少说应该有六千年的历史，就是说，中华民族的“文化”历史少说有六千年。“黄老”之学影响了后辈圣贤，无论他们遇到什么样的激流险滩，都能够闯过去。所以，《道德经》是中华民族文化的结晶。

大道就在眼前天天见，只是不相识。就像看手机，我们只注意了里面的文字和画面，而忽略了屏幕本身，其实我们看手机时一直都在看着屏幕。老子和释迦牟尼就是告诉大家：这宇宙就是一个立体大显示屏，它叫“大道”，也叫“佛性”。大家在看东西的时候也在看着它呢，是它显示出了天地万物，只是我们“视而不见”。圣人们就是在告诉人们：它就在这里，只等人们把它认出来。老子是让尹喜的美梦“穿帮”，好让他“看”到一切都是幻化的，而透过这一切看到那个真实的东西。我们有个词叫“影响”，大道对于我们大多数人来讲还是个未知的东西，所以它对于我们就没有“影”，那么在我们心中就不会有“响”，也就是没有“影响”。而对于见了大道的人，比如尹喜，大道在尹喜的眼中就有“影”，那么在心中就有“响”，大道就“影响”了尹喜。这一章老子是说人是可以见道的，但是不是用眼睛、耳朵，还不能用脑袋想。

“视之不见名曰‘夷’，听之不闻名曰‘希’，抟之不得名曰‘微’。此三者不可致诘，故混而为一。”这三项是一体三面的。没有体积也是听不到、摸不到的；没有质量也是看不到、摸不到的；没有重量也是看不到、听不到的，所以老子说“此三者不可致诘”。《黄帝内经》曰：“至道在微，变化无穷，孰知其原。”“名”指天下人都知道叫什么。

这一章讲道的样貌，然后总结说：“绳绳兮不可名，复归于无物。”这样就只好说它是“无状之状，无物之象”了，就只好说它“芴芒”了。“芴芒”就是“虚幻不实”，就像影视剧。

“芴”“芒”是毛毛草、柳絮、杨树毛、蒲公英、南荻、芦花等看上去模糊不清虚而不实的东西。竖“心”旁，应该是古人将草字头写到旁边了，而后人把“草”字旁“艹”给规范成了“忄”旁。一个字有两个“心”是不合乎仓颉老祖造字规矩的。

“迎之不见其首，随之不见其后。”也就是《金刚经》的“无所从来，亦无所去”“过去心不可得，未来心不可得”“于无声处听惊雷”。

悟？悟什么？活在一个没有参照系的世界里就是悟，参照系就是捆缚，《道德经》就是让你“放下”。这一章老子的意思是说我们身在道中不觉道，所以会因“动”“相”“色”迷乱。

“古始”，指最初开始大道的祖师，发明《连山易》的智慧祖师，甚至还要早，比如我们勉强说“伏羲”或者“盘古”，甚至说“元始天尊”。假设中国只有五千年，那么就可以说“黄帝”。

“古”字是“十”和“口”组成，指十张嘴。上古的历史和经典等重要的事情，都是人们口耳相传的，是以一个专职家庭为中心，讲（唱）给全体人听，但是在他们家族就是严格的，绝对不能掉一个字，通常是爷爷传教给孙子。“十口”差不多二十代人，就表示很早以前。“故”字也是一样的意思。

“古之道”一个是指先圣祖师传下来的、逾千年的大道；一个是指他们点化下一代祖师，克期取证的逾千年的方法，就是使徒弟悟道的手段。

“执古之道，可以御今。”是指老子自己，也学着当年的老师，关起门来给徒弟搞悟道专场活动，是通过讲解、答疑解惑、打坐冥想，使徒弟沉浸式体验，克期取证，真真实实地悟道，非常像禅宗的“打七”。禅师也说：这行之有效的手段是从上上传下来的，我只是有样学样。（图 19）

“之有”就好比说，这块铀矿石毛料里面有货，值得提炼，其他人就好比提纯度是发电级的，尹喜就好比是最后的“武器级”铀，值得老子全力教化。

图19　焚香悟道

“能知古始”是说尹喜掌握了最原初不走样的道。展开的意思是：你就是“道纪”祖师，将来也要像我这样嘱咐徒子徒孙一直往下。你我都是肩负重任的人，你找我也苦心，我等你也苦心！今天，你我都没白费苦心，咱们火星撞地球。我把一万三千五百斤重的如意金箍棒变成一根绣花针给你，也就是把天下交给你了，你要接管好这神州的定海神针——大道，使中华昆仑永远屹立。

“纪”字是指嫘祖缫丝时抽的那个头，后来指从开始到后来的时间脉络，比如“纪元”“世纪”“年纪”，都是指长长的时间线，近似于“绵”。

“道纪”在老子之前就有的，指慎终追远，从上古圣人一代一代传递下来的，管理天下的天道法旨的传承法脉，也叫“血脉”“传承”“继承”“一脉相承”“正宗”。

咱们下面用佛法的“法脉”为例，说说道、佛等传递的是智慧，而不是信仰，不是宗教，更不是迷信。

释迦牟尼的“拈花微笑”，将“正法眼藏”传予了摩诃迦叶，并且嘱咐下边传阿难。阿难下边传商那和修、末田底迦……一直到达摩，智慧没有走样。阿难的徒弟有万人，这些人之后虽然都可以给人讲佛法，但是只有两个人可以讲出百分之百没有走样的佛法。从释迦牟尼下来到达摩，有多少万学佛的人，但是达摩能够听到的百分之百不走样的佛法，天下只有般若多罗大师可以讲给他。那么，任你达摩再聪明，如果没有跟般若多罗学习，就永远不会真正懂佛法。就是说，别看达摩距离释迦牟尼近千年，但他是间接地从师父那里学习到了完整的释迦牟尼佛法。这“间接”二字是由一代一代的“祖师”口传心授给连接的，佛家叫“法脉”。这就像咱们的“传话游戏”，最后一个人复述出来的话跟开始的一样，就说明大家都是“间接”地听到了原话。就像达摩看到慧可悟道了就告之曰：“昔如来以正法眼藏付与迦叶，辗转嘱众而至于我。我今付汝，汝当护持。”这一章也是，老子告诉尹喜：咱们一代一代不走样间接从太祖那里传到黄帝，又传到你师公，再传到我，现在我再传给你，这就叫“道纪”。因此，不管历代多少人学习道，真正的道只是这一条线；不管历代多少人学佛，真正的道只是这一条线；不管历代多少人学习圣人的智慧，真正的智慧只是这一条线下来的人清楚。所以，天下智慧的火种总有保留，但是有时命若悬丝，就像六祖。为什么会命若悬丝呢？次要的是外面的否定，而主要的是内部的争吵，互相攻击。

那么，咱们现代一代一代的祖师连接，间接地从老子、尹喜那里传承下来的，才是不走样的道法、不走样的《道德经》。就是说，任你再聪明，如果没有“道纪”（“法脉”）上的祖师给你讲道，你自己再苦心孤诣、皓首穷经也是不能百分之百看懂的，因为需要“悟”。因此真正懂道、佛法的只是少数人，各个行当能够登堂入室的都是“代不数人”，所以我在“前言”里说：圣人的东西，不是枕典席文就能积思顿释的，“纸上得来终觉浅，绝知此事要躬行”。

那么这里咱们也顺带说一下，所谓的“经”，也是同其他书一样的一个字一个字，书店里按书的字数、薄厚定价，而不是按内容价值定价。但书与书的价值是木草之别，像《道德经》的每一个字，它的重量可以说是一万三千五百斤重，尽管都是绣花针，但是老子的绣花针，是他在八卦炉中炼制的“天河定底神珍铁”，它“打石头如粉碎，撞生铁也有痕”。别的字撞了它都会粉碎，孙悟空拿了它可以打遍天下的。因此《道德经》是用生命讲出来的，是能进入灵魂、唤醒生命、引领生命的，是形塑人格，让人焕然一新的。

《道德经》八十一章哪一章最重要？在我看，就是这一章最后这一段：“执古之道，可以御今之有，能知古始，是谓‘道纪’。”这一段意思并不复杂，它并没有像其他章是讲大道，只是这里面所涉及的事情是天下的最大事，是人类的根本，这就是“道纪”，是佛家“法脉”的意思。整个《道德经》就是为了这个“道纪”，老子为了这一刻，不知道等了多少年。可以说，这个“道纪”就是老子《道德经》的终极目的，不知道“道纪”就不知道《道德经》是干什么的，就不能够真正懂《道德经》。就相当于释迦牟尼说了一辈子法，最重要的就是为了“拈花微笑”。《道德经》就是中国的“启示录”，把宇宙的事情启示给天下。“道”在佛门中叫“性”，在其他国家是另外的名词，因为各大圣人看到的是一个月亮。他们都讲的是一个月亮，而不是四个。

隔着两千五百多年，我们能感受到圣人的那份热切、那份期盼。一个身负中华民族智慧的老者，他就要继续等待，活到一百多岁，依然在等，等待着那麒麟子的出现……如今，带着风雨、雷电，一身戎装来了，跪到面前叫一声：“老龙爹，我终于找到您了！”李耳龙见到了魂牵梦萦的龙子，过尽千帆终有归！他饱含着深情，将曾经从师父那里接过来的中华民族的龙珠吐出来，交给了尹喜，交给了未来，终于可以卸下自己的担子了。他耐心细致地嘱托尹喜，务必要使中华民族的智慧火种传下去。

“道纪”也像奥运会的火炬传递，只要有了火种，在需要的时候就能够千倍万倍地燃烧成火炬。

那么，通过这一段可以感觉到，大道在老子之前已经有很长的时间了。黄帝距离老子有两千年，并且黄帝之前就有大道智慧，因此我们有理由认为，中华民族有五千年以上的文化历史。

一生志业在天心（图20），欲为人间平不平。
愧我老来仍落拓，望渠年少早成名。
功勋富贵原余事，济世利他重实行。
怜汝稚龄任远道，强抛涕泪暗伤情。

——南怀瑾

图20 书法

第十五章

古之道者深不可识——道者无“者”，不是无人，只是无“我”

【原经】

古之善为道者[①]，微妙玄通[②]，深不可识。夫惟不可识，故强为之容[③]，曰：豫[④]兮若冬涉川，犹[⑤]兮若畏四邻，俨[⑥]若客[⑦]。

涣[⑧]若冰将释[⑨]，敦[⑩]兮其若朴[⑪]，旷兮其若谷，混兮其若浊。

孰能浊以澄[⑫]，靖[⑬]之而徐清。孰能安[⑭]以久，动之而徐生。保此道者不欲盈[⑮]。夫惟不盈，是以能敝[⑯]而不成[⑰]。

【解析】

①“古”：通“故”字。“为”：维护，指悟道之后的学修行、保任。“古之善为道者”：指老子的老师。

②“玄通”：明心见性。

③“容”：啥样。

④“豫”：谨小慎微。

⑤“犹”：狐猴。

⑥“俨”：保持警惕，严阵以待。

⑦“客”：外人。

⑧“涣”：水摊了一地。

⑨“释”：散了化了。

⑩“敦”：宫殿柱子底下的垫石，无怨无悔地被压在下面，形容人敦厚。

⑪“朴”：没有上油漆的木器，形容人本色淳朴。

⑫“混”“浊”：稀里糊涂，粗粗拉拉。“浊以澄”：一杯浑浊的水，让它彻底安静下来才能澄清。

⑬“靖”：侘寂。

⑭“安”：安住在静净状态。

⑮“不欲盈”：不贪多，“九层高台”要稳稳当当一筐土一筐土地“累”。

⑯“敝”：自满，封锁。

⑰“成”：名和利。

【意译】

像你师公这样的大修行者，智慧高不可攀，深不可测，你梦都梦不到的，只能我来给你讲讲你才能清楚。悟道之后主要是两个方面：一个是，时时注意不让起一点儿妄想，严肃认真如临大敌，一直保持警惕性；而另一方面要放下了一切，放到了什么地步呢？就如同快要化了的冰，脑筋全无，心里没有一点挂碍，没有了一切执着，旷如虚空，没有一点儿自我啦！没有了小我，也没有了我之外的非我，也没有了空间、时间，如同白痴。

经过了放松、放下、入定，人就逐渐安定了下来，心就彻底干净了。然后，当心达到一点儿不动的程度，再慢慢去入事，保持一边做事心还能不动。达到了这样就是随心所欲了。你只有达到了随心所欲，才能够不逾矩地保持正常的思维，而不必限制。

【心解】

“独善其身尽日安，何须千古名不朽！”智慧传承贵在不走样，如射箭，初偏一毫，末跑一尺。一代一代承担大法者承天下，天之骄子稀有尊贵，万方拱卫，九天护佑。法王者，万乘之主天下归心。

【延展】

因为上一章老子讲说：我的“道”都是从你伟大的师公那里得来的，一直上推到黄帝。可能尹喜就要老子给讲讲太老师。

“古之”，老子时代“古”与“故”字通，是指故去、作古的人。

“古之善为道者”，老子是以自己的老师为代表，举例说明，给尹喜讲一下圣人应该所具备的大智慧。因为老子看得出来，尹喜还是一脸的轻松，还不知道“担子”的分量，心理上还没有一丁点儿感觉，没有一丁点儿压力和责任。尽管尹喜是国家重臣，本身就是一个有责任心的人，但是那个跟“圣人”不是一个量级，尹喜还没有进入老子的道法层面。

“靖”原意就是“无动于衷”，是无论怎么忙乱，心都是如如不动的。

“归根曰‘靖’，是谓‘复命’”。学习大道不是一直玩命向前冲，而是冲过了，找过了，适时地回过头来再看一看那来时的路，看一看出发时那美丽的晨曦，天上那紫虚朝霞，也许在那回眸一瞥中我们猛然一震——“众里寻他千百度，蓦然回首，那人却在灯火阑珊处”。

“浊以澄，靖之而徐清，孰能安以久，动之而徐生。”这两句是讲修心的一个重要环节，是说一个成熟的大道行者，不光仅仅只是悟道就完事了，他还要经历长时间的历练“保道”，佛家叫“保任”，才能够心思澄明，心如如不动，成熟中道而达“玄德”。就是“以戒为师”，就是《牧牛图》。

当学生明白了之后，心还没有那么结实，还很容易被“身”和“身外之物”给带乱，老师就要叮嘱学生先不要做事，找个清静的地方打坐闭关，若条件不够，至少也要别太动脑筋，先使“身”静下来，“浊以澄，靖之而徐清”。“眼看它起高楼，眼看他楼塌了。”循序渐进。“安以久”，几年之后，心就一点儿都不会被干扰了。当心静定成熟了，就让“身、脑”慢慢动起来，“动之而徐生”，这样由简到繁慢慢做事，直至达到身怎么乱，甚至战场杀敌心都不会“动”一点儿，这就是“熟”了。六祖慧能用了十五年，就这样修成了大师，也说明他的背后一定有伟大的老师。五祖弘忍说：“见性之人，抡刀上阵，亦得见之。”《薄伽梵歌》也讲了：为什么这一仗必须打。

这个过程“身、脑”走的路线是└─╱形，而心是╲＿＿。后来的《西升经》阶段就是老子指导尹喜静心修行的。那些个修行的过程尹喜都有记录，但是只在“内部流通”，一直在尹家绵绵相续。

再引一段《与神对话》来解释“致虚极，守靖笃”：

你们的莎士比亚说得好：在天堂和地球上，有比你们的哲学所能梦想得到的更多。

尼：那么我如何能够学到这些?

神：这并不是一个学习的问题，而是忆起的事。

尼：那我如何才能忆起它们?

神：以静定（still）开始。让外在的世界安静下来，内在的世界就可以带给你觉悟（sight）。而这种内在的洞见（insight）就是你要寻求的东西。不过，如果你仍然关切你的外在世界，你是无法拥有此洞见的。因此，尽量寻求走入内心吧！而当你还没真正进入内心，你与外在世界打交道时，就尽量发自内心吧。请记住这个定理：

如果你不进入内心，你便没有心。（If you do not go within, you go without.）

请以第一人称的方式重复念一次这句话，使之更个人化：

如果我不

进入内心

我

便没有心

你过去一辈子都在没有心的状态下运作。其实你本来并不须如此，从不须如此。

没有什么是你不能成为的，没有什么是你不能做的，没有什么是你不能拥有的。

“守靖笃”，近死之老人就能够因为“致虚极”而心中无事无念，只听到自己心脏“笃、笃、笃”，就好比安静得只听见水滴声。胎儿、婴幼儿、近死之老人就能够听见一些“其他的”声音，有的人还能看到“其他的”事情。所以，这些人和打坐入定的人就有“神通”。“致虚极”，就好比你晚上坐在床上，关掉灯，安静地闭上眼睛，看到的是黑，这黑就已经到头了，没有比这更黑了。但是比你心静的人，比如老子，他们看到的“黑”比你的更黑。因为大多数是人静了而心没静。

“孰能浊以澄，靖之而徐清”。我们的心就像一碗浑浊的水，我们安静下来就慢慢澄清了。我们的心这碗水，大道可以比作天上的月亮，我们平时思绪万千“宠辱”必“惊”，什么利益都放不下，就好比水不静，水面就映出乱七八糟的月亮。见大道就好比水平静了，就能映出美丽的月亮。《诗经·蒹葭》形容为“伊人”“宛在水中央”。“伊人”是指“人之初性本善”的本善之心。在上古《诗经》时代，“伊人”指每个人自己心中的“太阳神”，也就是释迦牟尼成佛的第一句经“一切众生皆具如来智慧德相”。

蒹葭苍苍，白露为霜。所谓伊人，在水一方。
溯洄从之，道阻且长。溯游从之，宛在水中央。
蒹葭萋萋，白露未晞。所谓伊人，在水之湄。
溯洄从之，道阻且跻。溯游从之，宛在水中坻。
蒹葭采采，白露未已。所谓伊人，在水之涘。
溯洄从之，道阻且右。溯游从之，宛在水中沚。

如果悟了王阳明，对《道德经》《南华经》就容易入门；如果悟了《道德经》，对《黄帝四经》就容易入门；悟了“黄老”，对《诗经》就有一个门入了，唤醒沉睡的心灵。

“孰能安以久，动之而徐生。”咱们打个比喻：杂技团里学“顶缸”，一开始要静，越静缸才能越稳。等到你能够稳定了，师父就给你加动作，这样由慢到快、由简到繁，日久功深就能自如了，勤加练习就能上台演出了。“孰能安以久，动之而徐生”，就是我们通过慢慢保任心，最后不管怎么干事，心这碗水依然是风平浪静的，底下泥沙不会泛起，上面能映现出月亮。这就是“如如不动”，初步达到了佛家的“事无碍”境界。所谓的“无碍”就是要首先见了大道，佛家是见了法性。“事无碍”，就是我们说话办事都完全合大道了。这“理无碍”，见了宇宙本性之后，圣人讲的道理我们一看、一听就都懂了，也能够给别人讲清楚了，不会曲解了圣意，这里的“理”是道理。“理事无碍”的“理”就不仅仅是头脑里的道理、概念了，而是能量，这需要悟得再高一级才能够体会。

“孰能安以久，动之而徐生。保此道者不欲盈。夫惟不盈，是以能敝而不成。”学习佛、道一开始要心“不动”，那么先要身、脑不动才能心不动，然后慢慢可以身脑动起来而心不动，就是“如如不动”，不是修行成木头桩子，“应无所住”完了要“生其心”的，是最终达到“理事无碍”的高境界。《楞严经》曰：“狂心顿歇，歇即菩提。”“无所住”就是“无为”。“生其心”就是“无不为”。

得道之士有智慧不假，智慧不等于其他就都高大全了，脾气性格也都是有的——道法自然。老子在别处也说潜光隐耀，不太容易被旁人发现，就是说，只有很普通，才不易被发现。如果外表有那么伟大，那就不可能“深不可识”啦，对不对？另外，上古的圣君王也不似后来的统治者那样的皇家气派。

什么才是“完美”？什么是“理想”的生活？好像总也追不到，或是说追不到百分之百。当我们心大了才知道，“完美”不是做到的，是呈现出来的，完美是完美本身。完美就是没有不完美与完美的区别，完美是追不到的，也不是做来的，只能是那样或者不是，经典上告诉那些“是”的人：“这就是！”不能也不必用指标来衡量，衡量出来的只有不完美。因为衡量本身就是相对的，相对的事物都是有两边的，但是完美没有两边，它不是二，是一，但此一非彼一也，它不是相对于二的一，或者相对于零的一，一二三四百千万亿的零也不是零。它没有相对，它就在那里，在这里，在一切处——“道在屎溺”。

我们能够听到的“完美”都只存在在憧憬和希望中，比如“我要是挣十万就知足”“我要是挣一亿就知足”“我要是能够像正常人那样走路就知足”。其实，上边这些“知足”的条件很多人都具备，但是他们似乎并没有知足，有些甚至很痛苦，甚至有别人羡慕不已条件的人自杀了，所以才有了一个新词叫“别人家的”，就像奥斯卡奖影片《邻居的窗》。所以“知足”是自己的事，“天堂”“极乐世界”是自己的，而不是外边的、需要神祇赐予的事。完美不是道理上的，不是指标。不必讲道理，完美实际上最讲理了，但此理非彼理也，不讲相对之理，所以完美不在理上生存，生存就是完美本身，“雷霆雨露皆是天恩”。

比如，进入爱情中时，我们还是之前的我们，但是内里有很大的不同了，这时的我们已经被点燃了，精力旺盛，不会生病，胆量也大了，可以不顾一切。就好比，一个恋爱的中年妇女，可以为了一个喜欢的、打算结婚的男朋友来家做客，把哥嫂家厨房用过的所有锅换上新的，下厨一礼拜来跟嫂子学习炒菜，为的是展示自己是一个“下得厨房”的女人。

眼睛还是那双眼睛，但是在爱情中你的眼睛这时就能看到“西施”。同理，见了大道的人还是那个人，但是已完全不同了，是一个更加燃烧的人，是一个全新的人，他用全新的眼光，能够看到大道了。

第十六章

虚乃“大”实——不遑多让方为真

【原经】

致虚极[①]，守靖笃[②]，万物并作，吾以观其复。

凡物纭纭，各归其根[③]。归根曰“靖”，“靖”曰“复命”[④]，“复命”曰“常[⑤]”，知“常”曰“明[⑥]”。不知“常”，妄作，凶。知“常”，容。容乃公[⑦]，公乃王[⑧]，王乃天[⑨]，天乃道，道乃久[⑩]，没身不殆。

【解析】

①“虚”：空，空间。“虚极”：空性，幻。

②“靖笃”：大定。

③“归”：回归。“根”：本源大道。

④“复命”：见了自己的本来面目。

⑤“常”（“恒”）：初悟。

⑥“明”：明心悟道。

⑦“公”：大我。

⑧“王”：王道。

⑨“天”：天地全宇宙。

⑩“久”：永恒。

【意译】

当我的心极致的空，完全入了静定，就和万物同步合一了，我就能看到一切在回归。

（这里有尹喜阐述自己的理解）

就是说，世上的人来人往、是非沉浮这一切，都在有条不紊地依着大道的轨迹，完成生命的体验回归源头。回归源头就叫作“止于至善”，“止于至善”就是“有省”，有所觉悟就叫“见性”，“见性”就叫“悟”。没有见本性就都是妄念，就一辈子都在背道而驰。达到不生不灭就天人合一，天人合一就能够大爱无疆，大爱无疆就能够担天下。能够担天下的人就是心包太虚，心包太虚就是道，道就是永恒不动，这些智慧是可以永远复制下去的。

【心解】

“南台静坐一炉香，终日凝然万虑忘。不是息心除妄想，只缘无事可商量。”要受得住寂寞、耐得住孤独，找到了心就看到了一切，也要完成自己，还要对众生负责，大道是可以传承下去，流芳百世的。

【延展】

上一章给尹喜讲完了师公，接下来这一章也许是尹喜问的，老子就讲一下自己。讲自己在老师那里悟道，讲自己的境界，让尹喜也看看当年的他也像尹喜现在这样，也是从那时的懵懂过来的。意思是，我这样就继承了衣钵，如今你也一样优秀，所以也继承了法脉，将来你也要找一个这样的人，将衣钵传给他，让大道生生不息、万古流芳。

我们看一本书，听老师讲课，练习一首曲子，看一幅画，沏一壶茶，开车，雕刻一个作品时，那文字，那语言，那曲谱，那画，我们就只是当作语言、曲谱看吗？语言是有生命的，它就是生命。音乐、画也是生命。你的茶壶、茶叶、开水都是死东西吗？你如果能看到它们的生命，就是“茶道”。米开朗基罗雕刻的确实是石头，但是他不这么认为，他从始至终心里想的就是：构筑出来献给大家的是生命。这一章老子的意思是：小尹，你不要把我讲的话当话来听，要当生命来体会，道不是道理，是生命。你把一切都看出来生命，和他们在灵魂上共鸣，就是“道”。

“靖”有的版本是“静”，可以翻译为“静”，但是不能就简单画等号。有一个成语叫作“静极生慧”，就是静深入了就到了“静定”，再深入就是“入定”，定久了就见了一丝丝道的曙光，“道”门开始打开，就可以叫“靖”。第六十四章的“从事常于几成而败之”，意思是：很多修行人，见到了一些“道”就很稀罕了，就得少为足很满意了，结果就到此为止了。咱们可以这么说：靖就是“大”静，是有了一点或很多“道”，也就是佛家的“如如不动”。

“致”和“守”，也就是释迦牟尼“以戒为师”的“戒”，释迦牟尼和老子的意思是守住见到道的这个自己的道心。

心没有一丝的随红尘外境，没有被外面的喧嚣所左右，专一寂寥，宁静致远，“事如春梦了无痕”，“莫见乎隐，莫显乎微，故君子慎其独也”。“致虚极，守靖笃”这六个字讲的就是《西游记》的“悟空”境界，就是禅宗说的“破了第一关”。用六祖的话说就是“本来无一物，何处惹尘埃”。这六个字就是释迦牟尼的“诸法无我，涅槃寂静”。

“万物并作”，当人不执着了，就摒除了小“我”的干扰，就看到他与世界、与宇宙万物全都合一了，跨界融合，互联互通，一同参与宇宙大流转，就是爱因斯坦说的“宇宙好像是被设计好的”。

“凡物纭纭”就是我们的“滚滚红尘”。“凡物纭纭，各归其根。”你别看天下这么多的事事物物，它们最后都要回到它们根本的地方去，暗指最终都归于空无——大道，这是一切万有的归宿，就是“反”（返），“复命”。什么叫“根”，所谓“根”就是老子说的“渊兮似万物之宗，象帝之先”。“先天地生”“母”，就是大道。那么“根”怎么个“归”法？老子说要“靖”。所谓“靖”是一切没有动，什么都不是。如果你还想找个什么，想说个什么，想看见个什么，想成为个什么，甚至你想否定个什么，即使你不是些什么，就都统统没有“靖”，你只有真正的无我了（空），也没有个是与不是了，无助了，那时你就“复命”了，就是找到了你的那个“伊人”了，你发现她可以在“荇菜”上，可以在“钟鼓”的音声里，也可以在屎尿里（“道在屎溺”），就可曰“恒”“常”了。

“复命”就是你如约而归。我们常说“性命”，“命”是小我的命，小我联结成一个整体就是“性”，上古叫“天人合一”，老子叫“玄德”，禅宗叫“明心见性”。《道德经》就是讲这个，它是看得见的，就是我们大家与世间一切的合一，并且一起联动流转，就是第二十九章的“天下神器”。私则为“命”，公则为“性”，“公乃全”，“全”就是全部，我们与天地等一切。“橐玥”也可以说：一会儿“命”了，一会儿又“性”了；一会儿“有”了，一会儿又返回到空无了。所谓“玄牝”就是传达阴阳，使“性”转化为“命”，就是“生”。我们有“命”的人如果能做到“性”的性质“生而不有，为而不恃，长而不宰”，就是有“道”的圣人。第十三章说“宠辱不惊”，是谁能够“惊”？是“命”，“性”是不会“惊”的。所以，第十三章老子要尹喜不“惊”，是要他转“命”为“性”。小我回到原本的状态“复命”，就“悟空”了，就返回到了恒常的状态，就是大道状态。电影《超体》说“回到最初的也是最终的生命状态”和这里老子讲的，和释迦牟尼说的“三大阿僧祇劫”，都是一个意思，都是讲我们生命的行程、目的和意义，这些只是给尹喜一个人讲的。最标准的解释应该是尹喜在给他的徒弟讲课的记录，即《关尹子·五鉴》“曰：……譬犹昔游再到，记忆宛然，此不可忘，不可遣。”

“没身不殆”字面意思是，用铜钱制模子，可以复制出许多的铜钱，再用制出的铜钱作模子又可以复制出铜钱，可以这样一直下去，其实就是宋朝产生的一个成语“如出一辙”。老子的意思是，从上古的智慧，由一代一代“祖师”就可以不走样地传下去。

第十七章

上道者不知道——一切顺其自然，但看它云卷云舒

【原经】

太上[①]，不[②]知有之；其次，亲之；其次，誉之；其次，畏之；其次，侮[③]之。故，信不足，焉有不信[④]，犹兮其贵言哉！功成事遂，百姓皆曰："我自然"。

【解析】

①"太上"：最高的，这里指尹喜的太老师。

②"不"：有的版本是"下"字，是不对的。

③"侮"：诋毁。

④"焉有不信"：你是没看出来，他哪里是像外表面那样不信道。

【白话】

最上等有道的人不觉得有什么特殊的道。

其次才是热爱，再其次是赞颂，再其次是敬畏，再其次是诋毁。所以呀，你不要就以为他是信的不够，他哪里是不信？他只是犹豫不知道说什么，他就是这样去做事，所以周围人都觉得他就是这样子的。

【意译】

（应该是大家七嘴八舌地说：噢，我们都一直以为，大圣人都应该是器宇轩昂、龙行虎步，特别有“道”的派头，举手是“道”出口成“德”……）

像你们师公那样最上等的道者呀，跟道就没有关系了。因为他已经自然完全融为一体了，他的一举一动都是道。

只有那些没有达到至高无上的人，才跟道有关系呢。比如那些次一等的才是认真学习道，再其次的是赞成道，再次一等的是害怕、敬畏道，再次的是反对道。所以呀，你们不要看像师公他们这样的人从来不说道，仿佛根本没有道，他们哪里是没有道，只是不知道超越了信仰该怎么说，他们只是该干吗就干吗，所有认识他的人，都一点儿不见外地叫他：“老乡头儿。”

这一章咱们借佛教再来说一个【意译2】，可能有助于理解：

最上等开悟的禅门祖师，是佛的智慧完全融于生活的，即所谓“饥来吃饭困来眠”，所有一切行为……甚至抡刀上阵都是道，因此佛根本跟他没关系。

那些没有到达究竟的人才会跟佛有关系呢。比如认真地学习佛法，依佛的道德准则去行事；再其次是信仰赞叹佛；再其次是敬畏佛的，因为他们认为如来佛能定人的罪，比如可以罚人下地狱；再其次是反对佛。所以，你不要认为他们不学佛就不是学佛的，他们不是不懂佛，而是真正懂佛的人，他们只是懒得标榜自己罢了。因此导致认识他的人都说：“他，听说还是‘祖师’呢，应该是佛法都透彻了，可是看上去哪有什么特殊的，就是一个跟我们一样的人嘛。”

【心解】

如果我们正在追求“道”，那说明还没有得到“道”，必须认识当下的“道”才是“道”。上德不德，事事无碍，与道合一。做一个道人，而不是有

“道”的人，这才是“道法自然”“道洽大同”——“溪鸟山花共我闲”。

有“道”即无道
无“道”反有道
见道即灭“道”
无“道”是真道

【延展】

这一章是在大家热烈的气氛中接着回答。

“不知有之”，脑子里根本就没有“道”不“道”的概念，因为已经跟道完全一码事了，没有不是“道”的了，即“上德不德”，也就是第四章的成语“和光同尘”，是自然而然“秋风度河上，大野入苍穹”。就好比我们不必去想“我不是精神病”，更不必跟人表白说“我不是精神病”，我们脑子里不必有这个概念，因为我们本来就不是精神病。禅宗叫“打成一片”，“见山还是山，见水还是水”。

唐诗《晨诣超师院读禅经》就是说的这个境界：

汲井漱寒齿，清心拂尘服。
闲持贝叶书，步出东斋读。
真源了无取，妄迹世所逐。
遗言冀可冥，缮性何由熟。
道人庭宇静，苔色连深竹。
日出雾露馀，青松如膏沐。
澹然离言说，悟悦心自足。

“真源了无取”。柳宗元表示我已经悟道了，不必去追什么真正的源头了，源头已经就在我手里了。

“妄迹世所逐”。根本就不觉得还有尘世中的角逐、追逐，因为我“宠辱不惊”了，那么很简单，该做什么就做什么，没有不是道的了，所以已无烦恼。

“遗言冀可冥”。佛的教导在我无量无边的心中已经完全融合而化于无形。

“缮性何由熟”。何须再像从前那样使劲地读经，如今只是随便的，没有任务、没有追求的消遣消遣而已。

下面是他展示自己的境界：

“道人庭宇静”，“庭”指身体，“宇”指心灵。意思是：我身心皆如如不动了。

“苔色连深竹”，就像竹林深处的竹子和青苔，外面的干扰已经波及不到里面了。“深”是借其他诗人中“深深”来表达自己的心已深不可测，非泛浅之辈能懂。“竹”是借“青青翠竹，总是法身”。“苔色”暗喻“致虚极”，“深竹”暗喻“守静笃”。诗词是天下最能够表达内心意境的——“诗言志”，而不是表面的风物景月，“依文解义三世佛冤”！

我的心已经自然得不能再自然了：“日出雾露馀，青松如膏沐。”

“澹然离言说”就是“犹兮其贵言”，我想不起来，也组织不出来那么不完美、表达力那么低下的语言工具，来表达我这么丰富、这么完美、这么清净、这么无量无边的喜悦心境——“悟悦心自足”。

老子和柳宗元的意思是：语言文字的表达力是很有限的，只能表达简单的东西，复杂的就很困难啦。比如禅师讲道，常常说一些没头没脑的话，或做一些怪异行为，大多数徒弟就不懂，但是有个别的居然听懂了，见了道，是非常不容易的。比如赵州和尚听懂了师父说的，就把鞋放在了头顶上。

像老子那样的玄德祖师的修行高度，是与宇宙大道合一的，就没有他要“说”的什么话了，也就是无起心动念了。这个时候他所说的话都是客观环境的需要或应别人的需求或指出别人的错误。就是说，大圣人他自己是“无事”了，无话可说，无事可做。到了这个程度，他说出来的话就是“经”，这就是为什么释迦牟尼说“我49年未说一个字”。所以，《道德经》

不是老子应尹喜索求而写或而讲的，而是随尹喜之问而所答。

“德”是指人执行道，所以《道德经》不是讲治国、治军的，老子是回答尹喜的“天问”，使尹喜见“道”。因为是尹喜一直在问道，对于尹喜来说是“窗口期”，机会稍纵即逝，不敢浪费一秒钟，老子也非常清楚是尹喜人生千钧一发的时刻，因此也不敢怠慢，所以没有拖泥带水尘土飞扬，都是直截了当直指人心，统统是干货——大道至简，把尹喜带入超光速状态。因此并不是很多人认为的东拉西扯“包罗万象”，而是提纲挈领的。另外还有，尹喜悟了道，老子就认定他为接班人了，所以老子要嘱咐他许多要紧的话，这是《道德经》精而又精的第二个原因。

“畏”不是指害怕，而是敬畏。真正有道的人玉韫珠藏，不显摆，不挂相，反而是那些半吊子逛荡的人，混得风生水起，有地位，有头衔，脑袋上带着“光环”，显得多了不起似的。“百姓皆曰：‘我自然。’”在周围人眼里，他跟大家一样普通，完全看不出来有什么不一样的，就是人们常说的“人不可貌相”“其貌不扬”。

“我自然”可能是老子年轻时，跟着回老师家，老子吃惊地听到，周围的乡邻都叫常枞老师，就是一句大土话。可能本来老子学的是那句大土话，结果老子一看，尹喜这个“高级知识分子”不懂底层人民的糙话，老子就解释说：“就是‘我自然’，懂了吧？”结果尹喜就给记录下了“我自然”。这个土话表示很亲切，不见外，意思咱们都是一样的，一拨儿的，一伙儿的，一个德行的，一丘之貉，一个马勺里的苍蝇，小时候一起撒尿和泥儿的。相当于咱们现代特别亲切的人相互叫“哥们儿”“老乡”“老家伙”“老伙计”“老巴头儿”。

比如我们看孩子，他在地上跑、玩，我们不用去干涉。他去抓东西、踩脏水、追小朋友，他玩的时候是在他的世界里，他只是自顾自地玩，自然。一旦我们发现要出问题了，这时才需要我们出手管理一下，比如要往有车的地方跑了。就像看孩子，明明知道玻璃要划伤手了都不管，但是并不是不关心，而恰恰是更上心。我们保护孩子尽量不让他知道，尽量让他自己百分之百地接触大自然。我的一个好朋友，她的弟弟妹妹是一对龙凤双胞胎，弟弟是吃妈妈的奶，而妹妹是吃羊奶；弟弟是妈妈抱着、看着，而妹妹有时就在地上自己爬，有时抓脏东西，她就常常抱着妹妹。就是说，弟弟是精细护理大的，而妹妹是比较粗放的天生天养。而如今三十多年后，弟弟身体不太强壮，个子也不高，而妹妹个子168厘米，精力旺盛、身体结实，也更能照看年老的妈妈。所以，有时我们的“有为”也许不如“无为”更符合道。我们中国，养孩子也许恰恰是事与愿违的，都努力把孩子和自己给“有为”得更不好了，不如“无为而治”。“而往往苛求完美恰恰就是人们寻求幸福最大的障碍。”这是哈佛的泰勒博士在《幸福的方法》里说的话。泰勒很推崇老子的“顺其自然”，他建议所有中国学校、企业的人员都应该好好读读《道德经》。

养孩子是需要智慧的。人小时候遭受的一切挫折，包括意志上受到的打击，生病，受伤，食物的不绝对洁净，身体方面的苦累等都是他一生的财富，是一种锻炼，是生出的茧子，只要不过度，在能恢复的范围内就没事。就如电视剧《大盛魁》里的对联说的：“贪心惹祸，十分仍不满足，乃人生大病；舍利招财，一味就学吃亏，是处世良方。”比如小孩正常摔倒了不用去管，他自己爬起来就行，这才是真正爱孩子。我们看看体校的小孩就意志坚强，身体健康，有责任心，孝敬大人，做事、学习都会自律，心有定力，遇事老练、冷静。孩子如果不娇生惯养，以后就会有更大的幸福空间，我们常说的“物竞天择”就是老子的“道法自然”，溺爱就没“法自然”，现代人都忘了老话“吃亏是福”了。不让孩子吃一点亏、受一点委屈，长大就是一个没有责任心、始乱终弃之人。

这一章老子的目的是要尹喜取法乎上，闭嘴、闭心，不要想、不要谈论悟道以及跟道有关的事。那么为什么不许想、不许谈论呢？咱们看历史上，悟道了的，师父都让他们闭关，在禅宗里也是，师父让悟了的徒弟去扫地、扫厕所、种菜，或者当侍者，去到这些地方就是要避开师兄弟。为什么要避开师兄弟？其实就是不谈论、不想这些。过去没有悟道时，听道、讲道都是学习之用，等真正见道了才知道，那个宇宙的原本是最贴近日常生活的，反而离道学、佛学更远。

第十八、十九章

道上烟尘下黄庭——宁缺毋滥才能得大自在逍遥

【原经】

（第十八章）大道废①，有仁义。智慧出，有大②伪③。六亲不和，有孝慈。国家昏乱，有贞臣。

（第十九章）绝圣弃知，民利百倍。绝仁弃义，民复孝慈。绝巧弃利④，盗贼⑤无有。此三者，以为文⑥而未足也，故令有所属⑦，见素裒朴⑧，少私寡欲。

【解析】

①“废”：没了。

②“大”：合天意、合道的事。

③“伪”：人为，有为。

④“绝巧弃利”：修行没有投机取巧心，就不会去追求什么捷径，追求什么圣地、圣人，接引、加持。

⑤“盗贼”：不是指贼人，而是指人的偷心、贼心、巧心。

⑥“文”：表面道理。

⑦“所属”：铭刻在心中。

⑧“素”“朴”：没有乱七八糟的心思。

【白话】

在你没有道时，仁义就是优秀的，而当你一旦有了大道智慧，就是大的作为。就像因为六亲不和了，才显得慈孝的优秀；就像因为朝纲不振、奸臣当道了，才显得忠臣的高尚。不求高求多，才是百倍对大家好；不必去标榜仁义道德，老百姓自然就会上慈下孝。没有投机取巧的心，就不会有人搞歪门邪道。这三项光贴出公告让大家知道还不够，还一定要真正到心里去，内正了，外就不会斜，尽量减少私欲。

【意译】

（也许尹喜说：我觉得，过去的什么道法、什么仁义道德都不再执着了，我只是一个孤零零的存在，没有了空间时间，只是看着这一切无为之为，无名之名，无事之事，无我之我……）

过去你内心的大道没有打开时，就会把那些五花八门的修道法门都当成好的。你看现在，你一旦有了道，说话做事就都合天道了。这就好比只有六亲不和了才需要什么“仁”啦，只有天下大乱了才需要什么“义”啦。因此将来，你就以“过来人”的身份，用你的亲身经历去告诉天下：不去崇拜神、圣、主什么的才是真正为大家好；真正的法门不是图什么了不起的能耐，也不是走个什么捷径，而是见道；你告诉天下，如果不贪图更快、更高大上而去找一些法门，就没有偷心、贼心、巧心。老惦记着找窍门的心，都是跟咱们生活中的攀关系、走后门是一个道理，不要把这些俗事上投机取巧的心用在修行上。这三条光知道还不够，还必须做到。你告诉大家，心要正、要靖，而不要总惦记着什么外力加持、灌顶、接引去达到什么高阶圣地。

【心解】

道少，迷信就甚嚣。真道出，五花八门的修道法门不攻自破。“横尽虚空，山河大地，一无可恃，而可恃唯我；竖尽久劫，前古后今，一无可据，而可据唯目前。”

【延展】

这两章的意思是紧密相连的，也是跟第十七章连着的，是继续讲道是真正的见地功夫，不是靠妄想憧憬、外力加持而能求得。一旦明白了，大道就把百分之九十九的、没有真东西的那些个装模作样的、花里胡哨的、没有真正见地的伪“道”，降维打击。“山中无老虎，猴子称大王”，都只是一堆美妙的道理。智慧低的时候，就会把中等的看成高的。小尹，一旦你智慧高了，再返回头去看那些个中等的就都低了吧？所以去告诉天下修道的人，修行，从一开始就不学那些个五花八门的法比学要好上一百倍，将来碰到了正法或有道的老师，才有机会回过来而悟道。任何“无上”、“伟大”的大法也不要去追。怎样才能不受诱惑呢？就是内心要朴实、安静，只有见道一条道，其他那些个一切有名气的、响亮的、热闹的、金碧辉煌的圣地一概不想、不追。

这一章的字面意思与真意思差别较大，老子是让尹喜以自己的亲身经历、走过的弯路、获得的经验告诉天下修行的人，没有“更好”的法能够让我们走捷径。如果没有好的能够让我们明白道的法门，宁可先不修行，先找老师，找不到先放放。咱们打一个不太恰当的比喻，就好比姑娘到了婚嫁的年龄，就无形中有一种压力，找了几年还是没有真正心仪的，就凑合嫁了算了！按照老子的意思，没有碰到真正心仪的就先等等，如果慌忙嫁了，将来出现了那个让你怦然心动的他，你就没有转圜的机会了。注意，我这只是为了说明白《道德经》而说的悖论。

帛书开头有一个“故”字，里面有好几个“案”或“安”字，可能是讲课时说的，回来老子给删了。其实，有也能讲得通，当“才”字就行，比如白话可以这么说：所以，没有大道智慧，才有仁义的优秀。大道智慧一有，才看出来是假优秀。就好比只有六亲不和，才有上慈下孝的优秀。只有国家治理混乱，才有忠臣的优秀。老子的意思是：你作为人，就应该是有道德底线的，既然吃人饭就应该说人话、办人事，用不着还另外夸赞他有仁义，做不到那不是一个合格的人，一标榜反而画蛇添足了。再

图21 书法

来，你为人父母就应该慈爱孩子，这是你的本分，没有必要表扬，表扬反而显得多余；你为人子女就该孝敬长辈，天经地义。为人臣者，就应该对领导负责，忠于职守，在其位谋其政，不贪赃枉法，否则不配为臣。

“大道废，有仁义。”（图21）就像过去贫穷落后，什么都是外国的好，“洋货”是优秀的代名词，如“洋火、洋枪、洋炮、洋车、洋房”，那时的钱币叫“大洋”，然后就是高大上的“洋大人”。一九四九年中华民族站起来了，“抗美援朝”后我们在全世界才算是真正直起了腰，再也没有人敢瞧不起我们了。老子的意思是：小尹，你现在走过来了，经历过了，就知道那些个许许多多修行的法门，非但没有好处还有害处，对不对？那么你以你的亲身经历来告诉大家，是最有说服力的，因为你不是从别人那里听来的。

《道德经》以及天下的大圣人都是在告诉大家：当你站在了最高处，你还会觉得那些个仁、义、礼、智、信等人层面的是“优秀”的吗？当你拥有了全宇宙，你还想贪图什么吗？自然就没有了贪。

“伪”，徐锴曰：“伪者，人为之。”杨倞注亦曰：“伪，为也。凡非天性而人作为之者，皆谓之伪。故伪字人旁加为，亦会意字也。”因此“伪”不是现代的意思，而是有道的叫“人”，无道的人叫“民”，有道人的作为叫“伪”。“大伪”就是大作为。《道德经》里的许多“大”字是特指悟道后的圣人尹喜。

“绝仁弃义，民复孝慈。”郭店《老子》是“绝伪弃虑，民复孝慈”。咱们现代人对“仁义”有着莫大的敬仰，这是因为后来“孔孟之道”的兴起。在老子那个时代的“仁、义”还没有后来那么宏大，因为还不是儒家的名词。老子对尹喜说：如今你有了大道，其他的法门就都不够入你的法眼啦。大家不要认为老子太苛刻了，老子这里只是告诉新圣人尹喜一个人，而不是给天下人讲的，所以不要认为老子是在批评社会、批判儒家了，圣人只是要尹喜取法乎上，将来尽量让天下多一点大道罢了。所以，《道德经》的“高”，是因为是传大法的，是祖师传祖师的，而不是教育天下的，因此只针对一个人建立的天下最高的标准和要求。这么说吧：不是小学，不是大学，不是博士后，而是“法王”的考试，中华大地上只有一个学生考上了。当然，五千个字是提供给我们学习的，我们能够学，就可喜可贺了，我们能够做到五十个字也行，做到五百个字更好。五千个字是说给尹喜的，就连当时在场的其他人都是做不到的。我们可以朝着五千个字那里努力就好，纵令只做到五个字也是好的，“千里之行，始于足下”。

很多东西没有智慧是看不透的。比如修长城，那的确是当时百姓的浩劫，累死多少人，百姓家破人亡、怨声载道。“孟姜女哭长城”代表着底层百姓的心声，这是真实的苦难。但是有人想过没有，如果没有长城，中国永无宁日，多少代累计要花去更多的钱备战养兵，要有多少的战争，多少年下来会死更多孟姜女的丈夫，这是算大账。建造长城就是打仗中的冲锋，虽然会死人，但是奠定了后面的胜利；是“舍小家为大家”，长城是“止戈为武”。所以，《孟姜女哭长城》《荆轲刺秦王》这样的故事是老百姓站在了自己“以家观家”的立场上的怨恨，而没有“以天下观天下”。大家想想，如果遂了孟姜女们的愿，唐、宋、元、明、清都不修长城行吗？如果荆轲刺死了秦王，中国就是几个国家了，中国还有今天的强大吗？长城就是我中华民族的镇尺，秦始皇是我中华民族的“天河定底神珍铁”，给中原大地一个保障。现代欧洲专家说：“你们中国修了长城，他们善战的游牧民族掠夺不了近处，就远征我们俄欧大陆，把我们给害惨了！”

“六亲不和，有孝慈。国家昏乱，有贞臣。”表面上表达的意思是：这些本来只是正常的人道里面应当应分的60分品德，但是当社会低下去了，就看这些60分合格的变成了高尚的90分了。柏拉图说的排比模式与这里同：“如果刺耳的批评消失了，那温和的批评将会被认为是‘刺耳’的。如果温和的批评也不被允许，那么沉默将被认为是不怀好意。如果沉默不再被容忍了，那么赞扬得不够卖力也会被说成是‘罪过’。倘若只允许一种声音存在，那么，唯一仅存的那基本上就只能是谎言了。”

“绝巧弃利，盗贼无有。”这句话简直是在说现在人：现在有网络诈骗、电信诈骗，还有专门给老年人办的健康讲座，都是以高利益、有奇效为诱饵，利用人们的贪便宜心理。我有一次看电视，一个记者在看守所里问诈骗犯："你认为，你们能成功的原因是什么？"诈骗犯说："就是占小便宜的心，其实我们没什么高明的，只要不贪那点便宜，我们就骗不成。"

"绝圣弃知……盗贼无有。"这两章最好的解释就是庄子的著名结论："圣人不死，大盗不止。"是说"圣人""差别""分别心"如果还有，那么人们的贼心偷心巧心就在，就见不到"道"，就仍然是个凡夫。

"文"，郑重其事地写了贴出去昭告天下。

"属"，字面意思是归属。是说，人归头脑管，头脑归心灵管。

"以为文不足，故令有所属。"是说：光懂道理还只是停留在表皮，还要真正"印在脑子里，融化在血液中，落实到行动上"。

"见"，这里字面意思是指，揭开锅盖看看你家吃的是什么，是穷得揭不开锅还是三餐无忧。老子是指达到了、实现了。

"素""朴"，没有上色的衣服，没有上漆的木器，表示干净，就是《素问》《素书》的"素"。"见素"指内在本质干净，不动乱脑筋，自己不给自己造成混乱，就是说，内部没有污染。"见素"是内在思想方面的朴素，属阴。"抱朴"是外在行为方面的朴素，属阳。"素""朴"相当于"悳（dé）"字，"直心是道场"，真心，就是"德"。

"见素抱朴"很像老话。

"见素褒朴，少私寡欲。"字面意思是，只要我们有一颗朴素正直的心，我们就不会去贪污受贿，也不会吸引不朴素的人来贿赂我们。老子这句话是说：学习大道要实打实的，一门心思去找道，而在修行的过程中，会有许许多多五花八门的法门可以"帮助"我们，比如加持、灌顶、接引。还有许多方便快捷的法门，快速出功能见效果。人只要有一点点歪心就禁不住诱惑，去学习那些"好"的、有"效果"的法门，就会背道而驰，甚至入魔，也就是上面说的：贪小便宜结果被骗了。

那么，上边咱们把老子的意思表述完了，《道德经》主要是讲给尹喜一个人的，这里老子指的是智慧极高的人如果学习其他的偏法，才有能力跑偏甚至走火入魔，而对于智慧不怎么高的人，那些个法门不会造成损害，而会产生助益的，所以我们大多数修行人是可以学习的，大家不要看到老子的意思就害怕了。

《道德经》都是用尹喜熟悉的治理天下这些事来讲心讲道的。就好比庄子讲大鹏鸟，讲大鱼鲲；好比释迦牟尼在《未曾有因缘经》里讲野兽。他们都是在讲法，通过故事悖论来阐述圣人的真理。《西游记》是通过编故事来说明修行者的心路历程。所以，讲故事不是圣人的主要目的。《诗经》《圣经·雅歌》都是讲寻找至高智慧——大道。宇宙在圣人的心中，就如同一小片云在虚空中一样，地球在圣人心中只是一粒微尘，微不足道。

所以，天下读《西游记》，有的当神话故事读，很像读《哈利·波特》，有的当修道书读，很像读《道德经》。同样，天下有两个释迦牟尼，一个是天下第一的佛，而另一个是指引我们明白的智慧老师，如孔子一样是一个人，而不是神；同样，天下也有两个老子、两个庄子、两个孔子、两个哈姆雷特，所以要“绝圣弃知”“不贵难得之货”。

《西游记》还有更深广的意思，表面上是在讲修道的心路历程，而更深层次的意思是指生命从产生到回归本来的一大过程，释迦牟尼叫“三大阿僧祇劫”。

第二十章

下扬州看红尘市井——真正的清高是清醒，真心方是吾归心

【原经】

绝学无忧①，唯之与阿②相去几何？美③之与恶④相去若何？人之所畏，不可不畏。荒兮，其未央⑤！众人熙熙，若享太牢⑥，若春登台。我独魄⑦兮其未兆⑧，若婴儿之未咳⑨，儡儡⑩兮其不足⑪以无所归！

众人皆有余⑫，我独若遗，我愚人之心也哉沌沌⑬兮。俗人皆昭昭⑭，我独若昏。俗人皆訾訾，我独若闵闵⑮，淡兮其若海⑯，飘兮似无所止⑰。众人皆有以⑱，我独顽且图⑲，我独欲异于人，而贵食母⑳。

【解析】

①“无忧”：不必担心。

②“唯”：认同。“阿”：否定。

③“美”，有的版本是“善”：完美。

④“恶”：不完美。不是恶劣。

⑤“央”：国家中心的大祭台。这里指人的中心思想，世界观。

⑥“太”：最高级别的。“牢”：临时困牛的囤子。“太牢”：最美的美味。

⑦“魄”：等待投胎的灵魂。“独魄”：孤魂野鬼。

⑧“兆”：男女肉体结合受孕。

⑨“咳”：是“孩”字。老子那个时代“婴儿”是指胎儿，“孩”才是指生出来的婴儿。“婴儿之未孩”：胎儿还没生出来成为婴孩。

⑩“傫傫”：苦苦的，无奈、没辙。

⑪“足”：满足了条件，卵子就受精了，着床坐胎。

⑫“余”：百分之一百一。

⑬“沌沌”：表面糊涂。

⑭“昭昭”：展示，显摆。

⑮“闵闵”：没心没肺，傻乎乎。

⑯“淡”：没有任何颜色和味道。“海”：不是海洋，而是海子，就是湖泊。

⑰“止”：依止，安顿，收留。

⑱“有以”：只图安安生生地过日子。

⑲“顽”：一根筋，茕茕孑立。“图”：终极目标。

⑳“食母”：找根源。

【白话】

大胆地丢弃固有的是非观念，同意与反对相差几多？完美与不完美又区别何在？别人所怕的，我们也就都不敢不怕，糊涂的呀，从来没有自己的主见。众人都是使劲地索取，就像去吃最美的美味，仿佛春天去登台演戏。就我像一个可怜的魂魄啊一直投不了胎，又像胎儿没有成为小孩，等啊等！没有条件就只能无家可归地流浪。

天下大多数人对生活过度贪着，而我仿佛是被这个世界遗弃的人，我外表什么都不在乎而心里可是清清楚楚的呀！红男绿女都卖力地去攀比展示，而我一个好像无所求。俗人都处心积虑地所期所求，而唯独我一事无成。淡泊得跟湖水一样，漂呀漂，好像没有落脚之地。总之，大众都安居乐业，唯独我一直向着自己的目标去努力。我追求的非同寻常，就是找根源。

【意译】

（也许尹喜说：我从小到大都在刻苦努力地学习各种知识，明事理，谨记先圣黄帝的教导："人皆趋彼，我独守此；众人惑惑，我独不从。"我的周围上至君王，中至同僚，下至下属，都夸我学养好，是非分明……那您是怎么排除干扰达到成功的？）

你从小到大所得到的人生知识，统统都可以丢弃。你往深了看，对与错有区别吗？完美与不完美又相差多少？其实往根本上找是没有区别的，都是我们从小到大别人认为什么不好，我们就稀里糊涂地随着陈陈相因，就在这"死亡螺旋"中跟着走，从来都没有主心骨，不自己往根上找找看，看看是不是要"改出"。全都是浑浑噩噩地活着，只知道追逐所求皆如愿，好像啖蔗饴地享受美味，又好像演出一样活在喧闹之中。就我一个卓尔不群，从来不留恋这些过眼云烟，不执着这红尘中的魅影婆娑。

众人都是桃红柳绿你追我赶地生活，根本顾不过来想生活以外的什么宇宙人生、生从何来死往何去。而我蕉鹿之梦，从来就不信宿命，不拜倒在这红尘烟火中，心就像虚空一样什么也不牵挂。俗人都在名缰利锁中竞争攀比，而我却对这些提不起兴趣，总是独自向隅地探索。俗人只图笙歌缱绻，做个精致的利己主义者，而我却不信那个邪，舍弃名利不停地追索。众人都有鼻子尖前看得见摸得着的目标，而我是终生矢志不渝地去追求认定的目标。我就是遗世独立的、为真理而万山无阻踔厉终生的人，我跟别人最不一样的地方就是，不惮险远去探索宇宙的奥秘，追根溯源地去寻觅终极答案。

【心解】

不是成为你"该"的样子，而是成为你"是"的样子！"饮食之人，为其养小以失大也。"我们其实都是"北漂"，漂到这红尘梦幻中，众人寄情田舍。"侠气峥嵘盖九州，一生常耻为身谋。酒宁剩欠寻常债，剑不虚施细碎雠。"只有心中有志的人才涅而不缁，直挂云帆寄情大道。"能与同处不求同，唯不能同斯大雄；七子山阴谁独秀，龙门跳出是真龙。""吾不能变心以从俗兮，固将愁苦而终穷。”

【延展】

幽幽的山洞望不到尽头，洞中世界物欲横流，浮花浪蕊竞相争夺，纸醉金迷滚滚红尘。独独我在这流溢浣芳中，仿佛看到了那幽远的微光，只一闪便不见了，忽耀着我的心。我隐隐地知道那就是太阳神的圣光，就是回家的出口。只那日薄崦嵫的一点光明，令我心驰神往。我从荆吴芬馨鹄酸腐凫的纷乱中站起来，收置好散碎的心魄，背上简素的行囊，揣着一腔的热血上路。穿过钟鸣鼎食的筵庭，擦过摩肩接踵的人群，斩掉妻友拉住的冠带，不受绻绻灯阑牵绊，不被晃晃金泉诱惑，迎着风霜雨雪，迈开双腿，勇敢地将喧嚣甩在身后，携着灵魂伶俜远行，去寻觅那传说中的紫华！载着烟与火的生命，抱着解脱宿命的奢望，恣睢孤行矢志不渝……

而今，长风破浪会有时，直挂云帆济沧海！我终于走出了山洞，看到了洞外那寥廓的天空，浩渺的大地，曦煦的空气，灵魂与天地相合，我找到了时间、空间的来处，我的来处，啊！我找到了家！它原来是没有边界的无垠，无限！我获得了真正的自由！哦，是我！心月孤悬吞万象，于无声处听惊雷！

我伸展着筋骨，刹那间，我的身体化作了大地，我的双眼化作了日月，我的声音化作了惊雷，我的呼吸变成了风雨。我，原来就是一切！就是那翻云覆雨的无限之神。我的身前是无涯，我的身后是无尽，无涯无尽的慎独永恒。江河不必记住我，山岳不必忘记我，“落木千山天远大，澄江一道月分明！”

“最是人间烟火气，伴得浮生又一年。”这一章的意思是，尹喜，你只要不随波逐流，温水煮青蛙似的活着，不依赖分别心，自然去做你该做的事，就没有问题。你过去从小到大那些完美的、系统化思维认为的好与不好，其实根子上是分不了的，都是假象。多数人都是，社会认为什么不好就跟着认同这种底层逻辑，别人害怕死亡，就都跟着害怕死亡，从来不去自己认真想一下。正如庄子所说“彼何暇安其性命之情哉”，都是懒得动脑筋，惯性思维由来已久，习惯了从众心理，就在这六道轮回中六神无主地头出头没，温水煮青蛙。没有几个人去质疑人生，而我依然不改初衷，知难而进地探索，希望找到宇宙人生一切一切的根源，而不再“漂”，“不畏浮云遮望眼，自缘身在最高层”。

咱们“意译”里说“你往深了看，对与错有区别吗……其实往根本上找是没有区别的”，老子只是让尹喜看的，只有悟道的人才能够看到没有区别，这一章非常适合达摩来中国找“不受骗的人”这句话。

“绝学”，指尹喜从小到大所认为的对错、是非判断，统统都要推翻。老子只是让尹喜一个人丢弃冗余，为的是让他巩固见的大道、纯化道心，而不是让咱们天下的人都这样做。大家来学习《道德经》就已经非常了不起啦，大多数人不必都做到《道德经》的高度，这只是个别人的事。就好比我们大多数16岁的孩子不必都要“为中华崛起而读书”，不必像伟人那样抛家舍业大孝为忠，不扫一屋而去扫天下。我们只要遵纪守法，好好工作就是为国家出力。如果说我们还能够做点什么“匹夫有责”的事，那就不要太娇惯孩子——“少年强则国强”，剩饭打包不浪费，买国产手机，过马路看红绿灯。

“唯之与阿”是说，我们认可的就同意，我们不敢苟同的就否定。非常口语化，加上这么多的“兮”，所以《道德经》是从口讲出来的，而不是用笔写出来的。

“美”，有的版本是“善”，就是完美。“恶”就是不完美，那个春秋时代还不是后来这么严重的词“恶劣”“邪恶”。因此，大家都误解了圣人荀子。孟子的“性善论”是说人的本性天生是完美的，荀子不同意，“人性恶”是说：人性天生就是不完美的，其实就是咱们现代的“人无完人”，不是说人天生就是坏的。因此荀子主张：每个人都要被教育，才能趋近于完美。咱们打个比喻，比如拍仙侠剧，要布置一个九重天的庭院，那么买来了许多的花草树木。导演说：你们把每一棵树、每一朵花都要修剪得完美了。

“人之所畏，不可不畏。”因为大家众口铄金，我们也就跟着认可，不去费心思再多想想了，再问一问了。大多数人都喜欢省事，当个弱者挺好、挺美，就喜欢在自己熟悉的、习惯的、舒适的“温柔乡”里待着、活着。不费那个劲，费那个劲干吗？累！比如大家都说“人死如灯灭”，都害怕死亡，所以我也就跟着害怕死亡，“一犬吠影，百犬吠声”。趁活着赶紧享受，觥筹交错，赶紧多贪多占，哪怕缺德、胡作非为，所以叫“快乐”，抓紧时间——快，生怕死了就享受不上了，过时不候了，所以叫“娱乐至死”。从小到大都是按照别人的标准去生活，没有自己的独立思考。这就是“输不起”的人，只有强者才是“输得起”的，老子多次夸赞悟道之前的尹喜，就是敢于“输得起”的强者、英雄。还没成佛的释迦牟尼说“不证菩提，不起此座！”就是能够“输得起”的勇敢者——“众人皆有以，而我独顽且鄙。我独异于人，而贵食母。”强者就是第五十章说的：“善摄生者”，就达到了“无死地”。

“央”是国家中心的大祭台，就是第六十四章的“九层高台”，法王在上面天人合一，然后接收“天旨”，再查看玉琮里的经，这样得出的结论就是宗旨。每次祭祀都有这个事情的具体“天意”，但也有大的指导方针。这里老子指人的思想宗旨，也就是咱们现代的词“世界观”。

“荒兮，其未央！”糊涂的呀，从来不去找一找宇宙人生的核心究竟是什么。

“熙熙”，熙熙攘攘，摩肩接踵。老子说人们都争先恐后地在这个世界上忙到东忙到西，“天下攘攘，皆为利往；天下熙熙，皆为利来。”我们看“忙”字就是“心”“亡”了，只为一具皮囊忙。

“牢”不能解释为“笼子”。咱们现代说的“牢笼”在古代是两个东西，中国的词都是阴阳组合的，“牢”是圈住老实动物（阴）的，就是几根简单木架子搭的框子。“笼”是装猛兽（阳）的笼子。“太牢”是指祭祀的最高规格，用牛、豕、羊、鹿等，烤熟（“燔尞”）供天、地、神、祖。待仪式结束大家就将“社饭”分之。成语“清心寡欲”，为什么出家人吃得要清淡，甚至葱姜蒜都不吃，肉、油，“色香味俱全”这些都是能勾起人的贪欲，心就不清静，就距离“道”远。“太牢”是指享受美味。

"春登台"，正月、开春前（农忙前）跳傩戏驱鬼邪，也同时娱乐。形容热闹，是讽刺世人浮花浪蕊、浑浑噩噩中过得挺带劲。"若享太牢"是指人们物质方面的追求，"若春登台"是指精神方面的享乐。

"我独魄"字面意思：我们大家一起下来来到世间的灵魂，别人都找到了自己的妈妈投胎了，独独我一个还在这里等。

"兆"字一边是男人身体，一边是女人身体，古代表示男女肉体结合，有"合兆""双兆"。

"我独魄兮其未兆"字面背后的意思是：我是具有独立思考能力的人，故而不会随波逐流，迷失在滚滚红尘中！我宁肯暂时不顾及生活，也一定先要把人生的大事弄清楚再说。

"儡儡兮其不足以无所归"字面意思：我带着一颗疲惫的心等啊等！我的父母何时结合怀孕呀！不知道"家"门什么时候打开放我进去。

"余"，大家不但没有不满意，还很流连忘返乐不思蜀，死的时候都还哭着不想走。"世人都晓神仙好，唯有功名忘不了！世人都晓神仙好，只有金银忘不了！"

"众人皆有余，我独若遗，我愚人之心也哉沌沌兮。"众人都是在红尘中一门心思地过着喧闹的日子。不像我，非说人生还缺少什么，在世人眼里我放着好好的日子不过，非去想什么宇宙人生，生从何来，死往何去，天地如何产生的。

"昭昭"，字面意思：展示出来光亮的一面，就是显摆。

老子的"海"是"海子"。比如北京"中南海"，云南大理"洱海"，四川"海子山"。

"顽且鄙"就像释迦牟尼，命都可以不要了，也要把人的生老病死问题弄明白。孔子席不暇暖，到处碰壁，"惶惶如丧家之犬"，周游列国推销他的政治主张。

《庄子·天下》："关尹，老聃闻其风而悦之。"是说，这个尹喜，老子一听到他说的就喜欢，就瞧上他了。"风"字面意思是性格特征，表面意思是指尹喜的智慧根基、气场，实际是指尹喜有"祖师"的缘分。"闻其风而悦之”是说老子看到自己的接班人终于出现了，甚是高兴。

“悦之”这里已经不是喜欢这么简单啦，而是延揽，老子心中暗暗思忖：这不就是我一生要找的接班人吗？圣人必须遇到伟大的徒弟，他的光芒才能够全部放射出来，才能造就出这伟大的经典。

这里以自己的《抒志》作为点题：

尘世繁华春乐梏，
荆棘野岭行影孤。
万法淘尽无所获，
南门北开（图22）散道金。

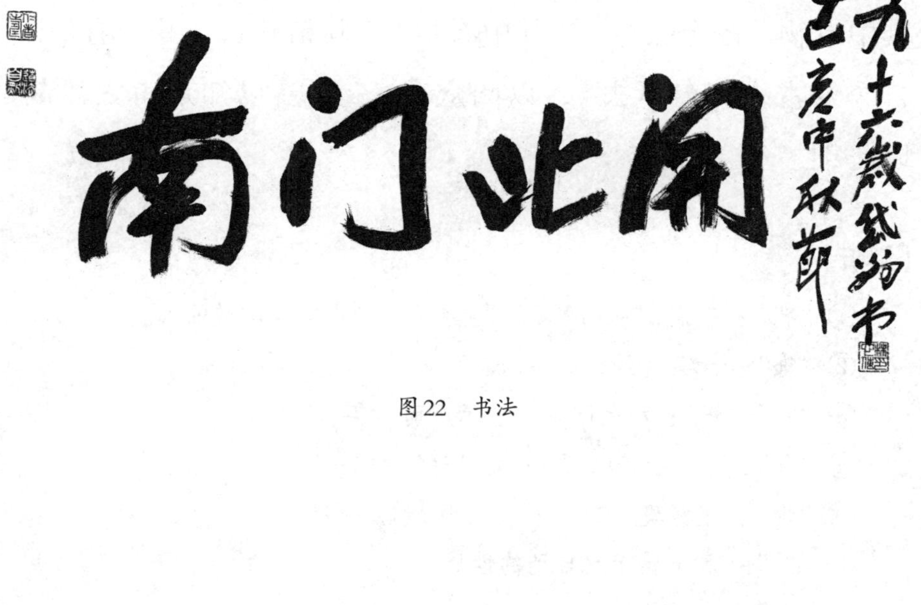

图22　书法

第二十一章

高推圣境——虽无大道，小道能顶半边天

【原经】

孔德之容①，惟②道是从。

道之为物，惟芒惟芴③。芴兮芒兮④，其中有象。芒兮芴兮，其中有物。幽兮冥兮⑤，其中有精⑥。其精甚真，其中有信⑦。自今及古，其名不去⑧，以阅众甫⑨。吾奚以知众甫之然哉，以此⑩！

【解析】

①“孔”：孔洞，一孔之见。“孔德”：指大多数学道的人。

②“惟”：无条件的，绝对的。

③“芒”“芴”：柳絮飞蓬，表示虚而不实。

④“兮”，帛书上是“呵”：发“啊”的音。

⑤“幽”：极深奥。“冥”：没有概念能够描述。

⑥“精”：真正属于它自己的性质。

⑦“信”：宗教信仰，甚至迷信。

⑧“去”：丢失走掉。

⑨“甫”：原意是大丈夫，这里指大圣人。

⑩“以此”：都一个德行，一路货色！

【白话】

对道只有一孔之见的人是啥样呢？他们凡是道学的东西就统统信仰。

道这个东西，就像茅草、柳絮。虚啊幻呀，从中产生概念。空啊无呀，里面有东西。深奥高妙的呀，有它真正的精华。这精华是真实的，致使人们信仰。从古至今，道在大众的心目中都是如雷贯耳的，不信你去打听打听。我怎么懂得这些圣人的伟大道理呢？也是如此。

【意译】

（有人问：天下学习修行"道"的比例尽管有限，但队伍还是庞大的，人数还是很可观的。我们是不是可以把他们都调动起来，使您的正道在天下广泛传播，去影响整个天下？您给讲讲他们的情况，能不能利用上为我所用？）

只懂一点儿道的人呀，对大道理解得不是太深入，他们反正就一股脑地信仰，甚至迷信。

他们认为道是一个虚幻的东西，很深奥、很玄妙，神秘莫测，离自己很遥远，越弄不懂就越认为高级。从古至今大多人学道哇，都只是信奉一个天潢贵胄的大名。你可以去外面打听打听，看看外国是不是这样。嗐，就连我这样的道祖，最开始接触道哇，不瞒你们说，也跟大伙儿一样，也是小时候跟着大人们对着神像稀里糊涂地磕头、迷信，不好意思，都一个德行！

【心解】

全懂的人是合道，半懂的是遵从道，懂一点的就是尊崇道。德可德，非恒德——孔德也！"虽不能至，心向往之"。

天下人学习个什么本事，都有上、中、下三等，犹如金字塔，上少下多。大多数学习、修行道的只是找一个心灵的慰藉、信仰。好东西就会有人学习，时间久了就有人托于空言信仰成宗教的，古今中外人性皆如此！普世之道，宗教情结！

【延展】

“意译”里咱们说的“外国”是指秦国以外的其他六个国家。

这一章本来是一个很平常的章节，因为文字话语不算太难，但是千年以来大家都没有沾边，是因为一开头最关键的第一个“孔”字的错误理解，带着后边全章就方向跑偏，使千年以来大家都认为：老子自己都说大道是“恍恍惚惚”的。概因大家对大道的理解是恍恍惚惚的，故而看到这里正中下怀，正好给看不懂找了个借口。进一步又造成了对大道的误解，造成了对《道德经》的曲解，并且这章里的词句还常常被引用，这对中华文化就有了一定的影响。所以这里我要先郑重说一下，望大家重视。

这一章的“孔”不是“大”的意思，是当孔洞讲，是一孔之见、管中窥豹的意思。大家也是因为前面有第十四章，那里是正说，说大道是不能完全说清楚的——“恍惚”，所以到了这里就受了影响，大家也就顺理成章地“正”着看了，没有防备老子是“反”着说的。然后后面包括河上公在内的人也没有看懂，反过来去猜测“孔”字是大还是窟窿，就选“大”了。河上公说“孔，大也”，他一错，结果大家就如多米诺骨牌一样前赴后继了，还波及了第十四章，从众心理使然（王弼就说“孔，空也”）。

这当然也情有可原，因为老子一直是在努力讲全道、全德，这中间突然插进来一个讲半道、半德；老子一直是在正讲、夸奖，这中间突然插进来一个反讲、批评的，河上公及大家就在惯性的作用下没反应过来，大家就顺理成章地照着全大道去正看了。关键还是没有把尹喜自己的问话，给咱们后代记录下来。

古“孔”字（图23），画的是“子”的头上盘桓束发，指男孩子16岁行了“冠礼”（成人礼）之后就可以束发了，束发标志着是大人了，相当于我们现代发身份证。

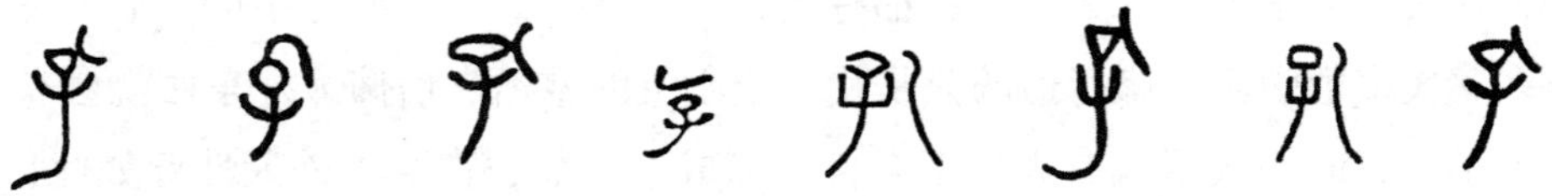

图23“孔”字的字体

所以“孔”字发展出了两个意思，一个是强大、强壮。另一个是根据束发盘头的竹、玉箍的中空和斗笠的发孔叫“孔”（古代遮阳的斗笠和我们现代女孩子的帽子多是上面开天窗的，是为了头发出去）。后来的诸多意思皆是从这两条脉络发展而来。咱们这里只说孔洞这一面，咱们看《辞海》：孔洞，毛孔，面孔，孔道，钥匙孔，一孔之见等。

《说文解字》：孔，通也。《玉篇》：孔，窍也，空也。

《韩非子·解老》：“知治人者其思虑静，知事天者其孔窍虚。思虑静，故德不去。孔窍虚，则和气日入。”

《文始真经》：“老子曰：‘万物之总皆阅一孔，百事之根皆出一门。’”

《道德经》里除了有许多的“德”字，还有“恒德”（“常德”）、“上德”、“下德”、“广德”、“建德”、“玄德”、“有德”、“无德”、“孔德”。“恒”（“常”）是指真正的。“孔德”不是“无德”，也不是“上”“广”“建”“玄”，是在“有”和“下”的范围内，只是很小如“孔”、微不足道。“孔德”是说“只懂点儿皮毛”，“肚子里没有真东西”。老子是指热爱、信仰大道的大多数修道人。咱们从佛学来讲解一下，很多学佛的，非常认真地看书读经，能够看懂经文字面意思，但是没有真正懂经，因为没有明心见性。比如释迦牟尼的遗言“以戒为师”，大多数人都把“戒”给看成戒律了。这个“戒”是心戒，释迦牟尼是说见到如来法性的五百罗汉，能够看到自己的妄想了，用如来法性看着自己的心不要跟着妄想跑。

“孔德”，不乏有能把《道德经》《心经》《金刚经》讲得舌灿莲花头头是道的人，甚至倒背如流，但是却不知道什么是“道”，什么是“心”“如来”。他全能讲，但是没有实悟，只是一个空壳，是“山寨版”的佛、道、心——“道可道，非恒道”，只知道读经典，遵从圣人，崇拜他们，然后进入一个宗教的情结。当我们的思维还在二维平面的时候，就很难看懂经典智慧，要下真功夫，实打实让自己立起来，才能最后看懂经典、理解圣人、看清世界、看透生命、看懂自己，因为《道德经》是立体的、三维的。比如练武术，一个老师都有一大帮徒弟，但只有少数人练到了最上乘。

我的朋友是开客机的，他说降落的时候就要换成手动，在高处对好了，下去有时有云就看不见跑道，就要靠经验和感觉，悟性好的下去出了云就正对着跑道，而有的老机长出了云每每都要调舵。

“孔德之容”就是第五十三章“大道甚夷，而民好径……服文采，带利剑，猒饮食”。

“惟道是从”是说他们尽管知道道的伟大，但是要知道，这里面有各种各样、真真假假的法，有的是偏离的，甚至有的是骗人的法门，根本就不是道的。他们分不清好坏对错，稀里糊涂一股脑全都信，这是迷信。（咱们现代，各种形而上的东西一模一样，鱼龙混杂，里面劣质的、愚昧的、骗人的东西很多，大多数人分辨不出来，也都当好东西抱着。）

“孔德之容，惟道是从。”他们就像与大道在谈恋爱，永远在美好的憧憬中，在希望中。《德经》就好比老子引导尹喜与大道谈恋爱；《道经》好比老子给尹喜办婚礼；《西升经》好比老子教导尹喜入洞房使媳妇怀孕，闭关修行；《文始真经》就是尹喜生孩子，弘扬大道。

“惟道是从”，比如兵团司令下的命令，你下边的团长、连长到战士就只能惟命是从，因为级别太低。倘若是兵团副司令有不同的看法，那他就能够跟司令讨论讨论，甚至争论，因为他够大，就可以不惟命是从。

“不知有之”“天地不仁”，第三十八章的“上德不德……上德无为……”，第四十一章的“明道若昧，进道若退，夷道若纇，上德若谷”，第七十九章的“天道无亲”，这些个“不”“若”都是形容最大的德，而不是“惟道是从”。“明道若昧”，明白道的人看上去好像什么也不知道。“上德若谷”，高级的德看上去是最低的。反而是“下德”才是“不失德”呢，“不失德”就是“有”德，那么“惟道是从”的“孔德”就不可能是“上德、大德”，就只能是下德了。

“惟芒惟芴”“惟恍惟惚”，那个路边的杨树、柳树的飞絮呀看上去一大堆，其实都是喧闹的。

“芒”“芴”就是现代的“虚”。那么老子就有“虚”字，为什么不说“虚”呢？是因为老子的“虚”不是现代的意思，而是指宇宙虚空那个大无边的性质，是空幻，跟人没有交集，但是当人类道德沦丧时，虚空就跟人有交集了，下大水毁灭大地，“沧海桑田”，而“芒”“芴”是指物质的“虚”“不实”。就是说，在古代，人们对宇宙乾坤是在心里有一席之地的，如“虚”和“道”，我们后人把大的东西慢慢变成了小的，大道变成了脚下的马路了，大虚空变成了形容眼前的东西了。“芒”“芴”的意思是：这宇宙都是假象，是梦幻，是海市蜃楼。大家不要给理解为讲不清楚，古代圣人总是找自己的原因，其实是不能保证让灵台不清的人一下子明白的，是听者理解得恍惚不清。老子是讲清楚了，释迦牟尼也讲清楚了，六祖慧能也讲清楚了，王阳明也讲清楚了，是大家没有理解，这不能怨圣人。

“幽”字面意思是看不到尽头。“冥”字面意思是看不到边。这里是形容“道”的不可思议。

“精”就相当于百分比。“孔德”就相当于铀矿石，也是很稀有珍贵的，因为里面有一点“精”，但要提纯才能发电。尹喜是高浓缩铀，可以制造原子弹了。

“以此”这两个字非常口语化：都一样，都一个德行，是以挖苦的口气来调侃自己及大多数人。意思是就像我这样达到顶峰的道者都不能免俗，都是一开始从最低的迷信层次踏入道的。所以说，没有真东西的斋醮科仪、宗教迷信、形式摆设也有它的作用。

这章老子是说，那些大多数学道的人，他们能够感知到大道的伟大，是至高的真理，他们来学习道已经是很了不起的了，不过他们还没有去除分别心，心中还有“相”，和普通人一样总喜欢抓个什么心里才踏实，还没有真正实打实地悟道。其实说起来，他们才是大道的最最崇拜者，他们热爱道、学习道、执着道，大道一直长盛不衰地得到人们的热爱，主要是与这些大多数虔诚的“宗教徒”的信奉分不开的，所以咱们要团结他们，你们要给他们讲真道。

这里要强调，这堂课老子是答应尹喜把智慧留下来再走的，是在回答尹喜的“天问”。所以《道德经》活动把道讲得是百分之百清晰，绝对不是恍惚不清。如果老子没有讲清楚，尹喜就不会放他出国，也绝不会后来去弘传大道，传扬《道德经》。

这么多的“啊”也是说明是嘴讲的，不是写的。

这一章没有如其他章讲大道，故而给大家来了个措手不及。所以老子讲的道是清楚、明白、坚实的，一点也不“恍惚”。

人们学习圣人经典，也是如金字塔一般的，越高的人越少，依文解义囫囵吞枣的下边人多。天下的事都是如此，能量大的数量少，而能量小的数量多。

我用佛家来说明一下这一章：后世佛法的普及光大，不是仅靠迦叶、阿难、六祖慧能这样的大悟道者，而是主要靠的那些个没有像迦叶、阿难修得那么到位的五百罗汉，及广大的历代佛教徒。他们也许智慧并不那么高，但是反而是他们这些有一“孔”智慧的人，用热情去带动了庞大的数量，将佛法扩散开去。虽没有深度，但是有广度，他们的功劳是很大的。

这一章老子给尹喜简要地介绍了一下社会上道学的情况，那些修行的主流人群修行不到家的是个什么样子，以便尹喜今后鸣法鼓教化天下时心中有数，并没有像其他章节那样讲至高的道理，文字都是浅显易懂的。

这一章分四块，第一块“孔德之容，惟道是从”是立论，是中心思想。

第二块“道之为物，惟芒惟芴……其中有信”是围绕着上面议题的解释、注脚。

第三块“自今及古，其名不去，以阅众甫”就更不重要了，是说一下社会状况。

第四块“吾奚以知众甫之然哉，以此”是说自己一开始也是同大家一样从零开始的。一个跳高冠军，在他婴儿时也跟大家一样先是爬，然后扶着墙或由家长扶着才直立起来，然后步履蹒跚跌跌撞撞地会走了，然后才能够跑跳。老子的修行也是，一开始接触道法可能是跟着家长去烧香磕头拜神的。

下面我套用学佛把这一章翻译一下，这样更容易说清楚。

【意译2】

大多数学佛的人还没有全弄懂释迦牟尼的智慧，他们只是崇拜、信仰。

如果说法性是个什么，那它只是呈现一个虚幻的世界给我们，于空无中变现出一切事物，但佛性本身是真实的，这性质是宇宙的原点。

几千年来佛法一直长盛不衰，指引天下人寻找真理的方向，也是因为有了这些可爱的广大信众，虽然他们没有全清楚佛法的究竟智慧，但是他们能够感觉到佛法的伟大，就把释迦牟尼神化啦，给当成了宇宙大神来供奉敬拜、信仰乃至迷信。

我虽然如今是明心见性的祖师了，但当初也是从烧香磕头、宗教迷信开始学佛的，都是这样的。

【延展】

这一章是回答大家的问话：我告诉你，天下大多数学道的人呀，他们只懂点皮毛，他们都只是崇拜，还有的是迷信，把道当作万能的大神来遵从了，至于真正智慧在哪儿并不清楚，其实他们只是想找一个宏大的东西作为心灵的怙主依靠，古今中外人皆如此，因为这是人固有的“宗教情结”。道门里面呀，跟智慧没有关系的法门多如牛毛，专蒙这些没有分辨力的人，就连我知道大道也都是从烧香磕头那儿来的。

大家对《道德经》的喜爱是因为它让我们有梦想、有探索、有好奇，时而还有“更上一层楼”的喜悦，所以人们希望“道”是无穷无尽的，也就是模糊不清的，这样就有无限的乐趣，显得我们有志气，有进取心，是取法乎上的，是直追圣人高度的。所以这一章，包括河上公在内的人们，就把“芴”“芒”两个合并成一个词“恍惚”——取法乎上仅得乎中。河上公他们前辈既然从第一章第一句话就搞不太懂，到这里就希望是这个结果，希望圣人自己说讲不清楚，所以就粗粗看过，正好随自己的心思解了……咱们这里是希望《道德经》回到历史的康庄大道上来，让它放出的不是水钻的耀眼，而是钻石的夺目，不用再猜来猜去了。咱们这本《道德经悟解》，都是悟道的解析，是对道的终极解读。条条大路通罗马，咱们不是给大家看看罗马的视频，而是把真正的罗马摆在了你的脚后面。你只要回头就行，就看你敢不敢放弃天天走的老路，回一下头了——苦海无边，回头是岸。为什么要回头呢？因为我们天天走的路是背道而驰的。

第二十二章

聊疗除心惑——勇敢地舍弃小我方为君子

【原经】

“曲则全①，枉②则正；洼则盈，敝③则新。少则得，多则惑④。”圣人褏一⑤，以为天下式⑥。不自见故明，不自是故彰⑦，不自伐故有功⑧，不自矜故长⑨。夫惟不争，故天下莫能与之争。古⑩之所谓“曲则全”者，岂虚言也哉！诚全而归⑪之。

【解析】

①“曲”：顺从天地，接纳。“全”：保全。

②“枉”：忍耐。

③“敝”：放弃。

④“多则惑”：挑花了眼，就像“布利丹毛驴效应”。

⑤“褏一”：抱定了一个。

⑥“式”：指以文字形式写刻的法典，就是现代的“经”字。

⑦“自”：小我，佛家叫“我相”。“明”：心中有底。“彰”：显出来很优秀。

⑧“伐”：干活。“有功”：有功德。

⑨“矜”：就是佛家的“我执”。

⑩“古”：故人，指尹喜的师公。

⑪“归”：回归大道之家。

【白话】

“弯就能保全，捆绑才能正过来，低洼才能满，旧的去了才能够来新的。”没有才能够获得，多了反而不知道选哪个，就像你这样抱定了一个心，就是天下人的榜样。不自己认为行了才是你明白的地方，不自我肯定才彰显了你的智慧，不自己用功就反而是用功，就是因为你没有自以为是，所以就没有挫折。老师说的“弯就能保全”，岂是一句不实之言呀！所以你全都做到了就必然能悟到家。

【意译】

（您老说我像师公一样智慧，能像先圣一样承法传道。您有所不知，我这个人干什么都比别人笨，学个什么别人都很快入门了，我还没反应过来呢！别人都有看得见摸得着的成果了，我总是遇到挫折，总是比别人慢，尽是不顺，没有像别人似的学这学那，他们说我不懂得“变通”，一根筋，说我“一条道走到黑”……我哪有您和先圣这样的大智慧？您看您回答得多完美呀，看我问的问题多笨多差劲，您还老夸我，我怎么能是“汝惟不矜，天下莫与汝争能，汝惟不伐，天下莫与汝争功”这样的圣人呢？顶多也就是“执雌持下，莫能与之争者”的贤者，我觉得我这辈子也赶不上先圣的脚趾头，您选我当接班人是不是看走眼啦？）

“谦虚低调才能使人进步，自制力越强成就就越大，臣服才是最正确的，挫折使人勇敢坚强，放下旧的才能学到新的。就是说：越是单一就越能够得到，多了反而不知道选哪个好了。”你心就抱定了“一”，那么你讲出来的就是经典。就是因为你之前不自以为是，不傲慢，不自满，不盲修瞎练，不自己觉得了不起，所以你才能真正了不起。你正像你师公说的：“放空就能得到全部”绝对不是随便说说的，你看果然在你这儿应验啦，当你真正做到了，就能够掌握全部的道。

【心解】

我没（mò）收了你的小“我”，你表现得很好，自觉自愿地就把“我”

交出来了，可见得你是一个内心非常强大的人，输得起，放得下，“着力即差”。“六十年来狼藉，东壁打到西壁。如今收拾回来，依旧水连天碧。”

【延展】

这一章的“圣人”是指尹喜，如果翻译不对就会走向错路。整个这一章就是在告诉尹喜，你所认为的这些缺点恰恰是其他人所没有的优点，正是因为你没有偷心、贼心、巧心，以劣势为动力，反而就具备了一个智者的基本素质，完全就是一个了凡成圣的范本。谦虚低调是非常难能可贵的，认清楚自己什么都没有、什么都不是，不多想，不抖机灵，不起贪心，舍弃小我，反而能得到大智慧，你的修行之路就是最完美的，现在你讲出来的话就是经了。

“曲”表示随和，弯下来。这里是指吃苦受累、谦虚谨慎、戒骄戒躁，抛弃看似有用的，实则无用的。“全”是指全部的宇宙，当然是指悟明白了大道的全部。

“枉则正”，弯曲的木材，需要通过外力的压制、捆绑矫正，等干了就直了，就是“矫枉过正”。长弯了的小树苗用木棍给撑直，将来长大了就是直的“栋梁”了。实际的意思是“梅花香自苦寒来”。

“枉”是指能够耐得住性子，卧薪尝胆。

“少则得”：尹喜杯子里的水“少”，就有地方多装水，就“得”了老子的整个大道。《西游记》里如来佛的左膀右臂居然索要贿赂，迦叶、阿难实在是两个悭吝小人，把唐僧最后的财产也诓了去。那么，是不是吴承恩在贬低如来佛？大家仔细想过没有？其实就是把唐僧、孙悟空的最后一点执着拿掉，因为他们执着“千辛万苦”“千里迢迢”就是执着自己，这就是“我执”。执着“佛”“法”“僧”，执着经是“法执”，所以要放下。

“敝则新”，种子、果实长到最熟了就掉到地上开始走向死亡，然后直至完全没有了而长出一个新的生命。在牧场，当草老了，人们就放火把草烧掉，这样就会长出新草给牛羊吃。这里是指尹喜毫不吝惜地抛弃那些不能见道的修道法门。

“多则惑”，这里讲一个勇士的故事。在远古时代，有一种猎剑齿虎的方法。两个人，每人手里持一杆木矛，矛尖上蘸有狼毒等剧毒。当他们找到一只虎时，没有恐惧，勇敢地迎上去，虎看到这种大无畏的英雄气概，威风已减去大半，两人与虎保持等距离的扇形站位。虎总是本能地挑一个近一点儿的进攻。但是两个人与虎保持相等的距离，这时老虎会犹豫，然后准备冲向一个人，在它低身蓄力千钧一发之际，另一个人则大吼一声，同时向前冲几步，虎会被这吼声迫近而吸引，便会停下来扭头审视，因为这个人距离近了些，虎就会转向这个距离更近的人。当虎将要低身冲击时，那边的人就大吼一声，并冲前几步。如此反复一步一步迫近，总是与虎保持差不多的距离，造成虎总处在选择和犹豫中，消耗它的意志。最后两人逼近到了很近的地方，这时当有一方看到虎准备进攻另一人时，他就用矛刺向老虎的心脏，另一个人也向前刺向老虎。这时两人便与虎搏斗，正面的人避其锋芒与虎周旋，而侧面的人全力掀翻剑齿虎。很快毒性发作，虎便匍倒在地。

“式”，智者圣贤讲的经，就被制作成了书供更多的人学习，就像《道德经》《论语》。

“圣人褒一，以为天下式”，是说你的心能够“不二”了，你讲出来的话就是经。

“夫惟不争，故天下莫能与之争”，我们只有不忤逆自然造化，才不会遭到天灾人祸的报应。

“虚言”，一会儿这么说，一会儿又那么说，表示不靠谱的话。

“古之所谓‘曲则全’者，岂虚言也哉！诚全而归之。”意思是：老师说的这诸多的标准，我拿着老师的标准，穷我一生都在找符合的徒弟。如今看看，为了这个老师的交代，也为了天下，我都熬到这么老啦。今天，你以你的优良品德展现给了我，我终于看到了老师的圣言不是一个空道理啦！你无可限量，将来一定能够不辱使命。虽然那时我已经不在了，但是我知道，将来当你走出闭关的地方再回到人间时，一定是带着彩虹自信地走进这苍尘世界，指引人们的心灵回家。“有多大担当才能干多大事业，尽多大责任才能有多大成就。”“奋进新时代，踏上新征程，问题不会自己消失；挺起落实的铁肩，迎难而上，全力以赴，才能以实干托举起人民群众的幸福感、获得感、安全感。”

“全而归之”字面意思：一点都没有损伤地回来了。是指两军对垒，大将出战敌将，虽得胜回归了本阵，大多也是会有小的损伤，没有一点损失地回来是很难能可贵的。这里是指尹喜悟得很顺利、很彻底，完全回归于大道。

“古之所谓‘曲则全’者，岂虚言也哉！”就相当于我们说：“大家常挂在嘴边的‘放下’‘平常心’‘大智若愚’，成了‘鸡汤’，你别瞧不起这些个‘心灵鸡汤’，真正做到了你就是圣人。”其实至高智慧常常就在我们身边，甚至我们耳朵都起茧子了，可能你墙上就挂着“宁静致远”“海纳百川”“道法自然”，不用向远处去找，做到了就是圣人。

第二十三章

凭道宣德——我们的心什么样，事就什么样

【原经】

稀言自然，故飘风不崇[1]朝，骤雨不崇日。孰为此者？天地也。天地尚不能久，而况于人乎？故从事于道者，道者同于道。从事于得者，得者同于得。从事于失者，失者同于失。于道者，道亦得之；于得者，得亦得之；于失者；失亦得之。信不足，焉有不信。

【解析】

①“崇”：追求。

【白话】

很少有人讲大自然的道理，比如，狂风不会刮一整天，大雨不会下一整日，谁操纵这些呢？是天地大自然。天地大自然尚且都不能保持长久，更何况我们人了。所以，学习道的人，都有一颗与大道一体的心；喜欢丰盛的人，就是内心丰盛的人，丰盛就伴随着你；内心匮乏的人就与匮乏同气连枝。有道心的人，道会去找他。丰盛的人，丰盛就去找他。匮乏的人，匮乏就会去找他。你不见得一下子就能信，但是你看看有没有道理，没有不信的理由呀！

【意译】

（您说的“夫唯不争，故天下莫能与之争。古之所谓‘曲则全’者，岂虚言哉！诚全而归之”是不是就是“自然”呀？）

很少有人讲天地宇宙自然的法则，我也从来不讲，因为讲了也白讲，没人能听懂。今天呐，既然你刨根儿问底问到我头上了，不错，可喜可贺！那么老夫就破例给你好好讲一讲吧：比如风为什么不会一直刮？雨为什么不会一直下？天下的事情都不会一成不变固定在一种模式上，我们人就更不能长久了，因此我们什么都不要执着，就顺其自然吧。你是道心，就自然有道来找你。你是有钱的心，金钱就被你吸引来。你是穷人的心，穷就找你。有道的心就与道合拍，富贵的心就与钱合拍。贫穷的心就与贫穷做伴。有道心的人，道会去找他。富贵的心就会感召富贵，贫穷的心就会感召贫穷。你虽然不能一下子接受，但是无论信与不信，这就是事实，我是绝不会说假话来骗人的！

【心解】

阑风伏雨无长久！我们的心是世界的矩阵，心什么样，事就什么样，世界就什么样，“同频共振”，“牢骚太盛防肠断，风物长宜放眼量”。打破认知边界，一切唯心造。

【延展】

这一章老子知道很难理解，所以后面还要补充一句：“信不足，焉有不信。”意思是：不好接受吧？但这是事实。这一段就是讲“中”“一”“顺”“虚”，佛家的“空”。思想是“活的”，时间是“活的”，空间是“活的”，智慧是“活的”，大道是“活的”，一切都是“活的”。“问渠那得清如许？为有源头活水来。”“源头”就是“道”，朱熹见到了“道”才有“活”的智慧运用。没有见道就只能是死的、执着地干事，老子就是让我们统统都不要执着。“宠辱不惊”，“不惊”就是佛家说的“放下”。老子的意思：当你的心性接近大道时，你就会常遇到合乎于道的事情，就多是道陪伴你生命的体验；当你比较用头脑分辨心时，就多遇到浅薄之事，生命就多在是非中体验。眼下的一个时髦舶来语叫“吸引力法则”，就是我们俗话说的：怕什么来什么。如果我们的心态不好就会失去平衡，自然就在大道的“帮助”下，“完成”我们的“心愿”而“如愿以偿”地得了癌症。你也许会说：大道真不好，为什么让我得癌症？这就像一个小孩子，他在玩一条松紧带，一下崩到眼睛了，能怪松紧带吗？

这一章是《道德经》里最烧脑的章节之一，居然把“失去”也当作一种正常的、应当的现象，就好像在说：抢劫的人得手了是他的成功，这逻辑与我们的价值取向相悖，所以老子才特别说一句：“信不足，焉有不信。”

“从事于道者，道者同于道。于道者，道亦得之。”所谓“厚德载物”是说：当人悟道之后，慢慢通过修行就道越来越多，就不是刚开始薄薄的道了，就是“厚德”。道多了就与道合一，就能够“无不为”了，也就是“载物”。“载”就是顺、合，有道就“自然”，无道就不自然。

“……从事于失者，失者同于失……于失者；失亦得之。”老子的意思是：天下的一切现象都是大自然的道，没有高低好坏的分别。就是有成功，也有失败，没什么了不起的，每一次都兢兢业业地完成自己的“工作”。“失败”也是被认真完成的。不管是大自然，是我们人，还是动植物，都在努力认真完成各自的成功、失败、好角色、坏角色，生命就是酸甜苦辣咸五味俱全的。

第二十四章

拆粉绿红白黑——凡事随缘不必强求，恰到好处才是“中道”

【原经】

企[①]者不立，跨者不行。自见者不明，自是者[②]不彰[③]，自伐者无功[④]，自矜者不长。其在道也，曰：余食赘行[⑤]。物惑恶之。故，有道者不处也。

【解析】

①“企”：踮脚尖跷起脚而待。

②“自是者”：自己说自己见道了。

③“彰”：得到了别人的认可。

④“自伐者无功”：就是佛家的“苦行非道”。

⑤“余食赘行”：一身的肥肉是累赘。

【意译】

比如人为了高一点使劲踮脚尖是长不高的，使劲跨大步子试图走快一点是长久不了的。同理，自己觉得见道了是没有见道，自我标榜是不管用的，修苦行是悟不了道的，总之，自以为是的人是不会坚持到底的。这种人在修行人中属于垃圾，谁都讨厌他。因为你智慧的根基很高，所以就没这样。

【心解】

一切都要"道法自然"。越是有智慧、德音汪濊的人越谦虚，而越是少智慧的人越自以为是，以为自己很高，结果一事无成。有道者"自信平生无愧事，死后方敢对青天"。

【延展】

这一章老子真正的意思是"道法自然"。与字面意思有很大距离，所以要"白话""意译"，一步一步地剥笋。正是因为表面意思跟真正意思相差很大，就造成了《道德经》难懂。

许多人说：很多的章节连不上，定是后人把章节给弄乱了，我们现代甚至有人把各章节重新排列组合，其实并没有人篡改。没有看懂的人只是他们头脑里没有修道的概念，就只想着治国、用兵、生活工作的范围了。

这一章表面意思是，站立就好好站立，你还要追求更多，眼前确实见到好处了，但是长远来看还是得不偿失、适得其反。走路你就按照自己的条件走，如果你试图想更快，眼前是有了好的效果，但是总的算下来，坏处大于好处。我们的优点长处得别人来说，你自己四处显摆，生怕别人不知道，想尽快让人知道，但是这样做不稳重，反而让人瞧不起。这样的人修道是修不到高处的，是没出息的，是让人瞧不起的，因此有出息的人都不是这样。

这三章给尹喜交代清楚了，讲什么样的人修不好道，让他日后度化众生时心中有底。

在整个《道德经》里很多都是给尹喜讲保任功夫的，是用世事来解说道理的，所以咱们除了有"白话"还要有"意译"。

这一章主旨是，小尹，你将来要看人就看他是不是刚硬，自以为是，得少为足的都不行。

"物或恶之"，我有一个朋友，腰围三尺二。他到人家家里做客，落座前先要看看椅子结实不结实，宽度够不够坐进去。有一次就把塑料凳子给坐塌了，摔到了地上。这就是“物或恶之”，因为常常不合适。老子对尹喜说的背后意思是：有“我”、有妄想的人没有大志气，跳不出生死。

不要把圣贤的教导看成是让大家不努力，就像他们把“无为”翻译成“doing nothing”（无所事事），雍正就真正做到了无为，但是他被誉为“工作狂”。“无为”，passive，surrender比较接近。“无为”不能因为中国字少就翻译成英文也少，它的意思很多，应该翻译成be yourself and don’t follow others或者have a backbone，don’t follow others更贴切。

说到把“无为”翻译成外文就是“无所事事”，其实翻译人员没有错。“无为”的字面意思就是不干事，任何事情都不做，但是我们中国人都知道老子不是这表面意思。翻译佛经时，为了保证佛经的意思不走样，就规定了“五不翻译”，然后他们再用多一些的文字来解释什么是“般若”，什么是“波罗蜜”等等。我们翻译“无为”也可以直接给一个拼音，然后再解释：“无我地做事”“不执着地干事”。如果把“般若波罗蜜”翻译成字面意思，那就不是般若波罗蜜的真正意思了。同理，我们如果把“无为而无不为”翻译成字面意思，那就不是老子的意思了，比如翻译成“不干事，反而事情成了”或“不干反而会成”，外国人看了会找不着北。不过，也不排除领悟力好的外国人，即便读到这样的翻译，也能通过前后话的意思，领悟老子的大智慧。

第二十五、二十六章

雕道厘心——道即是心，永恒的道，永恒的心，论世间道为最

【原经】

（第二十五章）有物混成，先天地生。寂[①]兮寞[②]兮，独立而不改，周行而不殆，可以为天下母。吾不知其名，故强字之曰“道”，强为之名曰“大”。“大”曰“逝[③]”，“逝”曰“远”，“远”曰“返”。道大，天大，地大，人亦大。域[④]中有四大，而王[⑤]处其一尊。人法[⑥]地，地法天，天法道，道法自然[⑦]。

（第二十六章）重为轻根，靖为躁[⑧]君。是以君子，终日行不离其辎重[⑨]，虽有荣观[⑩]，宴处[⑪]超然。如之何万乘之主而以身轻天下，轻则失本，躁则失君[⑫]。

【解析】

①“寂”：空无影。

②“寞”：静无声。

③“逝”：走向空无。

④“域”：对于大众是宇宙，对于尹喜是心。

⑤“王”：尊称尹喜。

⑥“法”：相承，隶属。

⑦“自然”：对于大众是因缘，对于尹喜是心。

⑧“轻”“躁”：凡人散乱的心，就是第一章的“常有欲”。

⑨“辎重”：豪华的重型马车，还有随行的仪仗队。

⑩“荣观”：一看穿戴应用就知道是高贵人。

⑪“宴处”：一道一道的各色菜品。这里是指红尘的喧闹。

⑫“重”“根”“本”：道。“靖”“君”：德，就是第一章的“常无欲”。这里指尹喜天生心稳定，自带圣人素质。

【白话】

有这么一种东西混合在一切事物之中，它先于天地而存在。空的啊无影无踪！静的呀无声无息！永远就是这么个状态，周而复始无休无止地运转，可以算是一切的母亲。我不知道它的名字，就勉强叫它“道”吧，我硬给它命名“大”吧。“大”就是空，空就是无尽，无尽就是回复。道无尽，天无尽，地无尽，人也是无尽的。天下有“四无量”，而你就是这其中之一。人来自物质，物质来自宇宙，宇宙来自道，道因因缘，自己自动地产生一切。

重是轻的根基，静是动的主人。就像君子你出行都有豪华的车队，虽然外表很奢华，但你的心却是朴实无华的。无论是谁，即使是天下的君王，他如果心是没有本静的，浮躁就是丢失了道，动荡就是丢失了德。

【意译】

有一种性质，一切的生成包括你都是因为有了这种性能才有的。这性质不单独显现，因此我们就不能单独看到它。它不跟任何什么有所交集，它就自顾自地一直保持着不变的本色，可以算是宇宙天地及你的母亲吧，因为除了它再没有别的了。它没有名字，所以我就叫它“大道”。“大”就是无量无边，无量无边就是没有尽头，没有尽头就可以包括一切，“一切”当然也包括“没有”。可以这么说：道无量无边，天无量无边，地也无量无边，人也无量无边。天下这四种无量无边当中，你就包括在这其中。人源于物质，物象源于虚空，虚空源于道，道源于因缘。

说了半天，我想告诉你的是：我一看就知道你具备了一定的大道之德，你的心是有主心骨的，所以就没有随波逐流。这就好比高贵的你出行都有豪华的车队，尽管很华丽气派，但你的内心并没有受影响，而依然是超然物外、朴实无华的，我就愿意教你这样的人。无论是谁，纵然是比你地位还高的君王，心如果不定，就是没有道，随波逐流就是没有德，我就不会去教。

【心解】

有一个场能，没有形态，没有体积，没有边缘，没有情感，没有仁义，没有执着，也没有名字，无尽无为，混同尘烟，这场能就是宇宙乾坤的性质，性质即道，即心——道不远人。荀子曰："性者，本始材朴也；伪者，文理隆盛也。无性则伪之无所加，无伪则性不能自美。"

【延展】

这两章连在一起看就能更好看懂第二十六章的所指。第二十五章是高度评价、肯定尹喜，第二十六章是告诉尹喜：是源于你的优秀，我才给你讲大法，乃至于把接力棒都交给了你。

《黄帝内经》曰："夫，人生于地，悬命于天，天地合气，命之曰'人'。人与天地相应，与四时相副，人参天地。"黄帝的"参"就相当于"法"。道、天、地、人这四个种类是能够大小、多少、有无、好坏都是无尽的，大到无限大，小也无限小，也就是与道合一。虽然我们大多数人都还是与道分离的，但是，我们都有与道合一的潜质和可能性。我国有"天地人三才"之说，是说天、地、人这三个物类是能够化于无限的，"可以赞天地之化育，则可以与天地参矣"。六祖慧能在悟道时跟他师父描述"自性"："本自清净，本不生灭，本不动摇，能生万法。"与这里一样。

"混成"，掺和，合一，息息相关，也就是"法"，也是庄子的"齐物""道在屎溺"，就是《心经》的"色即是空，空即是色"。

"强"字，老子的意思是两个：

（1）道本来是不会有固定的解说词的，虽然“大”和“道”字已经是天底下可以找到的最大之字了，但是跟大道比，就如同“片云点太清”，无可比拟。

（2）道是没有对待的，“不二”，但是我为了给大家讲这码事，只能努力讲一讲，只好找一个字形容一下，没有办法也就权当名字啦，但是我知道，有了这个好处也会产生流弊，这是我事先知道的，这会使大家容易去抓取、去执着，我是违背了道心的“为”，也玷污了大道的高洁。我带着愧疚的心情，为了宣传大道，就要造作地讲出来。我当然知道，这样安个标签对大道会有负面的影响，但是是不得已而为之。就相当于禅宗说的：佛法是“言语道断，心行处灭”的，如今只好“眉毛拖地”喽。“道”什么都不是，也什么都是，因此，没有办法定义。那么“道”及《道德经》就不是哲学，因为哲学是要有严格逻辑的，是有体系的，是要有“定”的，只有“定”下来了才能有“义”。圣人的大智慧是不受逻辑约束的。

“故道大，天大，地大，人亦大。”第十三章有言“何谓‘贵大患若身’？吾所以有大患者，为吾有身，及吾无身，吾有何患？”俗话说：我们最大的敌人是自己。这个“自己”是指小我，人一有了“我”，庄子说就不“逍遥”了，道家说就不“如意”了，佛家说就不“自在”了。《道德经》里有许多“大”字，老子这里是形容其极致无尽、无始。就是说它大超过你，小也是超过你的，指大道的性质超过一切，所以“大”这里是“超越”的意思。佛家常常援引尹喜的“其大无外，其小无内”。“无内”：至极精微，没有比它更小的了。也就是《大学》之“大”，何谓“大学”？宇宙终极之道也。

“大”这里是全维的，也就是“玄”。圣人是宇宙内最大的科学家。

所以，“无限”不是最大。你只有，可大又可小，小到“空”，大也大到“空”。没有“大”，也没有小，不在“大”“小”的规定之内，才是真正的“大”，就是“太”。大道是这样的，宇宙亦是，天亦是，地亦是，人亦是，尹喜亦是。

“有物混成”就是禅宗的“色里胶青”“无位真人”。

譬如我们看手机上的图片，无论是图形还是图形旁边的空白，我们就会知道那都是屏幕的显现，屏幕就相当于大道，图像就相当于万物。可问题是，我们人是从手机的外面来看手机，能知道是屏幕在显示，而我们人是在大道场的里边，致使我们看什么都是这样的真实，真的有这个东西。“不识庐山真面目，只缘身在此山中。”而圣人是跳出了小我来看，也就是站在了“天大、地大、我大”的角度来看一切，就一切全清楚了，大道历历在目，老子叫“明”，也是《大学》讲的“明明德”，“跳出三界外，不在五行中”。从某种意义上来讲，我们人是大道的神。

禅宗的语录：“未有世界，早有此性，世界坏时，此性不坏。”说的就是大道。

老子说：我不知它叫什么，我就给它起了个名字叫“大道”，这似乎说明了老子之前是没有人讲大道的，是老子发明的，实际不是这样，“道”字在老子之前的前人已经有了，老子是借来的。老子在经里说它“无名”，是让尹喜不要用什么概念来对号、联想，什么都要丢掉。心里放空，用一个空荡荡的心来听讲，迫使尹喜无处可靠、无处执着，才能用真心来吸收老子讲的每一句话。因为圣学是难上加难的，不把学生心中的杂念统统打掉，是不可能接受新理念的，不把学生心里的旧水倒掉，是装不进新水的。

“王”是尊称尹喜，因为尹喜是周康王的大夫，所以穿的衣服是垂紫王侯级别的，比函谷关的关令级别高得多。像穿着王侯级别服装的人天潢贵胄，只有在君王的朝堂上才能下跪，不能在边关尘土飞扬的脏土地上下跪，另外衣服也很长，容易弄脏。所以，老子看到尹喜这样泰山北斗地尊重自己，老子就也以礼相待尊重他。

“道大，天大，地大，人亦大。域中有四大，而王处其一尊。”这句话用佛经的语式来表达就成了这样：佛性，天性，地性，人性，法界中这四种是具有如来法性的，你也是，因为一切众生皆具如来智慧德相。

第三十三章有曰：“自知者，明也。”什么是“明”？什么是不“明”？咱们现代有一个词叫“托大”，我们人都觉得自己是自己的主人，这在明白人的眼里就是“托大”。当见了道明白了就是“明”，这时候不是托大而是真大了，因为知道宇宙即我。

“众生”不是单单指生命（活物），而是指一切动植物，山河，大地，空气，事情，理念。其实《金刚经》是指空间，与生命（活物）完全是两码事，是经文把大家给带跑了节奏。

“人地”，古代中国外国都说：女娲、上帝用泥土造人。我们的身体，是与山河大地空气（“五行”“四元素”）的成分一样。

“地法天”，星球是太空的物质相互吸引聚合成的。

“法”，我们现在看“道”“德”两个字完全不一样，我在“经名解”里讲了，当初的“德”字是半个“道”字（图2），“德”是“法”“道”的，“道”相当于亚当，“德”相当于夏娃——“男人的一半是女人”。

“道法自然”就是释迦牟尼的“自然智”“诸法因缘生，诸法因缘灭”。康德的“自在之物”就是大道。

“人法地，地法天，天法道，道法自然。”“人，地，天，道，自然”本是等于的，只是显化的层面不同，就有了“生”的关系，其实本质都是一样大的，都是同步对应的“区块链”，都是合拍合一的，所以常言“人身是一小宇宙”，是鸡生蛋蛋生鸡的关系，是“混成”的，就可以直接说“人法道”，就是人等于道，“人亦大”。但是老子在讲的当下还是有大小先后的，下面从几个角度来解释一下表面意思：

人来自物质，物质来自虚空，虚空来自道，道是自然而然的；人是“有”的产物，“有”是“空无”的产物，“空无”是大道的产物，大道是自然地随顺因缘。

“有”演绎了人，“空”演绎了“有”，道演绎了“空”，道没有做作。

“道法自然”就“周行而不殆”了，大道的运化、世界的生灭就是一个闭环，道由事而显，事由道而生，“无”道即无“自然”，无“自然”亦“无”道，也即佛家的“缘起性空，性空缘起”。“道”与“自然”的关系就像声音与调门的关系。星球为什么是圆球？吹的泡泡为什么是圆球？气球为什么是圆球？西瓜为什么是圆的？我们把气球装进方盒子里，它就是方的，但是我们一拿出来，秒变成圆。我们八只手揪着气球，就是方的，但是一松手马上就弹成圆的。是什么力量弹回去的？就是第四十章的“反”（返），也就是大道。那么大道为什么不给拉成别的形状？这就是“道法自然”，六角形的蜂巢也是“道法自然”而形成的。

第二十六章是接着上面来夸赞尹喜的基础好，“根”“本”“君”在“意译”里虽然给解译为“道”和“德”，但是这里老子是指尹喜没有见老子之前所具备的大智慧根基，是夸赞尹喜在没有见“道”之前的“道行”高。

“子”是中国有着极高赞誉度的大字，原是指初升的太阳，与“旦”同义，也指新生的男孩。后来指最美好的希望，一切生命的未来。再后来指人类精神的灯塔，光明的使者，智慧的引领者，伟大的精神依靠者。英文“son”（儿子）和“sun”（太阳）也是一个读音。

这里顺便讲一下“尹”姓。上古没有像后来这样明确的家族和姓名。像“后羿射日”的“司羿”和“尹”都是职务名称，因为是世袭的，就成为专门的称呼。“尹”是在国家大典仪式上负责记录的官员，是在龟甲上刻上甲骨文的“尹佚”，也称“史佚”“作册逸”。可以说“尹”姓是天下最识文断字的、最有学问的人，那么尹喜应该也是学富五车的，通过《道德经》的广度我们是能够感觉到的。这里说句吉祥话，老子在国家档案馆所看的书，就应该有尹喜的祖上勒刻的，如今老子又把毕生所学还给了尹家，尹喜得道也是祖上的阴德。另外老子的母亲也姓“尹”，家里应是识文断字的，冥冥中也是一种缘。

“君子终日行，不离其辎重，虽有荣观，宴处超然。”老子是说：我看你就是英雄，你的富且贵是一般人所梦寐以求的，但是在你眼里是“如浮云”的。

“万乘之主”表示天下第一大的国家，也就是主导天下的君王的所在国，比如尧舜禹汤所在的居住地。

本书尽量引导大家一起去到尹喜达到的大道层。所以，圣人无论是说“民”，说“天下”，说用兵，还是说德，都是在说道，说心。所以不存在哪些章是属于“修身”的，哪些章是“治国”，哪章是“议兵”，哪章是“贬时”，哪章是“论德”，统统是“论道”。有了“道”，你不懂打仗，也可像王阳明那样在无路可退时，打一个翻身仗，反败为胜。

比如我们想学习用兵打仗，不要从《道德经》里找办法，而要学习《孙子兵法》。当孙子掌握了大智慧，心中就能够有一部《孙子兵法》；当诸葛亮有了大智慧，到了打仗的时候心中就有了《兵法二十四篇》；当王阳明有了大智慧，到了打仗的时候心中就有了《阳明兵筴》。曾有人问王阳明带兵打仗屡战屡胜的秘诀，他回答说："此心不动，随机而动。""心不动"说来简单，做起来难比登天，唯圣人可做到。

大地是如此广袤无垠，天空是如此高远寥廓，时间是如此悠远无尽，宇宙是如此浩瀚无边……无论是大地的二维，还是天地的三维，再加上时间的四维，还有那五维、六维……十一维，我们人跟它们一比，简直是渺小如微尘！但是我们有"心"。当你明白了就看到了自己的心，它才是财富的总管、天地的总管、时间的总管、宇宙的总管、乾坤的总管——它就是大道本身！我们人都追求利益最大化，其实这天下最大的"久利"是大道，最大的"奢侈品"也是大道。

《道德经》就是讲宇宙是怎么产生的，世界是怎么产生的，人类是怎么产生的。"道"就是产生一切的基质，"德"是把基质变成世界。"德"就是"自然"，世界宇宙不是"产生"出来的，而是"自然"出来的。（图24）

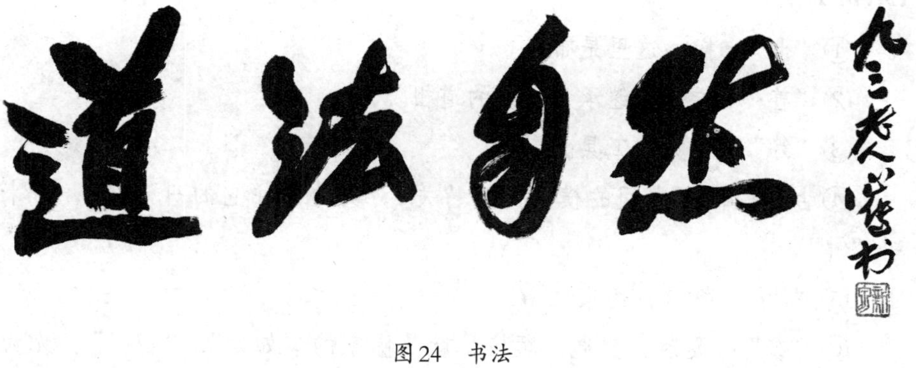

图24　书法

第二十七章

宣道聆德——圣人无分别心，所以是有教无类接纳一切

【原经】

善行者无彻[①]迹，善言者无瑕谪，善数者[②]无筹[③]策，善闭者无关楗[④]而不可开，善结者无绳约[⑤]而不可解。是以圣人常善救人，故人无弃人；常善救物，故物无弃物，是谓“袭明”[⑥]。

故善人者，不善人之师[⑦]。不善人者，善人之资[⑧]。不贵其师，不爱其资，虽知[⑨]大迷。此谓“要妙”。

【解析】

①“彻”：撤，这里是布置。

②“善……者”：继承了道统的道祖。

③“筹”：计算的工具。

④古代门闩上中间的横插闩叫“关”，两边扣住它的叫“楗”，后来叫“键”。

⑤“约”：捆绑，约束住。

⑥“袭”：灵活、变通、顺应，就是佛家的“如如”。“袭明”：无为而无不为，也就是佛家的“随缘不变，不变随缘”。

⑦“师”：指老子自己，也同时指自己的老师以及历代传法的祖师。

⑧“资”：教育对象，这里是指承法的尹喜，也是指当年承法的老子自己，及一切承法的历代祖师。

⑨“知”：智慧。

【白话】

完美的人做完事不会留痕迹，会说话的人讲话没有瑕疵，会算数的人计算不用摆动筹策，完美的人关上门不用插销也不会开，捆东西不用绳子也不会散开。所以，好的导师教化学生是因材施教，让每一个人都有所长进；看到的丢弃物，都能够告诉我们可以用在哪而不必丢弃，这就叫“因势利导”。

所以，完美的祖师是不完美人的教导者；反过来，不完美者是完美者的教育对象。学生不来找老师学习，老师不认真教学生，即便再有智慧也是糊涂的人，这是最关键的。

【意译】

（上面老子讲，我挑了你就与当年我老师看好我是一样的，所以尹喜就问：您说的“重为轻根，静为躁君”是不是就是您在师爷那里学到的“无论外边怎么待人接物做事情，无论环境怎么乱，无论事情怎么糟糕，我们的心都要‘无为’不动，不执着上什么，心依然在‘道’”，这就是您说的“超然”？）

老祖师不会让学生执着上什么，统统给我扫除干净。他说话滴水不漏。他教育人从来没有事先准备好的预案，而是视学生当下的情况而定。他把我的心一下子就抓住了，就不再乱跑了。他把我牢牢地固定在大道上。所以，他非常善于启发、诱导我们，对待每一个徒弟也都是用的全心，这样就不会浪费每一个人的智慧。甚至在平时的日常生活中，碰到我们学生丢弃的东西和垃圾，都能告诉我们还可以另外做什么，致使物尽其用，这就是“因势利导”的智慧。

所以，如果你没有千里迢迢来找我，如果我见到你而没有教你，那咱们再有智慧也是个糊涂虫，这才是咱俩此次会面的历史意义。

【心解】

能力即责任，不可逃避，不可偷懒，要像蜡烛一样，照亮别人燃烧自己，风雨雷电一肩担。

【延展】

这一章及上几章是老子讲：当年老师给自己传大道时上的《道德经》课，老师在我这里发挥了智慧，我也继续发挥老师的智慧。尹喜就问师公的情况，老子就给他讲师公。

这一章后面的意思是：而今你尹喜把你老师我当成了宝贝，使我也有了用武之地，反过来我也把你当宝贝，把全部的本领尽数传授给你。就是说：有了伟大的老师老子，才有了伟大的祖师学生尹喜，反过来有了伟大的学生，才成就了伟大的老师讲出了这伟大的《道德经》。没有伟大的老子讲，当然没有这伟大的经典，但是如果没有伟大的学生问、听，也不会有这伟大的经，一阴一阳谓之道。意在让尹喜明白，为祖师者，有幸获得了智慧，你不能只为自己享用，你必须找到合适的人再把它传下去，就像你师公，就像我，勿使法脉断掉，这是祖师的职责，你要切记。

“善”是指具有完美大智慧的师公。

“彻迹”字面意思是指吃完了饭，桌子上、碗里都没有吃干净，就像小孩子一样笨。引申为做完了事，还留下了余活，还得别人来给擦屁股。“无彻迹”表面意思是指做事说话都漂亮，无懈可击，不给别人以口实。这里的意思是，老师讲的话没有给我有可以执着的地方。

“筹”是计算的工具。最早计算是用小石子，后来用小树枝，到老子时代是规整的小竹木棍，是没有发明算盘以前，人们用来摆动计算的，相当于算盘珠的作用。

“策”，原摆动小木棍所动的脑筋，也就是我们现代小孩子掰手指头“算算数”，后来是指推演《连山易》，推演八卦《周易》，后来是数学、天文学、星相学，发展到今天就是我们用计算机，甚至超级计算机的模型计算。老子是指事先规划一下，先定一个提纲，依照这个大纲去讲。

“善数者无筹策”，大家不要按照字面意思理解为，一个心算高手，不借助工具就能给出答案。圣人不是在赞美“最强大脑”，老子是告诉尹喜：你师公这样大智慧的圣人，当年给我讲“道”时，从来不按照什么顺序、条理、逻辑系统，完全视我的情况而定——因人施教。如今我也是有样学样，都是他老人家是从他老师那儿一代一代学来的。未来你也一样，要视学生的情况而灵活掌握。这里非常重要，就是说学习最顶尖的智慧，不能照本宣科，老师要灵活运用——看人下菜碟儿。我们看禅宗公案就是，师父的话，旁边人同样听到了，但是没感觉，只那个接话的徒弟一听，豁然开悟。

“是以圣人常善救人，故人无弃人”，因为祖师具有大智慧，所以就会善巧方便地因材施教，每一句话都问到行处，答到问处，完全与学生契合，力保将学生的潜能都开发出来。

“常善救物，故物无弃物”，“常”指在日常生活中，“救”是指无用的废弃物，尽量找到它的用处予以再利用。

“之师”“之资”，我用树来讲解一下。树干把根上得来的养分给予枝叶，没有树干输送养分，枝叶就无法活，就是说枝叶需要树干提供养分和支撑，所以树干是枝叶的“师”；反过来，树干如果没有地方需要它输送营养它也活不成，假如你把树上边全给砍秃了，慢慢树干也就死了，因为树干只有有了服务对象才能有它的作用，枝叶就是树干的“资”，是相互服务的关系。这一章可以改写成：故，树干者，枝叶之师。枝叶者，树干之资。枝叶不贵其干，树干不爱其枝叶，虽知大迷，此谓要妙。

“要妙”（图25）是指传承真正的大道，必须要师父徒弟互相找，还要两个都全力以赴。如果师父有一点点没全心全意，或徒弟有一丁点不当回事，就完不成传递。

图25　书法

“干”就是树干，“支”就是树枝。“天干”“地支”

是相辅相成的，也就是“之师”“之资”的关系。“天干地支”可以说成：道干德枝。“人法地，地法天”，另外可以说成“人法德，德法道”。

其实“师”与“资”的关系，就是相互依存的关系。我们常说“失败是成功之母”，其实就是失败是成功“之师”，成功是失败“之资”。

这一段老子耳提面命尹喜的有两点：（1）你得道之后还要百尺竿头更进一步，达到完美的境地才不辜负我；（2）你也要弘扬大道，不可私藏己用，因为它很珍贵，这是你为祖师所不能逃避的。就如佛家说的，不满足于小乘罗汉，要“回小向大”行菩萨道“布施”。

第二十八章

营道——三世因果是为德

【原经】

知其雄守其雌，为天下溪[①]。为天下溪，常德[②]不离，复归于婴儿。知其白守其黑[③]，为天下式[④]。为天下式，常德不忒[⑤]，复归于无极。知其荣守其辱，为天下谷[⑥]。为天下谷，常德乃足，复归于朴[⑦]。朴散则为器[⑧]，圣人[⑨]用之，则为官长，大制无割[⑩]。

【解析】

①“溪”：水被山或地势给导入到它该走的正确路径。

②“常德”：原本是“恒德”，人们本有的大道智慧，佛家叫“本自具足”。

③“黑”：是指在外面太阳底下干活的体力劳动者。“白”“黑”：就是《左传》和孟子所说的“劳心者”“劳力者”。

这一生好的“雄”“白”“荣”，是由过往的“雌”“黑”“辱”换来的“果”。

④“天下式”：天下人照着做的书面准则，比如《金人铭》，这里是指尹喜的智慧。

⑤“忒”：差错。

⑥“谷”：山谷，让水遵循的路径。

⑦“朴”：朴实无华，绝不会投机取巧，就像张任。

⑧“器”：喻指很有价值的人才。

⑨“圣人”：指尹喜。

⑩“割”：分开、划分。

【意译】

（这里尹喜问的可能是经典上原有的话：“知其雄，守其雌；知其白，守其黑；知其荣，守其辱。”可能是老子之前的，可能是黄帝的，也可能是《易经》或史书上的，我们不得而知。也有可能尹喜是请教“君子知微，知彰，知柔，知刚，万夫之望”。）

知道成功发迹是过往的低下隐忍造就的，就是正确的人生态度。态度正确了本有的智慧就会起作用，就会回归到无妄想、无我的先天自然状态。知道安逸的生活是源于过往的劳苦付出，心态就平衡了。心态中道平和，本有的智慧就圆满，就会返还到原本的无极“一”。总之，知道我们一切清德雅望的幸福是以屈辱、付出为背景的，就不会吝啬付出，就会用心于一切，充满道德，就会无欲无求。充满道德的人就是能担天下的可用之才，你就可以信任他们为你的左膀右臂，组成你的天团来同你一道弘道，这样天下修行道的就不会没有一个真正的智慧标准，就不会蟑螂老鼠搞得五花八门，使道门鱼龙混杂。

【心解】

能够知道阳是由阴来的，阴是由阳来的，因为本来没有阴和阳，本来没有“苦难”，也没有“成功”，我们就知道以平常心去面对一切了，这样本有的大道智慧就出来了。“安得解脱大自在，放浪形骸了无碍。”

【延展】

这一章有些绕，因为只是给一个见道的人讲的，所以讲的东西是我们大家认知体系之上的事。是教尹喜怎么样让别人接近道，这样，你这个天下的祖师就可以有一批有智慧的人做你的帮手。有了这些骨干力量，天下的道就会在正确的轨道上走，就不会有假冒的道混进来，造成四分五裂的流派而加速道的凋敝。这些人最起码要知道，人的成功、辉煌是由过往的不成功和低下换来的，这样就不会刻意逃避不好的，就不会成天挑挑拣拣的有分别心。心就会靖下来，心不乱动，智慧早晚会出来，靖久生慧。

“式”，国家发的标准样件。比如据传在舜时代，有人改进了新式的犁头，比原来的效率高，舜就下令制作了许多分发到天下各国，让大家都照着做。再比如铸造铜钱时，国家将制作好的标准样钱分发到各处，作为他们制作模具的范。我们现在还可以在博物馆里看到，秦始皇统一了天下后所发给各国的“式”，有文字，权，尺子，斗，升，秦半两的“标准钱”，弓、箭头、弩的样件，当年都配有技术人员和文字说明书的，负责教会了再去下一站。

“为天下溪”“为天下式”“为天下谷”“常德不离”“不忒”“乃足”，就是后来的“君无戏言”“道治天下”“勤政爱民”，也就是“全心全意地为人民服务”。

“官长”，分派到各地方的宗藩。

“朴散则为器，圣人用之，则为官长，大制无割。”字面意思是，古代地广人稀，一个国家经常开疆扩土，收复的那许多小国，大国就派“中央特派员”去入住，在交通、通信不发达的古代，中央总是鞭长莫及。那么时间长了，难免就会有谋私利的，或顶不住压力，或经不住金钱美女诱惑，难免与中央产生二心，就会又分裂出去，就像赵佗。特派员如果忠于职守，就完成了很好的政治思想工作，使那个被吞并的“附属国”没有二心。

鬼谷子、黄石公、黎山老母在徒弟学成之后，就会讲离别嘱托：我把所有的本领都教给你了，就由你出山去到天下，把智慧给予天下吧。在《道德经》里还有第二十二章等很多次都是这个意思：今把衣钵交付于你，你要认真保有。去吧，像大鹏鸟一样去下到人间，去教化天下的芸芸众生吧！把你学到的大道智慧，毫无保留地交给天下，为天下经世致用吧，替为师我去利益大众吧！千斤重担就交给你啦，你要不忘初心，才不辜负我的期望！

其他章是既给大家“悟解”清楚了字面、表面意思，又讲了老子的意思。而这一章还有第二章，第二十六章，还有后面第三十六、三十九章等，只是给大家讲了表面意思，因为这几章有些特殊，因此咱们在这里集中讲一下。这几章的中心思想就是《易经》的“一阴一阳之谓道”。但是，大家看完了下面的讲解，可能才能更全面地知道《易经》这句话之于我们生命的意义。

本来怕大家接受不了，就打算这么讲：要想得到成就，就要付出代价，代价付出得越大成就就越大。比如运动员满身的伤病，芭蕾舞演员那美丽的足，一脱下鞋袜，是伤痕累累的“丑”脚。这样解释是算解释好了，说得过去了，但是我心里清楚，这样还是在用扁平的思维模式去迎合大众。我知道老子讲的不是这个维度，所以咱们下面讲的是圣人希望大智慧的尹喜听到的维度，是圣人真正的意思。

有一个民间故事，说有一个大地主家生了个儿子，按惯例他们就在门口敲锣“发喜钱”，大家都来道喜。刚好有个和尚路过，就被请进门给孩子念念经、祈祈福。和尚进了院子，发现他们家的长工也在庆祝生儿子。这和尚是有智慧的，他一看就知道了，于是他问道：“你们家老当家的是不是刚去世？”回答：“是的。”和尚又问：“是不是老长工也刚去世？”地主和长工都很吃惊，回答：“是的，您怎么知道？”和尚说：“你们家生的儿子是老长工投的胎，而长工家的儿子，是你们家老爷投的胎。”老子这一章（及其他好几章）的意思是：人的幸福本身是没有的，是人自己创造的，是他用过往的付出换来的，就是用“阴”换来的“阳”，因为本身没有“阳”。就是说，我们去羡慕别人有钱、有权、漂亮，其实我们和他（她）生命本来都一样的，都是平等的。那么他（她）的富贵美丽哪里来的呢？是大道给的（也就是“老天爷”等），其实大道给不了我们任何东西，是我们过去在大道存的“钱”，我们过去的付出就可以换来能量，这就是“钱”。这个“过去”可能是今生的过去，也可能是过去生。比如过去生我们是农民，他是流浪汉，然后今生我们还是农民，而他是地主，结果我们就羡慕他。其实他的富贵是用他的贫穷和被瞧不起换来的，因为他曾经被我们瞧不起。再比如她上辈子是个丑女，这次托生成了一个美女，我们就羡慕她，她用她曾经的丑陋付出换来的美丽，其实咱们每个人，包括你也能做到。我们这辈子的福泽也许就是前辈子的倒霉换来的，这就是那句话“只看见贼吃肉，没看见贼挨打！”都说是“上天（上帝）赏赐的”，有智慧就能看到其实是自己赏赐的，“万物作而不为始”。所以不必纠结我们付出了而没有得到回报，付出不会被浪费的，大道都会给你存着，“天网恢恢，疏而不漏”，吃不了亏，把心放在肚子里，“不汲汲于富贵，不戚戚于贫贱”。老子讲这些就是让人心平静，也就是“朴”“归零”，佛家叫“平等性智”，心宠辱不动就可以见大道。

《道德经》就是告诉人们：人是精神。“万物作而不为始，生而不有，为而不恃，功成不处。”意思是，不要把生命看作就是这样固定的，只是一个短暂的物质体：人家就是大富翁，我就是一个工薪阶层的小人物；而要眼光高远，就如王之涣告诉大家的“更上一层楼”，就能看到大道。一切都是平等的，没有什么可羡慕嫉妒恨的。我们原本什么都没有，也什么都不是，只是精神之“神”，我们没有一切的概念、标签。我们去干活，我们不知道在无形的大道里我们就有了存储，日后我们去办事，没有出多大的力事情就办妥了，我们以为是上天在帮助我、眷顾我，这时我们就有了一个概念叫“富翁”。然后我们使劲地享受快乐，落幕了也没有觉得有什么。待到下一次生命的大幕再次开启，我们处处失败、苦难重重，这时我们也同样有了标签叫“穷人”，我们去算命，给的结果是“一生诸事不顺”，我们就觉得是我这个生命比别人倒霉，于是我们就心情不好。老子讲这么多章，就是要尹喜清楚：其实没有“倒霉”，也没有“上天的帮助”，都是我们自己造成的顺利与倒霉。自己是自己的上帝，只是我们不清楚罢了，一旦知道了，就不会有心情不好了，这就是宇宙的法则——天网恢恢，疏而不漏。但是，这个道理如果只是听懂了，那就是“道可道非常道”，圣人讲出来，大家不要认为是“封建迷信”、愚昧，因为圣人是从心里面讲出来的，是智慧（wisdom），不是外边学来的知识、道理（knowledge）。

这里也就可以讲一讲我们常说的“德”了，要全懂那必须见大道，但是咱们这里可以接上面的浅讲一下，至少道理上接近一下吧。“德”简单来说就是人的能量，那么这能量从哪里来的呢？有人说是今生就固定成了这样，有人说是上天给的，有人说是父母给的，有人说是“祖上积的德”。其实它是大道“疏而不漏”地帮你把你过去的付出存储的，然后在你需要的时候就给你。比如你干事，你的“德”能量捉襟见肘，就掌控不住团队，金钱也进来得费劲；如果你过往存储的“德”够多，就会内外齐心，事业线上扬，就是你能量足。我们常听人说：这个人“缺德”！其实是能量少，他就匮乏，他只能动一些歪脑筋去不择手段、去诓骗，甚至铤而走险。当我们的“德”够多时，就不会去靠歪门邪道“缺德”来攫取利益。

告诉大家，在大道里，在真实里没有时间，没有空间，生命只是一个无限、一个当下、一个意义、一个灵光存在、一个包袱体、一个生发器，也就是一个太极图，以佛家说法就是一个“化身”。“化身”是干吗的？是来应报的，所以也叫“报身”。

这样，这几章就很好理解了，那么有些字词也要重新“解析”：

“雄”与“雌”，“白”与“黑”，“荣”与“辱”是互为因果的。比如“知其雄守其雌”，成功是用过往的失败换来的。同理，“雌”也是用“雄”换来的，白净是用黝黑换来的，“荣”是用过往的“辱”换来的。就是老百姓常说的：你呀！不知道上辈子积了什么德，能娶到这么好的媳妇。旁边搭话说：那是人家前辈子修来的福。“人非祖宗数世之积累，不足以掇巍科；非己身数世之修培，不足以获佳偶。”所谓的“积、修”就是换，就是买卖，就这么简单，只不过跨了生我们就不知道了，用过去努力付出挣来的“钱”，这一次就换来了福气，这就是大道的游戏规则之一。老子就是让尹喜心平下来才能够更懂太极图。《古兰经》也说过同样的意思：“如果你们行善，那么，你们是为自己行善；如果你们作恶，那么，你们是为自己作恶。”

当我们上升时，心里要清楚，上升是由先期的下降换来的。所以，到什么时候都要保持一颗平常心，不可扬扬得意。

“婴儿”“无极”“朴”表面意思：干净，无妄想。老子需要尹喜理解的意思：回归原本大道。

“无极”是很古老的概念，它很接近于“鸿蒙”和第一章的“玄之又玄”。字面意思是，没有指向，没有尽头，没有大小，没有地点，它不在“有”和“无”的范围里面，因为你不能说它“有”，也不能说它“没有”。咱们这里不是在玩玄学，更不是蒙骗人，这是尹喜真实看到的。“无极”是大道的表现形式。

“溪”“式”“谷”字面意思：准则，体系。这里是：大道的游戏规则，因果、太极、阴阳互生。

“不离”“乃足”“不忒”，充满不缺。

“知其荣守其辱”，“辱”是因，“荣”是果。比如我们上班，付出是因，我们获得了钱，去买东西就是我们工作的果。反过来也一样，我们因为家里的需要就去买东西，那么因为要生活，我们就必须工作挣钱。因此说：生活是因，工作是果。

一切的对待才产生万物，我们这一生一切的“好”，都是基于我们过往的“不好”来获得的，这是大道的功能。这一章老子是讲生命中一切好坏的来龙去脉，让尹喜从最高处穷尽“千里目”去看生命，就能够一清二楚。懂得这些，就没有什么好羡慕别人的了，不会羡慕嫉妒恨。因为知道他的那个了不起、辉煌，是他用过往的低下和付出换来的。同理，也不会瞧不起能力“笨”的人了，因为知道他的人生不会永远这么无能、低下，他将来的人生会因为今天的低下而换来焚香列鼎。老子是在告诉尹喜：开悟了就自然没有了高低贵贱之分，不会因为自己的贫穷而懊恼，不会去羡慕富贵的人，因为你知道，生命的本质是中道，用大白话来说：生命原本都是正中间零，没有阴阳好坏。就是说，我们要想获得“好”，不可能凭空产生。只有我们那几生付出的多，今生才这么富贵。而且我们所“吃”的“亏”都不会真正“亏”到，而是被大道“记”住了，这就是“疏而不漏”，就是俗话说的“积阴德”。不会给你漏掉的，你不用操这份心，会有人为你操心的。

“溪”“式”“谷”都是一个意思，就是“朴”，没有什么可“动”可“惊”的，因为你尹喜一切都看透了，心就平了，就如如不动了。你可以这样教导别人，他们也会获得智慧的。

“大”指有大道智慧。“大制”字面意思是圣君的完美领导。

“割”，划分开，表示不统一。在古代，有时外派的人缺德少智，地方根本不听，君王鞭长莫及，那里就是分割的。圣君的制度再好，也贯彻不到那些个蒙昧的边地去。“无割”，不区分，统一。

图26 菊花与鼎

“大制无割”意思是，如果大家都知道悟道智慧才是真正的修行，那么天下就是有正知正见的，那么你再去讲正道大家就都接受。倘若天下道门的修行人，都追求五花八门的各个“修行”法门，而不是“道”，这样道门就会混乱不堪，就会慢慢分裂。第三十八章说：“失道而后德，失德而后仁，失仁而后义，失义而后礼，夫‘礼’者忠信之薄而乱之首。”咱们“道”门就会假“道”的名义下搞非道的营生，最终彻底变味。就像打着“博爱”“正义”的名义去打仗、侵略、掠夺，这就是鲁迅先生说的“吃人的礼教”，“博爱”就变成了撒旦的武器。

最后说一下，我把老子讲的真正的意思展现给了大家，大家不要认为老子是古人，就迷信、落后、愚昧。老子是看透宇宙的大圣人，不会去迷信的。所以，如果是从老子嘴里说出来的，大家不要一句“迷信”就一竿子过去了，要三思。老子说的都是真理，圣人没有迷信，是那些说圣人“迷信”的人才是迷信。

第二十九章

履道——无我，无为，敬畏大自然

【原经】

将欲取①天下②而为之者，吾见其不得已。

夫，天下神器③，不可为也。为者败之，执者失之。凡物或行或随，或噤④或吹，或强或剉⑤，或培或堕……是以圣人去甚，去奢，去泰⑥，以道佐人主者⑦。

【解析】

①“取”：取得信任。

②“天下”：天下人。

③“神器”（“大器”）：有反应，有回应，也就是我们常说的“有灵性”的活的生命体。

④“噤”：吸气。

⑤“剉”字义：缩小、矮短。这里的衍生意思是失败、认㞞。

⑥“甚”：贪名。“奢”：图利。“泰”：图安逸。

⑦“佐人主”：圣人智慧安天下人的心，就是在帮助君王。

【白话】

如果你想人为地做什么而让天下完美，那我觉得根本行不通。

你要知道，天地间的一切都是连在一起的一个生命体，它的运程不是能改变的。如果你试图让它加快是快不了的，反之想让它慢也慢不下来，停更是停不住的。天下本来就应该是有主动有被动，有收有放，有强有弱，总之，有创造有毁灭。你作为祖师，只要去除名，去除利，去除享受，做一个无私帮助君王安天下的人就行。

【意译】

（上一章老子告诉尹喜：这天下就交给你了，你可以利用你在朝为官的优势，组成团队与你一道弘法天下。这时候尹喜还是处在学生的心态，听到天下都交给自己了觉得挺好玩挺惊奇的，因为在年长的老子面前，尹喜就很孩子气。这一章根据老子回答的较为复杂，可以推断尹喜说了不少的话。那么咱们猜一个大概，尹喜应该是问：那我就让君王号召天下都好好学习道，都来听我讲道，让骨干带动大众，都像您刚刚说的那样，至少在道理上理解道，如此这般就可以覆盖整个天下了，天下不就全都有道了吗？那是不是世界就变成完美的了呢？）

不是的，小尹，如果你要想让天下完全按照你的意思走，我看是不行的。

你要晓得，天下的一切人、事、物都是一个整体的自然流转，不是你想让它怎样就怎样的，一切都有它的前因后果，绝对不是我们小小的人可以操控的，谁想加快或减慢是不行的。天下的事情本来就该有阴有阳，有好有坏，有强有弱，总之有产生有毁灭，本来就应该是不完美的。要看清楚自己，你想干吗？你会干吗？你能干吗？你就无私无畏全心全意，尽你所能用道去帮助君王造福天下就行，其他一概不妄想。

【心解】

不妄想，全心全意为人民服务，没有私利，这就是圣人的天职。

【延展】

《道德经》有许多“天下”，老子春秋时代还没有衍化成“江山社稷”，就是直白地指天下人。所以不能理解成坐江山，如果得大道就会取得天下，那老子怎么不当国君？老子也没有让年富力强正当年且位高权重的卿大夫尹喜去取了江山。庄子、孟子、列子、庚桑子等圣人也没有去坐江山。后世修成大道的祖师们也没有去争江山的。当然，在老子的前古，君王都是合于大道的圣人。但是这里不是鼓励尹喜和后人去取得江山。“取天下”是要尹喜担当好法职、担纲好智慧，给天下一个可靠的定盘星，一个心灵的“大地原点”，就是给天下保存好“道”的火种。“哪有什么岁月静好，不过是有人替你负重前行！”也许我们都觉得有没有无所谓，在我们不知道、不理解甚至讨厌、嗔恨的情况下来保护我们。

因为尹喜问得很理想化，在老子看来是很幼稚的，老子就耐心地给他讲为什么理论上合理而实际上不行，是因为你没有考虑天下是一个整体。那些不尽如人意的地方，都是与好的东西相伴而来的，要想改变不是不可能，而是得深入细致从长计议的，不是像你过去和君王一起治理国家那样简单处理就行的。天下的事情比治国要复杂得多，就算祖师你，也不能按照自我的意志想怎样就怎样，有好有坏才是自然的属性。要改变必须有大智慧，在不违逆天的情况下，看准了一点一点改变，现在你就不要考虑太多，当务之急要做的是把自己的基础先打好了再说。等将来你的心如如不动了，你说的这些就有可能实现，因为那时你跟宇宙都同步了，就无为而无不为了。

所谓“神器”也好，“大器”也好，都表示：第一，有反应，能动。第二，是连成一体的。“天下神器”是说：宇宙是活的生命，地球是活的生命，不要愚蠢地给看成是死物体。

“为者败之，执者失之”的“为”是属阳，向前推的意思，就好比我们用鞭子打马快跑。“执”是属阴，拽住，就好比我们扽住缰绳不让马动。

圣人知道可以操纵未来，凡夫总是希冀左右今生。越是想不平凡的人越是平凡的，越是平凡的人反而越不平凡；越是怕平凡的人越是平凡的，越是安于平凡就越不平凡。

我们中国古代和外国都有“星相学”，看星星就能知道未来天下会发生什么事情。如果不是骗人的，那它的机制是什么？比如“浑天仪”，为什么人间的事情，可以如钟表齿轮一样精准地算出来？天文学家说，有的恒星比地球大许多倍，它们都不是瞎动的，而是有它自己的轨迹。那么为什么它的运行能够“算”出我们个体人的事情呢？那些个比地球大几万倍的星星难道也按照人类的指挥棒转动吗？要么就是我们在随着星星转？就是说人与星星也是“纠缠”的？

第三十、三十一章

厚德行道——保任功夫就是对治妄想

【原经】

（第三十章）不以兵强天下[①]，其事好还。师之所处，刑棘生焉。大军[②]之后，必有凶年。故善者，果[③]而已矣，不敢以取强焉。果而勿矜[④]，果而勿伐[⑤]，果而勿骄，果而不得已。是果而勿强，物壮[⑥]则老，是谓“非道[⑦]”，“非道”早已。

（第三十一章）夫美兵者不祥之器，物或恶[⑧]之，故有道者不处。是以君子居则贵左[⑨]，用兵则贵右[⑩]。兵者，不祥之器，非君子之器[⑪]，不得已而用之，以恬淡为上，故不美也。若美必乐之[⑫]，乐之者是乐杀人也。夫乐人杀人者，不可以得志于天下矣。故吉事[⑬]尚左，凶事尚右[⑭]。是以偏将军处左，上将军处右。言居上势，则以丧礼处之。杀人众多，则以悲哀泣之。战胜者，则以丧礼处之。

【解析】

①“兵”：小我。“强天下”：做事以我为中心。

②“师”“大军”：备战，这里指征服欲。

③“果”：完成了修行，成为上仙果位。

④“矜”：膨胀。

⑤“伐”：赞誉。

⑥“壮”：字面意思：跋扈。老子的意思：膨胀。

⑦“非道”：这是老子引用社会上的话，所以不是说没有大道，而是说缺德。

⑧“物”：周围的一切人和物。“恶”：讨厌，远离。

⑨“左”：左将军，文官，寓意文静。

⑩“右”：右将军，武官，寓意武力。

⑪“器”：字面意思：东西。表面意思：这类人。老子告诉尹喜的意思：性格。

⑫“美必乐之”：完全不考虑别人，一切以我为中心。

⑬“吉事”：和平。

⑭“尚右”：尚武，动不动就打人。

【白话】

只要不硬来，就还有回旋的余地。军队的运行就是国力的损耗，军队待过的地方土地就会撂荒，完了必然是粮食短缺。所以有道者，打下了就完成了自己的事，不会称霸一方。就是说，打下了不要按照自己的意愿去统治，打下了不要鱼肉乡里，打下了不要傲慢、蛮横，打下了不要据为己有。要做到成功了也不把自己当强大，跋扈就会倒霉，就是“缺德”，缺德就会完蛋。你如果喜欢以武力去解决问题就是不好的性格，大家都躲着你，所以有道者喜欢和平。要知道正人君子都喜欢文，而粗人才喜欢动武。好斗是鲁莽，是低素质的糙人，不是有教养的君子。只有逼不得已才能使用武力，以恬淡之心、和平为要。如果由着自己性子怎么高兴怎么来，那你高兴杀人难道就去杀人吗？你想想杀人是行不通的！所以，你想发展就要和平，喜欢争斗就去搞武。就好比偏将军居于左，上将军居于右。如果打下了对方，读《檄文》要以同情的心态，像读《祭文》一样的悲哀。杀了很多敌人，要流着眼泪向死者真诚地哀悼，对己方的死难将士要把善后工作做好喽。

【意译】

（尹喜这里应该是说了自己的修道决心，这两章是老子回答他的搭话。那么根据老子的回答，尹喜应该说了很多，其中可以肯定的是，尹喜应该说自己一定要努力地把后面的功课尽快完成。妄想一出来，出一个灭一个，我保证用最快的速度杀掉，以不辜负老师的厚爱。老子一看就知道，年轻人刚刚悟道，正是热情万丈的时候，所以老子就赶紧说：要冷静，不能急功近利，顺着自然去修。）

见了道，大道就会领着你的心走，你只要不较劲，自会慢慢自动往家靠近的。使劲修行是非常危险的，太用力容易走火入魔。所以，悟了就安下心来柔顺一些，别肆意逞强。悟了道不能老想着它，越盯着它越不好，悟了也不要急于用智慧来纠正错误，更不能骄傲膨胀，悟了也不要觉得有多大的成就似的。

（这里尹喜应该是说：我只是想，好不容易……想着快点儿修好了，让师父您高兴。）

就是说，你悟了道不要觉得自己多了不起，傲慢就会误入歧途，就会“入魔”，“入魔”就无可救药了。要知道，操之过急是不好的性格，就不能与天合一，所以聪明的人不这么做。你看，有素养的人都稳重，缺少涵养的人往往没耐性，鲁莽粗糙，急于求成。太硬于修行是不利的，只能在少数情况下用一下，主要还是以稳为主，冒进不是好事。如果你只由着自己的性子来，那你想杀人就去杀人行吗？想杀人就去杀人，你想想天下是容不得你的！所以同理，要想顺顺利利地修成，就必须稳稳当当，突击冒进就可能跑偏而走火入魔，我见得多啦！初学者往往都容易急功近利，这恰恰是不成熟的表现。

哪怕就连打仗这种极其强硬的事，还要让副将负责文明礼仪方面的事呢，让主将去负责打仗。胜利了都还要做好善后工作呢，还要处理安抚敌我双方，对敌方死亡的士兵给予哀悼，给己方阵亡的将士要举办追悼会呢。是不是这个道理？

【心解】

什么事情都是欲速则不达，俗话说“心急吃不了热豆腐”，吃急了烫着，心急了就乱，事情急了就容易搞砸，修行急了就入魔。

【延展】

注意，如果我们看《道德经》，没有认为老子是讲悟道的事，而是看成给人上课讲道理，或者写的书，那必然会给看成是讲治国用兵、戎马倥偬的，因为从文字上看确实是说用兵。而真实的情况是，只是给尹喜一个人讲的，因为尹喜位高轩冕，经邦论道，对国家有责任心，有担当，又是带兵镇守边关的。还有就是那个大环境，老子的家就住在这边关重地附近，能够感觉到边关的军事压力，所以用军事来打比喻，尹喜最有感受。

这两章老子一听尹喜说，就赶紧告诉他不要着急，一切都要顺其自然。

“其事好还”，悟道了就会自动被大道接管，大道会自动带着你慢慢往家返，这就是“弱”，你要做的就是“无为”，然后就会“大顺”。

“师之所处，荆棘生焉。大军之后，必有凶年。”字面意思是说，几十万大军安营扎寨“联营百里望不到边”，都必须侵占平整的良田，营中的土地还被人车马踩踏得板结了，还要挖堑壕筑围墙。然后是广大的战场，完了事走了，好好的土地就给毁了，就都成了杂草丛生的荒地了，势必会造成当地粮食短缺、民不聊生。饥荒一发盗贼便起，而后就可能有揭竿造反的，所以叫“凶”。

老子不仅讲打仗对国家的害处，也讲尹喜的修行。那么，天下的圣人都非常清楚，不光要会讲道理，还要会讲故事，因为自己讲的东西是一个大家没见过的、难以理解的。那么尹喜当面听圣人讲，就自然有一个场景环境在，尹喜都只是一个听道的脑袋，老子大可尽情地打比喻，可以分叉再分叉跑得很远，不用担心被理解成非道，所以，不管老子讲什么治国、用兵等，尹喜只会围绕着道这个情境想，就不会只理解成治国平天下。那么我们后人就不一样了，我们就会“依文解义”了。也包括我们敬爱的河上公前辈，因为他还没有像尹喜那样来到大道门前，所以自然是不懂圣人说的是什么。河上公曰“孔，大也”，“玄，天也”，正好与老子的意思相反！可能是“九天玄女”一词造成的。河上公尽管是修行人，但是不管修的“神通”有多高，只要没有跳过去龙门，就没有登老子的堂、入老子的室。一旦我们有了大道智慧，河上公就是托于空言了。（大家可以参看第六十一章“这一章字面意思是讲‘天下’‘国家’的……”那一段。）

这两章是给已经悟了道的尹喜一个人讲的，所以很难理解，说的就是后来的“道高一尺，魔高一丈”。对于这句话的解读，一般人认为是魔比道高，实际上“道”与“魔”水平相当，但“魔”过于用力，反而适得其反，误入歧途。当学生明心见道了，大都老老实实地遵照师父说的去闭心静敛。可就有那少数徒弟，也是上进心强，就使劲努力刻苦地修，以图更快地修上去，心是好的，殊不知，成了“魔”了。张三丰说：“修道时，莫贪用道；养道时，莫贪行道；得道时，便可显道。”老子清楚，尹喜豪志高远心胸超凡，慧哲异常，是个很有上进心的孩子，也不怕吃苦，能文能武，勇于涉险，听到尹喜说的话有武的一面，就语重心长地教导尹喜不要急，顺其自然反而是最快的，急功近利就会跌跤，反而会慢。

咱们给大家梳理一下，为什么《道德经》讲治国用兵：

（1）上古，尹姓家族是负责记录国家档案的，所以尹喜的学问很大，他就以很多书上的问题来请教。

（2）尹喜的官又大，老子尤其喜欢他智慧高，就百分之百耐心细致地回答他，不厌其烦地举一反三。

（3）老子看到尹喜眼下是个带兵的武将，也经常问治国用兵的事，老子就也用这些来做比喻，来讲解。

（4）没有将问话写上，我们就不知道是因为尹喜问了与用兵沾边的事。

因为我们看不到尹喜的问话，我们后人只能根据老子的话语推断，尹喜应该是文武双全、敢作敢当、能主大事的人，有能力、有气魄，但有时不免霸道莽撞，可能接近周瑜的性格。所以老子讲柔弱、低调那是针对尹喜一个人的，调整尹喜的阳刚以达中道，所以我们不要以为老子是在教导天下人。我们后人看到尹喜经过了这个《道德经》研讨课，就从周瑜变成了王阳明。

连续的“果而”什么，最后是“果而勿强”，字面意思是“既胜若否”，既打了胜仗的时候，要像没有打胜仗那样。三个“强”字，老子是要尹喜不要有傲慢心，要有自我审视意识，所以，“强”的准确意思应该是“凌驾”。表面意思是要谦虚，真正的意思是：你要永远保持一颗“平常心”。

“言居上势”，在古代，打下了城国，旧王及百姓的命运就握在了占领者的手里。

“物”，这里的意思：任何人，任谁。

“壮”，字面意思是，比如两个小伙子犟上劲了，扬头梗脖，胸脯挺得高高的以壮声威。这里老子是警告尹喜不许膨胀。

“老”，衰败，灭亡。

“物壮则老”就是莎士比亚《麦克白》中说的：“上帝欲其死亡，必先令其疯狂。”“天狂必有雨，人狂必有祸。”“物壮则老”的反义词是“曲则全”。后世朱升给朱元璋讲的定国之策“……缓称王”，就是“物壮则老”“曲则全”的实用。下边这段老子提点孔子的话：“……吾闻之：良贾深藏若虚；君子盛德，容貌若愚。去子之骄气与多欲，态色与淫志，是皆无益于子身。”意思是：你这个年轻人呀，尽管有本事，那也不要牛哄哄的。凡成大事者要懂得低调，不要咄咄逼人。

“早已”还有更深的意思，没有道的凡人都是在内卷消耗能量，“能量”就是我们肾中藏着的那一点点从父母那里得来的“精元”，用完为止，生命就是往结束走。老子的意思是，你如果有了道，生命就减慢走向尽头甚至停止、往回走向婴儿，也就是我们俗话说的“返老还童”。这时我们就可以自己为生命做主了，就是第五十章说的“善摄生者”。

“果而勿强，物壮则老，是谓‘非道’，‘非道’早已。”就像《水浒传》里的“镇关西”，不要以为没人惹得起你就欺行霸市、为所欲为，终有一天老天爷会收拾你的。

我们国家提倡的“光盘行动”，表面上看是为了节约，后面是要有危机意识，再深层是要人们不要傲慢，要居安思危。今天我们能够吃饱饭，但不可得意忘形，不然老天爷会看不过去的，所以“光盘行动”调整的是人心，人心正了国家才能长长久久、兴旺发达。一个国家，如果从上到下都那么傲慢，那就离倾覆不远了（“不道早已”）。

一大堆成建制的排比句，不能排除是书本上前辈的教导。“壮”原字面意思指人的当打之年。“物壮则老”字面意思就是人过了鼎盛之年就要衰老，盛极必衰。

“器”本来是现代“性格”一词，但是老子是带有鄙视的意思，所以是现代的“货色”。就是我们现代人说的：“您甭跟这种人生气，他呀就是这么个东西。”

“吉事”，上古的吉礼。文明善良类的事情是以左手为主，如收获采集粮食，祭祀。比如现代人烧香仍是左手插香，是从上古延续来的。

“凶事”，杀伐恶劣类的事情是右手为主，比如打猎，打仗，惩罚犯人。我们的军人敬礼都是右手。

《周礼·考工记》规定“左祖右社”，后来有“左文庙，右武庙”。

这两章有好几句先人的话，应该是尹喜问的。

这两章是不可分的。后人一定是把第三十一章理解为讲兵器了，所以才跟第三十章分开的，它字面意思还是一直在讲尹喜的不成熟导致的急于求成。如果分开意思就不完整了，当然中间是夹有尹喜的话的。这两章对我们做事都是有指导意义的，比如我们对待疾病的态度，世界上的相处之道。

第三十二章
了道——不是无心，只是无事，曲终人尽长流水

【原经】

道，恒[①]，无名，朴[②]。虽小，天下莫能臣[③]。王侯若能守，万物将自宾[④]，天地相合，以降甘露[⑤]，民[⑥]莫之令，而“自均”[⑦]焉，始制[⑧]有名[⑨]。

名亦既有，夫亦将知止[⑩]，知止所以不殆，譬道之在天下，犹川谷[⑪]之与江海也。

【解析】

①“恒”：永远不动。

②“朴”：什么都没有，看不见摸不着。

③“臣”：在它之下，非老大。

④“自宾”：不用您劳心，自动去到为你服务的岗位。

⑤“天地相合，以降甘露”：身体聚天地阴阳之气交汇，结成金丹下来滴入口中。

⑥“民”：这一章是借来指人身体上，处于从属地位的各个骨骼肌肉百骸等部件。

⑦“自均”：大小周天、中脉等气血统统自动进行最佳运转。

⑧“制”：“道纪”上的人。

⑨“名”：祖师的头衔。“始制有名”：从现在开始你有了天下最伟大的职责。

⑩“止”：停止红尘中的工作，辞职。

⑪“川谷”：山间的水自然就会走谷道。这里指尹喜气脉自动运行。

【意译】

（师父，我知道了，不是“知道”，我见到了。哦，不是“见到”，我懂了，就是一个点，一个……我不知道怎么说，反正我知道我知道了，我也懂了先圣说的“内藏我知，不示人技，我虽尊高，人莫害我。夫江河长百谷者，以其卑下也”。老子自然明白，就替尹喜说一下。）

大道，它是永远不动的，也没有一个标准答案，没有一个固定的定义、名字，所以表达好了是挺不容易的。尽管它是小无可小的一个点，但是宇宙里没有比它官儿大的啦，一切星辰大海都只能在它的麾下。足下如今得道了，如果就这样保持道心，您的身心灵及外界世界都会以最佳状态为你运转。比如你的身体就会千百万亿地自动运转，你的上交下交阴阳猛烈接轨产生大归整，因此你现在就承了天下伟大的“祖师”之位。

既然是祖师了，那么你就按祖制把世间的工作辞掉，就可以开展你伟大的法职啦，辞职不是说就停止了为人民服务，就像你刚刚见到的大道，它是不是自动为人服务的？是不是像山上的水一样顺着山谷自己在流？就是说，辞职更是为人民服务，懂吧？

【心解】

得道之人心中无事，一切都是自然、自动、自觉的，而不是有为的。不动，不变，不生，不灭。

【延展】

这一章是尹喜悟道后的全身“重启”，气脉爆炸式的震动，上到了高维。这个时候心里跟明镜一样清清楚楚、明明白白，千言万语都堵在这儿，可就是不知道用哪句话来表达，因为又似乎哪句话都不是很准确，都很乏力，不能完全表现出大道的宏伟庄严。因为这个时候人兴奋得有点乱，头脑在“换防”，新旧猛烈地交替，思维改成了立体的，所以就语无伦次。老子看他磕磕巴巴的，就替他把心中的东西表达出来。因此前边是讲对大道的感觉，大道的景象，后边借着就告诉尹喜：你必须正式、专职地修道，一切时间精力全部要放在道上。

“天下莫能臣”，在天下它绝不会成为老二，就是我们现代的一句热语：“它要是称老二，就没有人敢称老大。”“而天下弗敢臣”，应该是老子现场讲的，是口语：天下就没有什么能使它成为老二的东西，只有它是当之无愧的老大。“天下莫能臣”应该是老子回来后修改的。这句话是反问着说了，所以证明只有说话才这么把正道理来反问。

“制”是上界的制度、规定。“名”是指尹喜修行成了，就有了阶位的天名了，比如“罗汉”“菩萨”“佛”，在道家是“地仙”“天仙”“大罗金仙”。《马王堆帛画》那两个跪在夫人面前的人，就是捧着金册，上面就是因为辛追夫人修成了果位而赐予她的名称。老子因为尹喜彻底悟道了，就封他为“祖师”了，所以是同时指“上仙”的果位和“祖师”的法位，后世叫“尹真人”。“始制有名”是说从现在开始你有了天名和法位名了，可以为天地人服务了。

“止”，停止你红尘中的工作，去好好闭关修道，把你的这个肉身凡胎慢慢转过来，不只是心合于道，让血肉之躯也跟着心灵转过来，呈仙人之躯。

“知止所以不殆”，就好比释迦牟尼，名位什么的统统不要了，只是为了去寻找人类问题的解决方法。

“川谷之与江海”可以解成：就像千条江河归大海一样自动化。这里老子是告诉尹喜：你刚才立见大道，才导致全身大河车的自动化转动。这一章是讲见了大道的当下，浑身归整重组而身心大震荡。

“万物将自宾，天地相合，以降甘露，民莫之令，而‘自均’焉”，

“川谷之与江海”，这两句话是一个意思，是说人努力听老师讲道，自己全力以赴认真地学习，然后开悟见道。一旦跳过了龙门，就不需要我们再管了，身心内外统统自动大归整，就是重新“格式化”。悟道非常像原子弹，我们的努力学习，老师的努力开导、引导，就好比原子弹先要有外力帮助一下，让两块铀合一，然后就不用外力了，中子就自己去轰击其他原子核，自动进入“链式反应”，最后，原子弹都变成了全新的、大无边的了。人开悟后，他的心就不是局限在这个一百多斤的身体里了，就是一个大无边的“天人合一”——大我。

“王侯若能守，万物将自宾，天地相合，以降甘露，民莫之令，而‘自均’焉”，“譬道之在天下，犹川谷之与江海也”，是在明确地告诉尹喜，像你这样的境界，大道就拉着你走了。

第三十三章

凡圣之区——起于心，成于心，归于心，不负于心

【原经】

知人者，智①也；自知者，明也；胜人者，有力也；自胜者，强也；知足者，富②也；强行者，有志③也；不失其所④者，久⑤也；死而不亡者，寿⑥也。

【解析】

①“知”：知道。“智”：聪明。

②“富”：内心的充实。

③“志”：有小我的志气。

④“所”：身体。

⑤“久”：长寿。

⑥“寿”：永恒，就是佛家的“涅槃”“不生不灭”。

【白话】

清楚别人的人，你分析得再清楚也就只是聪明。而清楚自己的人才是明白；能够胜过别人只是力气大，能够战胜自己才是强者；知足者心里充实；强行努力的人只是有志气；活的时间长，只是长寿；而能够保持本心不变才是长久，虽然死了，但心能不灭至永远。

【意译】

（正如您所说，我这里面就是清明一片、了了分明，心就如一滴无限小的水滴，遍照宇宙……）

别人，你知道得再清楚也不过是向外驰求的分别心，只有知道自己的心才是明白人。能够赢过别人，那只是力气大，而能够自律不随欲望跑，那才是内心强大的人。能够知足的人才是没有匮乏的圆满之人，而强行达到目的的人只是有毅力罢了。活得长久只是寿命长，而进入天人合一的状态，才是心等太虚，与天同寿，涅槃永恒。

【心解】

我们世俗上认定的“优秀”不是真正的优秀，真正的优秀是心灵的“优秀”。这个有生灭的小我所有的一切，都只是水月镜花，而真心是无生灭的“恒”。

【延展】

这一章的重点，《道德经》的重点，天下一切圣人就是动中肯綮地告诉天下：“知人者，智也；自知者，明也。”有分别心的人只能看到事物的“窍”，而有自知之明的人是看透了一切的人，才是深入下去看到了事物的“妙”，才是明白的人。

上面“解析”讲了，“知”是知道，而“智”相当于咱们现代的“聪明”，指脑瓜子灵，大家不要当作“智慧”。

“死而不亡者，寿也。”不是说“虽死犹生”，精神永远活在人民心中，不是这种我们的理解层面，而是看到了宇宙的源点，就知道了生命的来龙去脉。

我们说释迦牟尼所讲的是什么，是讲的“如来”；老子讲了什么，是讲的“大道”。那么，见到了如来的人就是“涅槃”（注意，不是死亡，死了叫“般涅槃”），见到了大道就是“寿”，就是“道大……王亦大”。“道”

和“人”都曰“大”。因为道是“不自生，故能长生”。“道恒”“长生”就是“寿”，都是指大道的“恒常”状态，就是“国之母，长生久视之道”（第五十九章）。

第三十四章

大爱无疆——真心真意，全心全意为众生

【原经】

大道泛泛兮①！其可左右②。万物恃③之以生而不辞④，功成而不居⑤，衣被⑥万物而不为主。故常无欲，可名于“小”矣。万物归之而不知主，可名于“大”矣。是以圣人能成其大也，以其终不自大，故能成其大⑦。

【解析】

①“兮”：其他版本也有用“呵”，意为“啊”。

②“左右”：周围旁边。

③“恃”：依赖，也可以是“持”字。

④“不辞”：负责任。

⑤“不居”：不坐在上面宣示主权。

⑥“衣被”：养育，哺育。

⑦三个“大”字，第二个是指个人的自大，是小我。第一、三个“大”是全维的大我，是“其大无外”的“大”，也就是心的投影。

【白话】

（可能尹喜说：是的，我现在就是“形动不生形而生影，声动不生声而生响，无动不生无而生有，形必终者也，天地终乎？与我偕终”。）

大道无处不在，无量无边啊，当然也在你的旁边，虽然一切都是赖它而产生的，但是它从来不拥有一切，万物都是在它的麾下而从来不操控，因为它永远没有要求和期许，所以就可以说它微不足道啦。那么万物都在它的麾下而它从来不占有，就可以说它"无限大"啦。那么您得了道就也能够成就无量无边啦，是因为从来没有想着自己，倒反而是无量无边的心啦。

【心解】

大道给了我们一定的空间，"不以厚吾之生者为荣，而以玉汝于成者为乐。"见了道就与大道的性质一样了——不拥有一切，而是被一切所拥有。

【延展】

无限大，亦可以是无限小。

此一章老子是说，为什么给大道起的名为"大"的理由，并指出，此"大"是没有对待的，是可小可大的，就是尹文子说的"其大无外，其小无内"。就是说，大道的性质是大小同时兼具的，亦大亦小、非大非小，大小同体、小大同时，因为是多维的。

"功成而不居，衣被万物而不为主。""生而不有，为而不恃，功成而弗居。夫唯弗居，是以不去。""不去"就是不离不弃。就是说大道对待一切都是客观无我的，尽管一切都是它创造的，但是都不是它有什么想法而干的，以至于使我们都察觉不到。就像做了好事，什么也不图，就悄悄地走开，是最高尚的，这就是大道的爱、博爱。

我们新发现的竹简和帛书，是"原始"的记录，是珍贵的古董。比如帛书版是辛追夫人供着的圣物，古人都是把人们生前值钱的、珍贵的东西跟随着主人随葬。而当时的人们和辛追夫人还是另外拿着"通行本"学习的，因为《道德经》在历史上是显书，是很容易看到的，所以说，这个出土的不是主人平时学习的，而是"古董""贡品"，是不能够当标准的。

"泛泛"就是哪哪儿都是，无处不在，无量无边。

"大道泛泛兮""道氾呵"，"呵""兮"，抒情字，发"啊"的音。我们与上古的发音已经有很大的变化了，但是其他的再变都不会有什么影响，只有这个“啊”字影响会很大，因为它影响了心。心的开放和感情的抒发，多出现在诗、词、歌、赋中，而鲜少出现在文中，因为它是“音标”，所以这里必须要给大家说清楚。

图27　牡丹与鼎

第三十五章

大道的接力棒传给你——紫气降函谷，铁肩担道义

【原经】

执大象[①]者，天下往，往而不害。安[②]、平[③]、泰[④]，乐与饵[⑤]，过客止，道之出言[⑥]：淡兮其无味。视之不足见，听之不足闻，用之不可既[⑦]。

【解析】

①“象”：气度，心量，维度。“大象”：尹喜。

②“安”：美好的生活。

③“平”：平稳的心情。

④“泰”：健康的身体。

⑤“饵”：勾引，诱惑。

⑥“道之出言”：从大道的角度来说……在大道看来……

⑦“既”：倚靠，仰仗。

【白话】

大气象、大格局的人啊，不管在哪儿，到什么时候心都不会动。那些个好的穿戴、装饰，好的住房，美妙的音乐，美味佳肴，红楼粉黛，各种诱惑，那些个韶华美景，在道者来说就是：平淡无奇没有味道，根本不值

得一看，根本不值得一听，不值得一用！

【意译】

（尹喜听完老子的话说：我怎么自己没觉得您说的“无量无边”无限大呀？没觉得“无我”“无为”呀？我觉得我根本就没有智慧担当天下，我一点儿也没有信心。老子就像哄孩子一样告诉他，你是合格的，不要怕，你只要去除人们的“我”就行，大胆去干就是啦。是拉着长音说。）

小尹呀，你看你，这就行啦！没事儿啦！与天地共进退，与乾坤同一体，不会再打妄想喽！不会再动心啦！不会被欲望所诱惑啦！如今你，那些个过去美好的事物都不会执着咯！世间的云卷云舒都不会让你起心动念啦！如今在你眼里，统统都是过眼云烟，不会再跟着妄想跑喽！

【心解】

见道者内圣外王，心静如水超然物外，“嗜欲不能劳其目，淫邪不能惑其心”。胸中唯有乾坤大乐，岂有小乐乎？“智明而行无过矣”！

【延展】

“天下”，佛家叫“在在处处”。

“往”不只是身体的去往，还指心灵的体验，上古说的：我们里面的太阳神所经历的事。

“天下往，往而不害。”意思是：尹喜你没问题啦，再也不会起心动念了，遇到事情心都不动了。这句话就是释迦牟尼的“如如不动”。

“安、平、泰”，老子指尹喜：你悟道了，心情平静，心态就安稳了，气脉顺畅身体康健，统统都好啦。

“乐与饵”，指人们在贪欲的驱使下，往往喜欢吃好吃的，造成五气不顺，五脏不调，还有金钱的诱惑，美色的诱惑。

“过客止”，在大街上，路过的人就会因为看见、听见、闻到了好看好玩的，比如各色幡幌、赌馆的吵闹声、香楼的歌声等的勾引，过客会因贪欲而停下。可能在外一年所赚的钱，本来是要回家盖房子置地娶媳妇的，只因经不住诱惑，就落得个空手而归了。经得住诱惑就会不动心，不执着，不起妄想。这里老子是借外说内，说心，是告诉尹喜：大多数人都是把这红尘当成美好的家了，咱们要把众生度出来。

第三十六章

驭道役德——传道传德传法脉，一路传承不中断

【原经】

将欲翕之，必固张之①。将欲弱之，必固强之。将欲废之，必固兴之。将欲夺之，必固与之。是谓微明②。

柔之胜刚，弱之胜强③。鱼不可倪于渊，邦之利器④，不可以示人。

【解析】

①“固”：故，先期。

②“微”：究竟。“微明”：最精微的明白，就是佛家的“理事无碍”。

③“柔”“弱”：柔顺。“柔之胜刚，弱之胜强”：你将来碰到难题都要冷静下来，大智慧会帮你解题。

④“邦之利器”：这里不是指能够治理好天下的大政方针，而是说，我传付于你的“祖师”法宝，也就是从上传下来的大道智慧是历代天下的魂。

【白话】

你要收敛它，必须先要使之放开；你要想把它弱下来，必须要先使之强起来；你要想废除它，必须先要有建立；你要想拿走，就要先给他，这就是理事无碍。

纾柔优于刚强，软比硬好。鱼儿不能离开水塘，这是宗门内部最有效的密法，是不给外人讲的。

【意译】

（听了老子的肯定和鼓励，尹喜心有余悸地说：那好吧，那我得怎么做才能达到您的水准？众生的小我，我怎么才能帮他们去除呢？）

你要想压缩他们的“我”，就要先撺掇他尽情地放大“我”，然后你才能施展手段逐步压缩，这样就有可能使他们的“我”归零。你要想弱化他的“我”，就要先强化他的“我”。他有了这个强的“我”，你老师才能够施展拳脚，将他的“我”釜底抽薪，一弱到底就可以把它消灭。你要想废掉他的“我”，先让学员尝到“我”的甜头，然后再慢慢地讲“我”的苦处，使他的内心生无可恋，他就会放弃“我”。注意，关键就是，你要想夺掉人的“我”，就要先给他一个大大的“我”的容器，让他们死死地抱着，这时候他的心就全在容器里了。就在这紧要关头，你突然夺下他死死抱着的容器，他的“我”就会崩溃，就见到大道了，就像这几天我对待你似的。

所以呀，什么事都不能直来直去，要懂得曲折迂回，越是强大的东西越是不能硬碰硬，不是直接就能消灭的，要以柔克刚。

刚刚讲的就像水对鱼儿那般的重要，这可是历代祖师们代代相传的秘密武器哦，可不是轻易能够得到的哟！

【心解】

小我是悟道的大敌，解决小我不能硬来，要欲擒故纵、以柔克刚才行。人都是喜欢抱着自己的保护茧，作茧自缚才踏实，你就不能硬抢，因为那是人的命根子。你就先帮他们把茧建造得更加牢固，他们就会信任你，觉得你说得对，这样，你才有机会斩杀他们的茧壳，使其跳出小我。

【延展】

第三十五、三十六章是连在一起的，是最后正式“发文凭”、传衣钵的，相当于尧帝禅让时对大禹说的话——千斤重担就交付给你了。

因为道都传完了，法也传了，最后老子就把门内的最高方法教给尹喜，是用特殊手段来使学生克期取证的，非常像临济、法眼宗的做法。这一章也许是《道德经》里最难理解的，哪怕咱们给讲好了，还是会被认为咱们解释得不对。为什么？因为大多数人没有这个悟道的学习经历，就不好体会这一章讲的。这一章着重讲的是：人的“我”是根深蒂固、坚如磐石的，所以释迦牟尼叫“刚强众生”，必须用非常的手段出奇兵才能打破，小我不死大我不生。老子就非常郑重其事地传给尹喜破除小我的方法，并告诉他，我这个行之有效的方法手段，是前辈老师一代一代传下来的，是咱们门内的法宝，没有悟道的人是掌握不了的，所以只能内部传，你要学会并掌握，今后也照样打造下一代祖师。因此这一章不能“依文解义”，按照大家认为的那样去解释，不是治国用兵，不是讲大道理，不是讲哲学，所以以常规的方法是进入不了的。

我们知道，小“我”是我们修道最难越过的龙门，前面老子说过：战胜自己才是真正的强者，就是去除小我。这一章就是告诉尹喜，我是怎么把你给度悟道的，今后你也要像我这样度人，最重要的是去除人们的“我”。我也是我老师这么给教出来的。

“将欲翕之，必固张之。将欲弱之，必固强之。将欲废之，必固兴之”，这些都是给“将欲夺之，必固与之”作铺垫。表面意思是，如果你要有个什么，就要先期具备条件，比如我们要想“辞职”，就要先有工作，先入职才能有辞职。

那么“夺”“与”的是什么？这是《道德经》的关键。我们看，最初尹喜缺什么？又多什么？老子去除了尹喜的什么？当初尹喜缺大道，而多“我”。如今尹喜悟了，并且老子要他做下一代祖师，就教给他自己这一堂课的关键诀窍是什么，如何度人。告诉他有时要从反方向去解决，不能愣来，就像这几天我度你。然后告诉尹喜，我刚刚讲的可是历代祖师才能知道的内法。

第三十七章

纵观道横看德——会当凌绝顶，一览众山小

【原经】

道常[①]无为而无不为，王侯[②]若能守，万物将自化[③]。化而欲作，吾将镇之以无名之朴[④]。无名之朴，夫亦将不欲。不欲以靖，天下将自正。

【解析】

①“常”：原为“恒”。“道恒”：尹喜得了道。

②“王侯”：一般指“王爷”，此处特指尹喜。

③“自化”：自动在正确的轨道上运行。

④“镇”：压制、调整。“朴”：助一臂之力。

【白话】

大道就是这样自然完成你的修行，你如果能够这样一直保持着，修为就会自动行转。我也会用无名字的手段帮你固化一下。固力一进入你就再也不会起妄念了。没有了妄念，就能入定，心就没有一丁点动了。

【意译】

（太好啦！原来祖师爷们早就总结了一套成熟的方法呀……那我该怎么做？）

得了大道，大道就会帮你静下心来，你就一直这样心不动就行，制心一处就都会自动转动的，我还会帮你加固一下你的心。静力一进入，你马上就没有妄念了。没有妄念就会清净，然后就会入道，你的世界就是一个如如不动的世界。

【心解】

“守静笃”，沉心潜意，见道入定，便可见微知著，业峻鸿绩，“为万世开太平”。

【延展】

这一章是准备要结束了，最后再给尹喜说说。

“无为而无不为。”“无为”不是不张嘴、不是不要馅饼，而是老老实实地向天张着嘴等待。“无为而无不为”就是无我而无不我。就是说，没有了“小我”就无处不是“我”了，也就是“大我”，“大我”就是“道”。

“万物将自化，天下将自正。”说的都是人悟了，无我了，你的心就是这星辰大海，就是这个宇宙，你只有心不乱动——无为，就一切都自然而然地完成——无不为。

第三十八章

叹天下道——道之多寡，以德衡之

【原经】

上德不德[①]，是以有德；下德不失德[②]，是以无德。上德无为而无不为，下德为之而无以为[③]；上仁为之而无以为；上义为之而有以为；上礼为之而莫之应[④]，则攘臂[⑤]而仍之。故失道而后德，失德而后仁，失仁而后义，失义而后礼。夫礼者，忠信之薄，而乱之首也。前识者[⑥]，道之华[⑦]，而愚之始也。是以大丈夫处其厚，不处其薄；处其实，不处其华，故“去彼取此[⑧]”。

【解析】

①“上德”：上德时代。“不德”：看上去没有道的样子。

②“下德不失德”：下德时代，尽管得道的人少了，但仍然有许多人很努力地学习正道，试图悟道。

③“无以”：不算数。

④“莫之应”：不知道以什么为宗旨，心无处安放。

⑤“攘臂”：随便一甩手。

⑥“前识者”：有先见之明的人、明眼人，这里老子是指自己。

⑦“华”：美丽的外表。“道之华”：只是一大堆的道理、讲究、斋醮科仪，没有硬货支撑。

⑧“厚”“实”“此”：真修实证。“薄”“华”“彼”：看上去像那么回

事，听上去挺有道理的修行法门。

【白话】

“上德时代”，大道具足，就不需要标榜个什么“德”，那才是真正的有德。然后“下德时代”，人们追求“道”“德”，就少有至高的德了。因为“上德时代”的人是不去刻意遵循道而自然不离道，而“下德时代”的人是努力达到的道德，这样的“德”就不是至真至正的了。“上仁时代”，好人做的事也是没有德了。“上义时代”，人们做的大义之事，也就算是有点意义，等到了“上礼时代”人们所做的事就一点儿道也没了，统统可以甩手扔了。就是说，大道的退化过程是：心中没有了至道至德，人们就只好去追求道与德，然后再下去没有了德就去追求道德品质，未来当道德也没有了就讲求信义，最后当信义都没有了就只能保持外表的礼节了。你一搞礼呀，就说明忠诚信义少了，人心就开始动荡散乱啦。我早就知道，有一天大道一被提倡，就是蒙昧开始的标志啦。作为一个有志气的人是找真正的道，而不是学习一些乱七八糟的法门；追求“道”而不是追求“修行”，所以不管那些管这里。

【意译】

（尹喜问道：我常常看先圣黄帝的道经，说过去的“道”是自然在人们身边的，可是好像也没有我们这么重视“道”“德”，就说“去彼取此”好像就行了。像我这么刻苦努力学习“道”还没有沾边呢，他们怎么就那么多人都有道啦？是不是我没有弄懂“去彼取此”呀？）

“上德时代”的人没有道的痕迹，那才算是最高的德；“下德时代”的人努力去学习，修道，因为“道”已经变成珍贵的东西了，悟道的人少了。因为“上德时代”是没有做事的“我”，也没有所做的事，也没有要遵循的道，自然而然地融于生活；而“下德时代”的人是小“我”在做事，就不是“天道”做的了。“上仁时代”是有做事的人，就离开道了；“上义时代”还有那么一点的像样，等到了“上礼时代”就一点道的影子都没有啦，全都是不值钱的垃圾！就是说，道不盈满了，人们就学习道，也就是“德”，然后学道再寡薄了还有仁，仁再寡薄而后就是义，那么义再寡薄之后就只有礼了。你要知道，当有一天天下只剩下礼了，天下没有信义了，那么就是大道已沦丧，就是贪嗔痴占据了人们的心。我早就看出来征候了，现在社会上把“道”看成是至高无上的东西时，就知道社会开始走下坡路了。因此，你们好样的，就只追求道，不去关注其他那些花里胡哨的东西，修行也不搞形式、仪轨等虚头巴脑的东西，所以呀，修行不是修外面，只管这里（老子用手指自己的心脏）。

【心解】

上德之人二六时中清风明月，春到枝头逍遥自在。假花，虽然有美丽的外表，美丽的色彩，甚至有浓郁的香味，且常开不败，但这美丽都是死的，缺少芳华生机。心为一切功德之母，其他一切法都是心外求法，只会越修越远。

【延展】

这一章是这个《道德经》研讨会的开始，也就是实际上的第一章。

这一章与第十七章的意思相似，第十七章是讲修行人的划分，这一章是讲法在时代的划分：在华夏文明的历史长河中，大道是由盛到衰的。咱们祖师多努力一点，道就晚衰灭一点，所以修道要实实在在地悟，不能退而求其次。学就要深入到底，不搞理论研究，更不要迷信崇拜。大丈夫宁缺毋滥，要学就学大道而不学小道。这一章是告诉徒弟及未来的修行人，注意力要搁在道上，而不是花里胡哨的法上，“去彼取此”就是去外守心，去伪存真。

图28　书法

《诗经》“关雎”以美女来比喻智慧，咱们这一章以美女来比喻德（图28）。

“上德时代”就好比深闺望月的二八佳人，锦瑟年华、冰肌玉骨、袅娜动人，唇不点而红，眉不画而翠，大抵还她肌骨好，不涂红粉也风流！

“下德时代”，就好比青年少妇，虽然是“一双笑靥才回面，十万精兵尽倒戈”，但是就要化化妆，举手投足都要注意点儿了。

再长些的年龄段，“上仁时代”“上义时代”，虽然“濯清涟而不妖”，但要注意化妆、美容保养、保持身材了。

“上礼时代”就像风韵犹存，努力让自己举止娴雅总还是有用的。“礼”时代是说：道是末日余晖，仅残存了那么一点点了，天下也就只有极少的人得道了。

第十七章的“不知有之”和这里的“不德”是一个意思。

“失道而后德，失德而后仁，失仁而后义，失义而后礼。”就好比我们现代人讲解茶道，心中没有道了，就只剩下“茶”了，所以就只能讲仪式和礼仪了。我们现代讲诗词，心中没有了道，就读不出来大诗人的“志”了，就只好读成了人文景观、情感伤怀。没有了道，智慧之光就宕机了，心就不亮了。《诗经》就只剩下“诗”了，《易经》就只剩下“易”了，佛经就只剩下“佛”了，《圣经》就只剩下“圣”了，“品牌”就只剩下“牌”了，《黄帝内经》变成了“黄帝本草”。就像《素书》，张良写了《秘戒》曰：“不传于不道、不神、不圣、不贤之人；若非其人，必受其殃。”那些伟大的诗词，伟大的《诗经》都不是写情景的，而是托物言志，“言”鸿鹄之志的。

“下德时代”的人是喜欢道的，学习、热爱、维护、传播道，但是是没有真正见到道的“孔德”。

“下德不失德”，老子在批评以“道”来修道的，为了“道”而修行的都只是“名”道——“是以无德”。真正要获得道就在自然中自然而然，自然就是道，我们像找东西一样去找，一定不是真正的道而只是“道”。这就是第一章的“道可道非常道”。放下，去体会我们的“体会”，那个才是道。

“故去彼取此”表面的意思：“彼”是指那些五花八门的高级的修行法

门，是心外求法，“此”是心法。“彼”就是释迦牟尼说的“外道”，是思维判断，是分辩。“此”就是你（尹喜）现在的样子。人的特点就是喜欢向外攀缘，而圣人重视心，也是《黄帝内经》及“内家拳”“外家拳”“内”与“外”的定义。“去彼取此”是让尹喜保持悟道后的心，就是释迦牟尼的“以戒为师”。第十二章，还有第七十二章三处说“去彼取此”，是非常口语的，要配合手势的，我们看不到手势就难些了。

“礼”是礼仪、礼节，表示友好，可老子为什么说是“乱之首”呢？老子是说：当人们的心门都一个一个关闭了，那就只好由头脑来工作了。这时，人们间的连接没有了，只好靠头脑来连接，用讲讲礼貌来保持人与人的表面“友谊”。我为什么要把“友谊”打上引号呢？我们看，有的国家是相互敌对的，甚至在打仗，但是领导人见面都还是非常友好的，笑脸握手。大家还是保持了表面的礼仪，总还没有堕落到见面就拳脚相向的地步。就是说，我们仍然要有风度，装出来“礼”，面貌上还是要表现出有“礼”的，这就是我们现代的“礼貌”。

“华”（“華”）字原本指栎树的花叶果，树向外展示的美丽就是这些外表，吸引眼球的也是这些而不是里面的枝杈。

在整个经里常常有过于简练的话，特别是一章的开头和末尾，因为老子是有比画的，所以尹喜他们自然就懂。老子说“彼”时，用手指向外，然后讲“此”时手指反过来回指心脏。马克·吐温说过：“如果一个人影响到了你的情绪，你的重点应该放到控制自己的情绪上，而不是影响你的那个人上。”

比如老子说“稽式”时配合双手合十，所以当面聆听圣人的讲课，会好懂一些，因为除了有特定的题目、环境外，还有老师的语气、表情、手势。

第三十九章

心得一以道——“一”就是“道”，“得一”就是“德”

【原经】

昔[①]之得一[②]者，天得一以清，地得一以宁，神[③]得一以灵，谷得一以盈，万物得一以生[④]，王侯得一以为天下贞。其致之，一也。天无以清将恐裂[⑤]。地无以宁将恐发[⑥]。神无以灵将恐歇。谷无以盈将恐竭[⑦]。万物无以生将恐灭。王侯无以为贞而贵高将恐蹶[⑧]。故，贵以贱为本，高以下为基[⑨]。是以王侯自谓“孤”“寡”“不穀”[⑩]是其以贱为本也？非欤！故，致数誉无誉[⑪]，不欲碌碌若玉[⑫]，落落若石[⑬]。

【解析】

①“昔”：这里指开天辟地大爆炸以来。

②“一”：无分别，原态，也就是大道的状态。

③“神”：神仙，非我们现代人认为的“神仙”。

④“万物得一以生”：是对上边四个的概括总结。

⑤“恐裂”：令人恐怖的毁坏。

⑥“发”：是“废”字。“地无以宁，将恐废”的字面意思：大地老发生地震等自然灾害就废了。这里是指下丹田宁静，气脉就不会乱窜，心也

就不乱。

⑦“竭”：干瘪。

⑧“蹶”：马尥（liào）蹶子，表示摔下来。

⑨“本”“基”：基本，根本，是指道层面的。

⑩“孤”“寡”：受累的命。

“不穀”：不吃人饭的畜生，意思是当牛做马。

⑪“无誉”：梦幻泡影。

⑫“玉”：表示光鲜亮丽的头衔。

⑬“落落”：心踏踏实实。“石”：表示普普通通。

【白话】

古往今来和谐不逆的有：天阴阳平衡就干净，大地阴阳平衡就安宁，神仙阴阳平衡就灵验，五谷阴阳平衡就丰茂饱满，总之，一切阴阳平衡不乱为就和谐自然生机勃勃，您身心阴阳平衡就能更好地为普罗大众担当。这里的关键呀，就是平衡。天如果失去了清静就会天灾百出；地如果失去了安宁就会人祸横生；神如果失去了灵验就会无事可做而被废弃；庄稼如果失去了能量就会枯竭，总之，一切没有了生机就会灭绝，因此，足下如果失去了操守就会下台。所以要懂得，高贵是从你过往的付出换来的。就好比侯王自称“孤、寡”是喜欢作践自己吗？非也！即便获得了再多的赞誉，都不要当回事，不在乎是美玉般的光鲜亮丽，还是石头那样普普通通。

【意译】

（尹喜说：师父，我常常看到先圣黄帝有“得一”“如一”“执一”“握一”“为一”“复一”“守一名”。比如“与天地如一，得一之情，以知死生”。）

所谓“一”就是阴阳平衡回归原本。一切和合阴阳平衡就会定静安宁，心不动就一切皆安，遂于自然，否则就会乱。侯王自称“孤、寡”不是作践自己，是因为懂得阴阳相生、阴阳互转的大道智慧。所以人活着，不必在乎是光鲜亮丽还是普普通通。你在乎不在乎只是在这短暂的时间段有区别，在真正的生命中根本就没有区别。

【心解】

“一”就是道，“得一”就是德，凡得一以圣。

“小人求全，君子求缺”，身外之物统统抛弃，只全心全意地为爱而活着就是生命的意义——“天地运而相通，万物总而为一”。

【延展】

伏羲“一画开天”。万法归一，一就是平衡，就是“一阴一阳之谓道”。我们常常说“健康”，“健”就是我们的一切身心活动。“康”就是阴阳平衡，没有偏颇地在生活的道路上走下去，也就是“得一”。大家以为黄帝在说什么？黄帝在说“人得一不病”，也就是人合乎于道、阴阳平衡就不生病，我们中医就是把你的不平衡给调整为平衡，黄帝的治病方法就是让人近道。所以，《黄帝内经》不是单单写给大夫看的，而是给你我全部人看的。最好的大夫是自己，不要心里老指望医院，大夫是“外”。你要自己“内”保持阴阳平衡，就是“去彼取此”。所谓“得一”就是“健康”，这里可以借健康来说一个“意译2”会更好理解一点：

【意译2】

天健康就清亮，地健康就安宁，神健康就灵验，庄稼健康就饱满，总之，一切健康就好好成长，尹喜你身心健康就可以更好地为社会做事。关键就是阴阳平衡，平衡了就健康。所以你不要追求外在的强壮、伟岸、有多大能力，而要心平衡，能量就不流失。普通没有什么不好，不生病、健康才是你身体真正强大。

有人说过这样一句话：当人们达到了一定的高度可以看到山顶时，就会看到伟大的圣哲们早已坐在山顶等待多时了。现代有一个高精尖的医学叫“系统医学（systems medicine）”，是由“可预测性医学”“精准医疗”等构成的医学体系。里面有“结构整合（integrative）”“调适稳态与建构（constructive）分层的信息控制系统”，是用现代化手段“计算机模型、高通量生物技术”等实现“个性化医疗（personalized medicine）”。这就是阴阳平衡让病人“得一”。

“昔”（㫺）字上边画的是滔天巨浪，下边是太阳，表示在生命之前是遮天蔽日的大洪水，佛家叫“劫水”。“汤汤洪水滔天，浩浩怀山襄陵，下民其忧。”这里指人类起源以来。

“一”往大家能听得懂的这边说就是：磨合，生态平衡，和谐社会。比如两个不同家庭的男女青年，从认识开始就是启动了磨合工程，磨合好了就是“一”，就结婚，不是“一”就拜拜。结了婚继续磨合，一直迈过“七年之痒”没有起大的矛盾就“生态平衡”了。套这里的话就是：家得一以和，家无以和将恐离。那么家放大了是社会，再放大就是国家，再放大就是世界——天下。《道德经》于现代的意义是：世界得一以和，化干戈为玉帛，世界无“和”将恐灭。“一”也是伟大的“博爱”。

“本”字是“木”字下边加一横，表示主干扎到土里的基础部分，是树木的基础。

“一”是心不动，纵使忙得四脚朝天心底也是平静的，就像圆规，外边不管干多少事，永远是在本心的掌控之下，是谓“圆满”。

“得一”是老子在描写得道者（天、地、神、谷、万物、人）所“看”到的景象，也就是大道的形象。黄帝曰：“一者，阶于道，几于神。”得道者看到的天地宇宙与我们也一样也不一样，得道者看到的旻天宇宙就是个立体大镜子，镜子里边的一切都是自己的映射。但是得道者不是在镜子外看，又绝不在里面。“看”是有对待的，而大道和圣人无对待，这就是释迦牟尼的“大圆镜

图29　“禅”字书法

智”，也就是庄子的“用心若镜”。

“得一”就是放下归零，“放下屠刀，立地成佛”，禅宗叫“歇”，“狂心顿歇，歇即菩提。”

不管你是什么，不管你多乱，不管你多有能耐，有多大的地位，不管你有多聪明，你再读书破万卷，学历再高，你都统统给我归零，“落了一片白茫茫大地真干净”。无论做什么事都要抓住它的根本，这样才能一通百通。我们学习《道德经》不能像“打地鼠”似的，一个字词、一句话地弄，而是要从一句话、一段话中，弄明白整个《道德经》的宗旨。

英国诗人威廉·布莱克的《纯真预言》说：“一沙一世界，一花一天堂。掌心握无限，刹那成永恒。”老子、黄帝及这里他们说的，都是见了大家各自的最高境界。这个“一”就是第一章的“玄之又玄”，这一章讲“得一”的境界也是在讲“玄之又玄，众妙之门”。各个章节（还有各个时代、各个文化、各个地域、各个语言），讲一个难讲清楚的东西，都要用不同的词汇来描述、来形容。《道德经》里面都是车轱辘话一直在讲一个东西，只有这样尹喜才能懂。咱们这里编一个故事，希望全世界和谐博爱。

比如莎士比亚的徒弟们编导了话剧《哈姆雷特》，全世界70亿人都轮流来观看了。看完了，大家盛赞无论从编剧到导演，到演员等都是超一流的，给大家带来了精神心灵上的极大享受，也盛赞莎士比亚的伟大智慧。全世界各个国家都展开了大讨论，结果很多人开始争论，都说对方没有看懂，哈姆雷特不是对方说的那样，甚至吵得不可开交。为了解决问题，大家说，那我们再看。看完了第二遍，有些人说：上次是我没有看懂，我同意你说的。而仍然有很多人在吵架，谁也说服不了谁。那么大家一致认为要再看。看了第三遍，就有一些人转变了自己的看法，承认自己水平不够，之前没有看懂，哈姆雷特确实是如对方说的那样。这中间大家都去请教莎士比亚的学生，学生说：“你们的智慧还没有够上伟大的沙先生，只有少数人看懂了，多看看，慢慢会理解的。”然后大家就再看，每看一次大家就理解得多一些。慢慢地，全世界就有许多意见相同的人结成了跨国同盟，随着观看次数的增加，“同盟”就由人少慢慢合并成人多，而全世界的“同盟”数量则由多变少，先是几万个。随着看的次数增加，也就是理解度的增加，全世界慢慢减少为几千个，然后几百，进而几十个。莎士比亚的学生一直都在说一句话：“你们虽然理解得比之前深刻多了，但都还是没有彻底看懂。”

等到了最后，全世界就剩下了四个部分，是三个大阵营以及不关心的人。这三方都说自己是真正理解了莎翁的，说其他两方是没有理解，是错误的。但是，三方里面都有少数人说：“我们是真正看懂了的，你们虽然已经不低了，但是还是没有彻底看懂，吵架是你们的偏见和浅薄所致。”莎翁的学生认可这个说法，并说：“等到你们百分之百看懂了，你们就不会打架了，因为只有一个真正的答案，那个时候你们才算是真正知道莎翁的智慧，才算是真正知道其伟大在哪儿。现在，就算你们盛赞莎翁，却没有赞到点子上，充其量只是宗教情结的赞。”

《圣经》中说“爱人如爱己”，佛教说“慈悲”，莎士比亚说“人生如花，而爱便是那花蜜”，《老子》第二十七章叫“爱”，第六十七章叫“慈”，都是一个意思，我们难道因为这些说法表面上的不同而打架吗？

无分别心就是“不二”，“不二”就是“一”。身得一以静，心得一以定，灵得一以清。身、心、灵全都得一了，就“无为而无不为”。得一者是得大道，也是“大禹治水”的意义。人本来是各自有各自的想法，但是当大的灭顶之灾来临时，谦虚的人就懂得反思。华夏大地最早是由无数的小邦慢慢结成了九个大邦。当大水来临时人们才知道，他们的力量太渺小了，所以大家以血的教训懂得了“团结就是力量”，天下必须成为一个整体才能抵御大的灾难，所以大家就自动“九州归一”，铸九鼎，从此天下人心归一，号“神州”，这就是我中华民族长盛的根本，也是“中华民族伟大复兴”的内动力，也是我国从这次新冠疫情中所获得的经验。“在此次抗疫过程中，亿万中国民众的自觉自律让世界印象深刻，赢得广泛的积极评价。联合国秘书长古特雷斯称赞中国人民在抗疫中的牺牲‘为全人类做出了贡献’。德国中国问题专家弗兰克·西伦认为，中国能快速从新冠病毒阴影中恢复，和‘中国人高度自律’有关。自觉、奉献、团结、互助的可贵精神绵延数千年，已深深融入中国人的血脉，代代相传，护佑着中华民族生生不息。也正是有了这样的精神基础，中华民族才没有屈服于任何挫折和灾难，在每一次坎坷中都能重新站起，更加强大。”（郑汉根文）正如建构主义鼻祖，美国人亚历山大·温特说：“一个国家在生存、独立和经济财富这三种利益之上，还必须加上第四种国家利益，那就是集体自尊。”

图30　梅花与鼎2

“得一”就是一心一意，全心全意，“无我”“无为”心无旁骛。

“神”，“造物主”“造化之良能”，天地万事万物的运化反应。“神得一以灵”字面意思是：神灵没有妄想就特别灵验。“神”这个字与我们现代人的认识有完全相反的意思。

“谷”，指中空。在古代，常常雨水不够，黍就灌不上浆，就不能把壳里面预备好的空间填充满，就是空的，所以管农作物都叫“谷子”。“盈”指谷子有雨水就充满了内腔。

“蹶”，下台，弹劾的意思。

“裂”就是开裂，是借了“女娲补天”里的字，九天之上一直就有一个惩恶扬善的达摩克利斯之剑。如果人类太坏了，天（女娲娘娘）就不托着了，任由它掉下来降临人间，地壳下面就会开裂，造成火山爆发，地震海啸，大地下沉。

“孤”“寡”，孤鸿寡鹄。古代为王者都自称为“孤王”“寡人”，意思是没有福气、没人要的人，相当于现代“受累的命”，带有高处不胜寒的无奈。如果按照佛经那样忠实记录的话，《道德经》应该有“万言”，因为中国文化与印度不太一样。那么尹喜是君子，尊师重道，老子比尹喜的爷爷年纪还大，中国文化中讲究“长幼尊卑有序”，所以尹喜及其他人就都没有记录尹喜的话，造成了咱们后代以为是写作的“著作”，对于理解就多了一道障碍。不过尹喜在给学生讲课时，倒是说了一些自己的问、答话。如果我们能看见尹喜的问题就容易看懂了。有的是老子的问话，如果我们看见了尹喜的答话，也能够更好地理解老子的问题。例如第十五章，老子是回答尹喜问师公的，如果大家看见尹喜的问题，就会理解得更明确，就算是猜，范围也能小点。

“裂”“废”“歇”“竭”“灭”“蹶”都是一个意思：毁灭。

有些人把“恐”字给看成“恐怕”了，这个“恐”是“恐怖”的意思，指灾难，小的是天灾人祸，中等以上的就是《圣经》说的“末日审判”，是人类动物灭绝，就像当年恐龙灭绝和“诺亚方舟”，上等的是所有生命灭绝，就像“亚特兰蒂斯”。

“贵以贱为本，高以下为基。”表面意思有：比如我们与大的危难僵持了好长时间，一旦来解救的人们把危险解除了，那个时候我们就瘫软下去甚至晕厥。是那个危难支撑了我们的意志，当危险解除时，我们的斗志和力量也就随之消散了。也可以理解为哲学模式：“贵”是以“贱”为参照，对比出来的；高是跟低比才成为的“高”。老子给尹喜讲的表面意思是：你现在的高贵，皆是因为你过往的下贱换来的。这句话的真正意思是对“一”的解释，是要尹喜心踏实下来，不起分别心，分别对待是“二”。“一”是指事物不乱动，以它本该有的轨迹行事，安于本位，也就是中道、恰到好处，是龚自珍的“万一禅关砉（huā）然破，美人如玉剑如虹”。

“不穀”字面意思是不吃人饭的畜生，意思是做牛做马。

“是以王侯自谓‘孤’‘寡’‘不穀’”，意思是：就好比王侯的自称，都是“孤”“寡”“不穀”的。

“以贱为本也？非欤！”中华民族上行下效，谦虚谨慎、戒骄戒躁，比如自称为“鄙人”“愚兄”“卑职”“贫道”。

“致数誉无誉，不欲碌碌若玉，落落若石。”圣者不追求外表光鲜亮丽、可炫耀的、叫得响的东西，因为那些统统都是不实的东西。圣者追求心中有道踏实有底。

万紫千红百花园，
五蕴四季春秋转。
阴阳更迭生命变，
无限终究归一元。

第四十章

人间正道是沧桑——喜欢逆潮流而上的人接近道

【原经】

反[①]者道之动，弱[②]者道之用。天下之物生于有，有生于无。

【解析】

①“反”：分开，分离。

②“弱”：收敛，阴阳和合回到无极，万法归一。

【白话】

分化是道打破平衡，收敛是它本能地回复平衡。天下的一切都来自道的不平衡，而不平衡是从平衡来的。

【意译】

因因缘的催动而产生出事物，是大道的分化。收合而回复到初始状态，是大道的本质性能。天下的一切都是从阴阳不平衡中产生的，但这不平衡是来自那个原本就没有动的、平衡的恒态。

【心解】

人在劫中游了一大圈，最后回来“得一”，也不“争”了，也不斗了，“落了一片白茫茫大地真干净”。

【延展】

图31　书法

这一章就是伟大的“能量守恒定律”，就是讲宇宙的“平衡机制”。这边叫“归零”（图31）“归一”“得一”“和”“太和”“大和”。

这一章我们看到似乎有点突兀，难懂，因为是回答尹喜的问题，所以前面本来是接尹喜的问题。

这章的关键字是“反”和“弱”，其实这两个字都不是主词。主词在尹喜的话里，老子用两个动词来讲解主词。借这里咱们总讲一下，在整个《道德经》里，有时是老子问，而很多是尹喜对其他经典，比如黄帝的话、《周易》，包括老子在社会上早已流通的话提出问题，也有先讲出自己的感悟，错了或不足，老子给予纠正，给予调整补充，对了就首肯，有时特别正确，老子就大加赞赏，有时也补充讲一下，以达到更精炼、更简短，这就是《道德经》这么精辟的原因。

这里尹喜的问题应该是问的经典里的话，咱们大概能够知道是什么。比如老子、尹喜时代的圣人言教有“天地”“阴阳”和《易》的“乾坤”。“天”“乾”老子、尹喜都知道是发展、升腾、创造、阳的意思。“地”“坤”是收敛、藏、下、靖、阴的意思。因为尹喜已经说了圣教，老子就不用重复原话，但是意思要表达出来，老子就把原话用描述词“反”和“弱”指代一下。如果咱们给换成“升者道之动，降者道之用”或“阳者道之动，阴者道之用”就一目了然了。

第四十一章

五色道——道本无痕，惟人染迹

【原经】

上士闻道，而勤行之。中士闻道，若存若亡。下士[①]闻道，而大笑之。不笑，不足以为道。故建言[②]有之曰："明道若昧，夷道若类[③]，进道若退[④]。""上德若谷[⑤]，大白若辱[⑥]，广德若不足[⑦]，建德若偷[⑧]，质真若输[⑨]。"

"大方无隅[⑩]，大器晚成[⑪]，大音稀声，大象无形，道隐无名。"夫惟道，善贷且成[⑫]。

【解析】

①"士"：赞誉所有在座的向道人。"上士"：指尹喜。"中士""下士"：在座的其他人。

②"建言"：老师告诉我，从上传下来的祖师的标准。

③"夷"：地面。"夷道"：低等道，也就是"孔德"。"类"：相像。

④"退"：褪去道的表象。

⑤"谷"：低。

⑥"辱"：奴隶，牲畜。

⑦"上""大""广"：道。

⑧"建"：实心的。"偷"：贼，犯了错。

⑨“质真”：瓷实。“输”：没有，流失了。

⑩“隅”：对偶，对称位，这里指阴阳对待。

⑪“晚”：是“免”字，指没有。

⑫“贷”：道理。“贷且成”：理论与实际相结合，“理事无碍”。

【白话】

上等学道的人一旦听到了真道，就会毫不犹豫地投入学习。中等学道者听到了真道，似信非信犹豫不定。而下等学道的人听到我这样讲，会觉得谱离得简直可笑。下等的人要是不笑话呀，那一定不是上等的真道。所以师公曾经说过：“明白了道之后就恰如没有了道，很低的道才是跟道理保持很一致，道越多似乎反而越少。”“最上等的道者就像山谷那样接纳一切，他们无欲无求的呀就像下等人那样低下。真正的大德外表甚至于比普通人还谦虚，就像犯错的人，总之，越是接近道的就越无我。”

师公还说：“最上等的道者不会是那种死守规矩的，大道不会助你万事如意，大道也不会使人增加什么动静，总之，大道者不会成个什么殊胜的形象，大道它就不是个什么，所以学‘道’不会给人外面增加什么。”我告诉你们，你只有悟了道才能真正懂我说的是什么。

【意译】

（第三十八章是《道德经》课程的开始，这一章是大家听了前面老子一上来第三十八章就讲“上德不德是以有德，下德不失德是以无德……”，讲的都是与大家过去的认知相去甚远，甚至是颠覆性的，且还没有进入正题，还在“导入”阶段，因此大家的心还没有完全沉下来，还在听新鲜的心态，所以就“笑场”，老子就讲了这一章，是让大家慢慢收心。）

好样的人，一旦听到了我讲出真正的道，心就一下子全打开了，进入全学习状态。而中等的人听到我讲真正的道时，尽管也觉得有道理，但还是犹豫，不能一下子把心全打开，因为跟他过去修习的道学不一样。还有的人听到我这样讲呀，觉得简直离谱得可笑，因为他觉得越学道，道就应该越多，怎么能够越少呢？所以，要是不笑话我讲的呀，那我讲的一定不是真正的道，一定是外面别人似的冠冕堂皇的道。当年老师讲过："真正有了道就没有了外表的道了，半瓶子道的人才是很有道行的样子。悟道之后，慢慢随着真道越多，表面的道就越少。""道者就像山谷接纳八方水那样接纳一切，平凡的呀就像普通人晴耕雨读，而不是器宇轩昂的道者形象，甚至于比平常人还谦逊，因为他们都觉得亏欠众生，总而言之，越接近道，心就越空，外表的道就越少。"

（尹喜他们……）

师公还说："最上等的道者不会是那种死守规矩的，大道不会助你万事如意，大道也不会使人增加什么动静，总之，大道者不会成个什么殊胜的形象，大道它就不是个什么，所以学'道'不会给人外面增加什么。"我告诉你们，你只有悟了道才能真正懂我说的是什么。

师公还说："大道它不会让人变得规规矩矩严持戒律的，大道者也不是大手一挥就统统搞定的神人，大道者也不是有什么天音缭绕，大道是不会给你脑袋上套上光环的，所以我们没法儿拿'道'来做个指标。"只有你悟了道，过去学的圣人的话，老师的话，还有我讲的才能真正理解。

【心解】

"一达谓之道路"，学习道不是学什么高妙的玩意儿，不是让我们外表高大上，而是看清世界、看清自己，完成生命历程，完成人格。"天机清旷长生海，心地光明不夜灯。""入境而问禁，入国而问俗，入门而问讳。"

【延展】

黄帝说："古无有形，太迥无名。天弗能覆，地弗能载。"

"士"，在上古创造字是"王"字上边缺少一横，表示已经见道了，有些还没有达到大王的至高通天度，有些已经到了，未来的王也在其中，总之"士"是指全体见道的人，地位仅次于大王。这里老子是尊称、赞誉这堂课在座的全体有志向道的人，因为老子看到大家都很认真。

这一章是《道德经》讲课的第一天，令老子兴奋的是，刚刚讲了一点，尹喜就注意力高度集中，能够跟老子同频共振了。老子头一次遇到这么优秀的学生，就非常高兴，所以就夸赞尹喜。因为是第一天刚开始上课，老子都是对着全体大家讲的。这里的“上士”就是尹喜一个人，其他人是“中”“下”。

“闻道”字面意思是听到了大道的道理。老子的“闻道”就没有这么简单了，不是指泛泛的听到有人讲道，而是听到了真正懂大道的人讲的道，也就是“道纪”上的悟道人讲的原本的“古始”大道，是能够让“上士”见到大道的祖师。

刚一开始大家伙儿还没有静下来，大家还在审视、辨别老子的心态中，根本没有太当回事，所以听不懂的就笑场，气氛倒是很活跃。这就像当年佛法刚来中国，大家听不懂，就说：胡人讲的“八正道”什么的，完全不知道他在讲些什么，结果就精减成了我们现代的成语“胡说八道”。

“下士闻道而大笑之”是说：你们听到了我刚刚讲的“上德不德，是以有德，下德不失德，是以无德”“贵以贱为本，高以下为基。是以王侯自谓‘孤’‘寡’‘不穀’，是其以贱为本也？非欤！故致数誉无誉”等，就分出了对此接受度的不同。小尹听到了就一下子领悟了其中的意义，就全身心投入了。而有些人听到了这么颠覆性的讲课，因为与天下所有人的观点正好相反，就闹不清是该以我讲的标准来做，还是按照原来从小到大遵从的、天下人都实行的去做了。还有些人听到我这么讲呀，完全颠覆了他的观点，觉得我讲得太离谱啦，简直是在开玩笑。

“建言有之曰”，“建言”就是老子他老师当年为了老子的悟道，给老子及师兄弟们上的课，讲的是他的老师、一直往上的祖师讲的至高标准。

“大器晚成”，大多数人的理解是，大的东西制作的时间就要长。越是优秀的人才，越是需要更长时间的学习、实践、磨炼，劳其筋骨，饿其体肤……玉汝于成。我们可以赋予这句话这样美好的意思，无可厚非，但老子是“大器免成”。“大器”是指修行到家的人。

“善贷且成”，能够把贷款利用好，使自己挣到钱，然后在期限内连本带利一起还清。“成”一方面是指事上的成功，另一方面是做人的成功，因为你讲信誉，赢得了口碑，今后你再需要，别人还愿意借给你。这里老子是说：尹喜你们只有将来真正悟了，才知道我们说的是什么啦。咱们举个例子，六祖慧能有一句话我们一看就懂，意思是：也不是风吹动的，也不是旗子在动，而是你们俩的心动了，才得出了这些凡夫的结论。那么，真正要懂六祖的意思就必须悟道。

第四十二章

我们是“比较大仙”——道生一二三，三生万物

【原经】

道生一，一生二，二生三[①]，三生万物[②]。

万物负[③]阴而褒[④]阳，冲气以为和[⑤]。

人之所恶，惟“孤[⑥]、寡[⑦]、不穀[⑧]”，而王侯以自称也。故物，或损之而益，或益之而损。人[⑨]之所以教我，亦我之所以教人。“强梁者[⑩]不得其死”，吾将以为学父[⑪]。

【解析】

①“二”：起了对待心。“三”：又起了第三念。

②“万物”：我们心上的幻影。

③“负”：后背。

④“褒”：前胸。

⑤“冲”“和”：阴阳和合回归本位——道。

⑥“孤”：死了妻子。

⑦“寡”：死了丈夫。

⑧“不穀”：不吃人饭，指吃草料的牲口。意思是当牛做马。

⑨“人”：指前代道祖和老师。

⑩“强梁”：结实的房梁。“强梁者”：能够支撑起人类灵魂的人。

⑪“父”：圣人。“学父”：圣人的经典。

【白话】

大道先产生一个，然后由一生出了两个，再由两个又产生了三个，三个就生出了天地宇宙红尘万物。

万物背面“阴”，正面是“阳”，阴阳冲融就和合了。

人们都忌讳“孤”“寡”“牛马”，而王侯反而以此自称呀！所以，天下的事情常常坏事的背后是好处，而好事的背后是坏处。这些天的教导，都是我从我老师那里承接来的，一直从上传下来的祖师的智慧，我拿过来再教导你，伟大的圣贤的精神永远不死，吾辈要把他们的圣言当经。

【意译】

（您的意思是：我们执着的这个世界是我们自己创造的……我也在书上看到您刚刚的意思，“群群太乙茫茫虚穹为一囷，无晦无明，未有阴阳。阴阳未定，吾未有以名。今始判为两，分为阴阳。离为四时……”那您给讲讲我是怎么产生出这个世界的？）

人在碰到事情的时候，就从清静中产生了一个念头，然后这一念就分阴阳成了两个，然后再跟着转又生出来了一个念头，就这样一步一步地滑向了红尘幻境，万千事物由此产生，三千大千世界就实实在在地“成”了“有”了。

这天下的一切事物，背后的，里面的，藏着的属阴，而正面的，外面的，显露的则属阳。所有的阴阳都有一种相互吸引的力。我是要说你悟道的原因，你所有产生的念头都有一个“向心力”，就是你刚才能做到放松、安静、放下，它就自动阴阳和合归一，你就天人合一啦，就见到大道了。

（尹喜可能说：哦，我明白了！）

你看你就很好，通常人们都忌讳的“孤独，守寡，当牛做马”等不好的字眼儿，而你就不在乎，了不起！事情往往就是这样，占便宜就是吃亏，吃亏就是占便宜。

（可能大家七嘴八舌地说：老师，尹大人真的悟到最高的道了吗？那他离老师您还差多远？可能尹喜就接着说：是呀，我赶上您还差多少？老子就给他们讲，小尹其实已经跟我是一个级别了，只是表面上看有差别，骨子里其实是平等的，地位是一样的。）

小尹哪，这些天你学习到的圣道，都是过去历代祖师，把黄帝的圣道一代一代传承给我的，我今天也以祖师的身份传给你，你就是下一代祖师。我们要让前辈伟大的思想，永远在我们的心中！我们一定要把他们的伟大精神，薪火传承下去，让他们的著作成为经典，照亮后世，永放光芒。

【心解】

"知止而后有定，定而后能静，静而后能安，安而后能虑，虑而后能得。"一切都源自"我"，"我"源于对比，对比来自于无，无即本心。念头就是这么从无到有、从小到大，从看不见的大道显现成为看得见的万物，来与我们会合。都是心上显现的影子，都是虚幻不实的水月镜花。放下自我，放下执着，方能回归大道。

【延展】

还是咱们前言讲的，这几天的课程就是问答，所以气氛是轻松活泼的，其他人也都是有机会自由说话的。所以《道德经》其他非标准版本，都口语化很强，"标准版"是尹喜拿给老子检查，一些地方老子给改成了书面化的。这一章中间是有其他人说话的，所以是分三段的，我们看其他章也要想着，中间可能有其他人的说话。这一章也跟前一章藕断丝连。

"道生一，一生二，二生三，三生万物"在第一章也提前讲了一点。人遇到事物就会产生一个念头，如果继续在事物上面就会产生分别心，如果还执着在上面就会生第三个念头，这就是妄念的温床，如果还是在上面就会自然而然、顺利地产生出百千万亿的妄想，幻化出三千大千、四极五蕴，"世界"大树就此产生，这就是我们的滚滚红尘。"万物"就是树上的叶子、花朵和果实，就是"华"（"華"）。这里讲得很好懂，就是世间万物，其实真正咱们讲的和老子讲的都是你的“心”，也就是王阳明的“花”。

道→一→二→三→万

○→⊙→☯→●

网络上流传的麦田怪圈，就是显现这个。

“道生一”，“一”可以认为是“狄拉克之海”。

“万物”，《说文解字》解释为“神，天神，引出万物者也”。我们俗话常说的因果报应就是神性，不是有一个能够操控的大神来干事，是我们自己操作（选择）的。

我们古人明明是人制造东西，为什么却叫《天工开物》？“天工”顾名思义就是上天干的活。“开”很容易被理解成干活，其实是展现，也就是《道德经》讲的内容，认识宇宙，通晓万物的形成，即通晓天性、通晓物性、捭阖之道。《天工开物》这个标题是在告诉我们，一切都是天成。“天安门”的“天”字主要也是这个意思，次要是“天下”“天朝”“天子”。我们中国人结婚，明明是我们两个人的事，为什么叫“天作之合”？大家会说：是天地养活了我们俩。古人、圣人不是这个层次的意思，而是这些事都是天地一体的。同样，《黄帝内经》也是使我们的“身清净故心清净”，使心归元。我们现代如果谁写出一本类似《天工开物》这样的书，书名里一定不会有“天”字，清朝也许叫《百工技艺》，现代可能叫《制造业百科大全》。

“万物”是一切物质、事情、生命，还有空，就是释迦牟尼的“众生”。

“万物负阴而褒阳，冲气以为和。”浅表道理是：不被念头带着走，心若止水，一念回光，就在大道里了。深了讲，就是“道生一，一生二，二生三，三生万物”，倒回去就是“和”，这就是“顺则成人逆成仙”。

“孤”，死了妻子。“寡”，死了丈夫。“余一人”，家里人全死光了，只剩下我一人了。三皇五帝自称为“孤王”“寡人”“余一人”，意思是我没有你们大家值钱，我不高于你们，而是低于你们，我是你们的下人、奴仆。

"不穀"，不吃人饭，指吃草料的牲口。意思是我给百姓当牛做马。

"或损之而益，或益之而损。"好事也许是坏事，坏事也许是好事。天下事常常是当下看着是好事，过一阵子反而是坏事；现在觉得挺好的，我们就高兴，过几天、过几年反而觉得不好，结果就后悔了。好事换个角度就是坏事，坏事换个角度就是好事，没有一个一成不变的、绝对的"好"和"坏"。

黄帝的"强梁"是褒义词，就是很直接的意思，结实的房梁，引申为最强大的精神支撑，接近于咱们现代的"国家栋梁""民族的脊梁"。老子指黄帝及一切历代伟大的智慧祖师，而黄帝的原意是指最高智慧者伏羲。

在上古，法王就被大家拥戴为人王。大家都知道"王"字，上一横代表天，也就是天父，下一横代表大地母亲。"王"字表示通天地的人，就是天人合一见道的人，就是太和殿的匾额"建极绥猷"（图32）（意思是，以至高无上的智慧治理天下）。

"强梁者不得其死"是黄帝《金人铭》里的句子，下句是"好胜者必遇其敌"。"好胜者"是指粗暴的人靠武力去占上风。独裁的君王靠"严刑峻法"来统治。"强梁者不得其死，好胜者必遇其敌"的意思是说：有道德的君王，他的朝代"得道多助"，就会长长久久。而没有道德的暴君就"失道寡助"，就会快速被推翻而灭亡。

"强梁者""学父"都是指伟大的身心灯塔，前者是人载体，后者是物载体。"强梁者"就是老子，"学父"就是咱们伟大的《道德经》。这些都是后来的，最开始的"学父"是指当时的国家最高法典《连山》《归藏》《周易》《诗经》，是至高无上能够放在法台上玉琮里的"琮旨"（现在叫"宗旨"）。

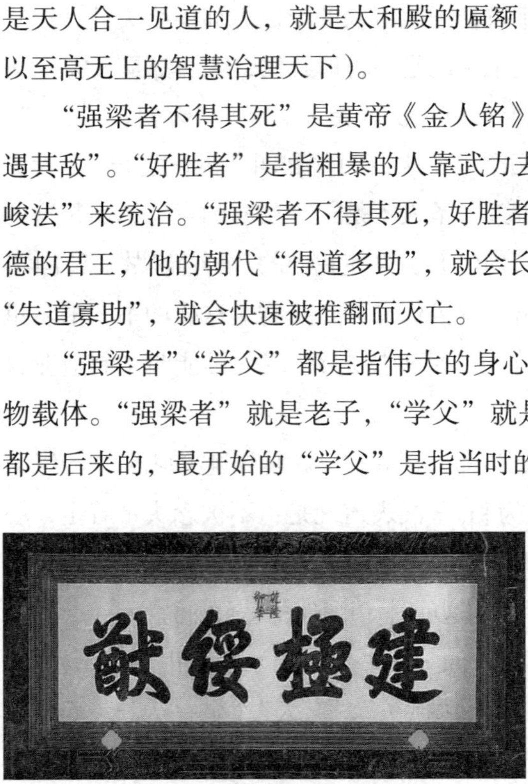

图32　故宫太和殿匾

"以为学父"，大力弘扬他们的思想，推广成为经典。就像第二十一章，老子把"众甫，众父"所讲的教导都给推崇为经。

大家还记得第十四章咱们解释的“道纪”吗？“人之所以教我，亦我之所以教人。”就是说，我老师教导我的伟大智慧，是最原初的大智慧圣人的东西，是通过一代一代祖师传给我的智慧。我这些天讲的《道德经》智慧，不是我有多伟大，是因为有那些伟大的上古祖师传承，我才有真东西传给你，我是站在了巨人的肩膀上。

然后老子就用极大的热情引用了句赞叹的话“强梁者不得其死”，听起来就是我们现代的口号。

“不得其死”，黄帝的大体意思是浩气长存，那么再被老子单拿出来一引用，就变成崇拜了，就由黄帝的誓言变成了老子的口号了。“不得其死”就是我们现代的“流芳百世”“万古长存”。

然后老子就说了黄帝赞叹先圣的话，意思是伟大的圣祖万岁！然后交代尹喜说：咱们一定要让圣祖的大道智慧传播天下，使他们的著作也要像《连山》《归藏》《周易》那样成为经典，世人遵从，万古长存！

如果我们在《道德经》“里边”，《道德经》就是狭隘的，就看不到宇宙真正的真相，就是“当事者迷”。而如果我们入于经又出于经，就能够看到大道——旁观者清。真正的大道是没有名字的，叫什么都行。

如果我们读懂了《道德经》，那么全世界，乃至全宇宙，就只有一个唯一的缔造者——大道，我们就沟通了宇宙；如果读懂了其他经典，那么全世界，乃至全宇宙，就只有一个唯一的缔造者——神，我们就沟通了宇宙。

经典都是相通的，如果还在争执我高你低、我正你邪，那么就是没有自信，不相信自己的教派所说的智慧是无边的，而只是一片云，只能盖住你们的那么大点天，而不能涵盖全世界。其实是有共同的东西可以涵盖万物，就是“有物混成，先天地生”“吾不知其名，强字之曰‘道’”。就是禅宗说的“这个”，也就是《当下的力量》的“当下”。“继续和始终”就是老子的“恒”。

“继续”就是“周行而不殆”。

“始终”就是“恒”，就是释迦牟尼的“金刚”，也就是六祖慧能说的：“何期自性？本自具足。”

名词不同，有时穿了马甲，而内涵都是一样的，都是一个东西。就是说，这个神圣的天下唯一的圣主，他不会不管其他的地方，所以“本是同根生，相煎何太急？”争执只会让别人觉得，你们的圣人是狭隘的。盲人摸象，眼睛看不见当然就不能够全面了，甚至吵架：明明是一个大柱子，谁要说像一堵墙就是“邪教”“恶魔”。其实天下的各大圣人讲的都是大象，都是一个放之四海而皆准的、颠扑不破的真理。所以，“博爱”是见到了上帝的境界，“博”是你看到了你的心跟上帝一样的广大，你才知道什么是爱。“白日依山尽，黄河入海流；欲穷千里目，更上一层楼。”飞在了高空，看到了“全景效应”才能看懂人生，否则就只能从地面仰视着上帝，而不是在上帝的怀抱里。

中外的诸大圣人讲的统统是一码事、一个东西，所不同的是语言文字，还有文化背景，名称叫法不同，还有翻译的选词不同，他说是“八两”，她说是“半斤”。如果你说你学习的圣教，是与别的圣人的教有极大的不同，或完全的不同，甚至是格格不入的，那你是没有学习到正路，都还是人层面的分别心。最好你能找到正路的老师，听真正明白人讲本教派的经典，才能学到圣人的智慧，否则就只是辜负了你们创教的大圣人，只能找一点心理安慰，是在空跑路。我要说的是，其实各个大圣人的东西都在全世界，都在这个宇宙，只是叫了个别国名字，人们就给看成不是一个了，就产生了分别心，就打架。我们中国的古人就有智慧，把佛经翻译也叫“悟道”，说明他们是真正懂了“佛”和“道”。

“中”是指方位：中间，中心，中部，就是“何尊”中“中”字的意思。深层意思是：天父地母的结合处。因为中原是黄土地，而外围是五行的其他颜色。天地的气场是向中间聚拢的，天下归心拱卫着中央，就像万星拱卫着紫垣（北极星）。我们看，北边是黑土地、黑水；南边是红土；西边是白土，东边是蓝土，即“五色土”。我们“中”部的人比较温和，不极端，中正平静，思考事情不片面。各种外在的因素也适中。比如不太冷又不太热；生命长得不太快也不太慢，四季分明，春生夏长秋收冬藏，一切适中，故人杰地灵。所以，我们的祖先就都非常珍惜和热爱这片土地。

一个领导，更是要经过长期的学习和历练，即使生如雀蝠也要有鸿鹄大志，“宰相必起于州部，猛将必发于卒伍”，“王侯将相宁有种乎”。要实实在在地干过，才有高于常人的智慧去往长远看，才能“谋定而后动，知止而有得”。他才能站在国家的高度来看国家——“以天下观天下”。咱们用比喻来说明，比如我问你：“博物馆里什么文物价值最高？你最赞叹、崇拜的文物是什么？”那么就有人说：“我崇拜王羲之的书法”；有的人说“我觉得魏晋南北朝的菩萨像好漂亮，号称‘东方维纳斯’”；有人说“我喜欢看玉器，那么漂亮，我们家就有一个祖上传下来的，是我们家的‘传家宝’”；有人说“你们不懂，我告诉你们，真正值钱的是元青花，拍卖会上拍几个亿”。我给大家普及一个常识，国家博物馆的“镇馆之宝”是“后母戊大方鼎”，这个大多数人都知道。如果没有“后母戊鼎”，就是“大盂鼎”，如果没有“大盂鼎”，是不是就该轮到“元青花”啦？轮不到，而是“子龙鼎”。上海博物馆的“镇馆之宝”最早是“大盂鼎”，后来“大盂鼎”被调到北京，就变成了“大克鼎”。很多博物馆的“镇馆之宝”都是青铜器，首都博物馆是“堇鼎”。看台北故宫博物院的展品，大家都喜欢看“翡翠白菜”“红烧肉”，啧啧称奇！那么有些人知道，他们的“镇馆之宝”是“毛公鼎”（图33），没有花哨的卖点，只有天下第一的文字，锈迹斑驳、朴素大方。西方只能选出像“翡翠白菜”“红烧肉”这样讨喜的玩意儿，没有内涵，没有积淀，只是头脑灵活，嘴皮子能忽悠的、没有智慧的傀儡。

所谓“道纪”“祖师”，整个《道德经》课程就是老子以祖师的身份传大道于尹喜的，授予尹喜下一代祖师的称号。那么为什么祖师这么让老子兴奋呢？是因为智慧太难得了。大家看《六祖坛经》，还有达摩、慧可的“断臂求法”有多难呀！那么“祖师”“法脉”起什么作用？它就像“百代皆行秦政法”“书同文，车同轨，量同衡，行同伦”，有了标准，一切就都不会错。佛家也好，道家也好，如果有了分歧，可以有祖师给判定对错，就不至于造成混乱，不混乱就不会凋敝。祖师是定海神针，保障“正法”不会跑偏；祖师就是法的头雁，带领着天下的心。

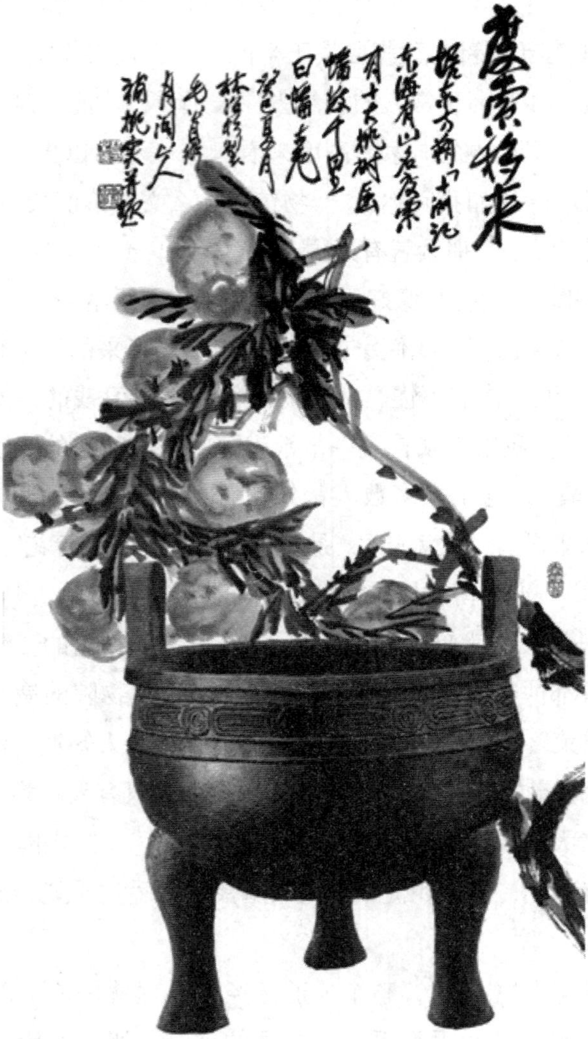

图 33　桃与毛公鼎

第四十三章

嘘——听那话背后的声音

【原经】

天下之至柔[①]，驰骋天下之至坚[②]。出于无有，入于无间[③]，吾是以知无为之有益[④]也。

……

不言之教，无为之益，天下稀及之矣！

【解析】

①“柔”：心性，软件。

②“驰骋”：随意创造。“坚”：物质，硬件。

③“间”：分开距离。“无间”：不二，归零。

④“无为之有益”：随心所欲，无不为。

【白话】

天下最柔软的心，可以创造出天下最坚硬的东西。生于空无，还归于无空间，我悟到了这些才能做一切事都是无为的。

……

不要追我的话，不要看我的手势，不然你找遍天下也难找到的呀！

【意译】

（这里很可能是别人问：圣人，您讲得太好啦！……您是怎么达到现在这样的？您给我们指个方向。）

天下最“虚”“无”的心，才能够产生天地一切，包括最坚硬的东西。它是生于空无，最终又回到空无。我悟到了这样的境界，所以你们才说：看我说话办事都是那么自然流畅，没有一点的做作。

（这里可能学生回答说：“先生，您的意思是不是……呀？”）

你们不要跟着我的话跑，要体会一下，当听到我的话时你的感觉。不要盯着我的手势，要注意看到我举手时的当下你心里是什么，要看你里面。不要在我的语言、手势上找答案，要在你自己的心上去找。你要是向外找啊，找遍天下也甭想找到！

【心解】

凡夫看到的世界是物质组成的，圣人看到是心组成的。凡夫看到的要么是这样，要么是那样，而圣人看到的就是这样，如此而已。

【延展】

这一章是接着上一章“孤”“寡”“不穀”夸尹喜的，是第一天的讲课，尹喜还没有悟道，老子是针对有雄厚智慧根基的尹喜而讲的，完全不是讲道理，是讲明心见性的，讲道心是怎么生出来的。老子的手势也很重要，是用动作来启发尹喜的，可惜我们看不到，应该是类似于“拈花微笑”“一指禅”“挥手抓虚空”，甚至于拿拐杖打尹喜，来启发诱导尹喜看自己的念头，看心的生灭，看自己的被动意识，于不符合逻辑的行为、语言中产生疑问，去观察自己的心，透过现象看本质。

“间”就是拉开了距离，佛家叫“对待”，也就是《易》的“阴阳”，是指“分别心”，比如“时间”“空间”“课间”“字里行间”。“无间”就是没有对待，没有阴阳，没有分别，就是“不二”，当然就是“一”。

“天下稀及之矣”，像老子这样天下最大的大圣人，他们心里已经没有事情了，已经无所求了。但是，他唯一还有一个心愿，就是将自己的大智慧传给徒弟，不能让从师父那里传承下来的智慧断掉，因为这是天责。老子知道，尹喜就是自己的法缘，但是尹喜的出现还是有一些出乎他老人家的预料。因为咱们通过看老子其他的经可以看出，老子之前所碰到的徒弟，都是比较朴实的修行人。因此，尹喜的大夫身份，其学问优势应该是高于了老子的预期，所以《道德经》才这样雄伟壮阔。老子终于把上天交给的任务圆满完成了，其言语中带有他卸下担子的快乐。《道德经》不是一般的经典，是传法的经典，所以《道德经》是“经典中的经典”，是“经皇”。

第四十四章

知足——心中无贪，处处当下，无有计较，方可入道

【原经】

名[1]与身孰亲？身与货[2]孰多？得与亡[3]孰病？是故甚爱必大费[4]，多藏必厚亡[5]。知足不辱，知止不殆[6]，可以长久[7]。

【解析】

①“名”：名声，名气，声望，口碑。

②“货”：东西，这里指身外之物。

③“亡”：失去。

④“费”：浪费时光和金钱。

⑤“厚亡”：依《礼》制墓葬的规格高，鼎、簋、陪葬物多。

⑥“不辱”“不殆”：不丢人，不寒碜。

⑦“长久”：心灵生生世世保持清明与道合一，就是“玄德”境界，也就是佛家的“涅槃”境界。

【白话】

声名和身体哪个更重要？身体与财产哪个多？贪和放下哪个有害？所以，你如果贪心越大，就耗费你越多的精力和金钱，你的财产越多到你死了离开你的就越多，顶多是多一些陪葬罢了。知足不贪的人不丢人，懂得

适可而止的人不会吃亏，这样才能生生世世不迷。

【意译】

（可能尹喜说：那我怎么才能去除小“我”呢？）

你的名誉地位、财产跟你人比起来都是不值钱的，统统都是身外之物，是随着欲望走还是放下贪心，你可不要分不清。就是说，你执着得越多，你的心理负担就越重，耗费你的能量就越多，就影响你的智慧和修行，那些虚的东西根本不值得执着。不贪不丢人，无事永远是“品”最高的，这样才可至生生世世永远明白地活着。

【心解】

身外之物，生不带来，死不带去，心中无贪，处处无住，无有执着，便无烦恼，立足当下，方可入道。“大时代需要大格局，大格局呼唤大胸怀。从‘本国优先’的角度看，世界是狭小拥挤的，时时都是‘激烈竞争’；从命运与共的角度看，世界是宽广博大的，处处都有合作机遇。”

【延展】

这一章是尹喜悟到了至高的境界，老子打算将天责重担交给他，但是不知尹喜是否尘缘未了，或贪恋红尘，因为尹喜位至卿大夫，才追伊尹，文武双全，都是世人所努力追求的目标。因此老子就讲一下，天地间什么是不值钱的，而什么才是值钱的，一切身外之物都是不值钱的，有志气的好男儿要追求最高的，来看看尹喜是否放得下，人生大事让他自己定夺。

“费”，既浪费生命，又浪费钱财，把个大好的生命浪费在玩物丧志上了，不思进取，美好的时光就从手缝里溜走了，把这个好不容易才得到的人身，白白给浪费了。

“甚爱必大费”，好比我们花不多的钱买的宠物，带给我们一定的乐趣，而我们花了大价钱买的珍贵宠物、珍贵的花卉、珍贵的古玩，我们就得到了更大的快乐，但同时我们要承担离开而带来的金钱和感情更大的风险。

图34 印章“平常心”

“厚亡”，拥有得越多，到快死了就有越多的舍不得、放不下，不得不与这些心爱的人、物、名位拜拜，不得不把你的心爱之物、年轻美丽的小妾陪葬。

这一章的明面意思与第九章相近，也是说不贪，不执着，平常心（图34），无为就如如不动。要尹喜不要捡了芝麻丢了西瓜，放下世俗红尘，去找寻永恒的家，将本来就很大的“以邦观邦”的格局再放大到“以天下观天下”的最大格局，放下国事、家事、天下事这等小事，而去做闭关修道的大事。

所谓“充分放弃自己个性”和“去掉对个人利益的执着”就是“不执着，放下”。“普遍性”是指那个存在在一切处的宇宙本性，也就是“道”。

第四十五章

大道若朴——清静方能稳定智慧，运用之妙，存乎一心

【原经】

大[①]成若缺，其用不敝[②]。大满若盅[③]，其用不穷[④]。大直若屈[⑤]，大巧若拙，大辩[⑥]若讷[⑦]。

躁[⑧]胜寒[⑨]，靖胜热，知清靖，以为天下正。

【解析】

①“大”：大智慧的人，暗指尹喜及师公。

②“敝”：损耗、缺憾。

③“盅，冲”：中空。

④“穷”：没了。

⑤“屈”：字义是弯着，这里是谦虚谨慎、戒骄戒躁。

⑥“大辩”：智慧洞悉，能看到根上。

⑦“讷”：心不会乱动了，“宠辱不惊”“如如不动”。

⑧“躁”：内鼎火，上丹田。

⑨“寒”：如死一般没有生气。

【白话】

真正的圆满就是有缺憾，你的德就无不为。真正的充足就是空无，你

的德就无穷无尽。最大的直就是不直，真正的聪明是笨，真正的看透是不在乎。

内灵火起来就可以启动松果体，这样人就静定不浮了，守着如如不动，你的一切事情就都在正确中。

【意译】

（可能尹喜问：修行到什么样子就算是修成了？）

真正修成大道的人是无“我”无为的，你的智慧能量就无往而无不胜；真正的充实是放下，你的智慧就无穷无尽。还有，真正的伟大是谦虚谨慎，真正的智慧是平常心，真正的明白是如如不动。

（那么身体上有什么变化？）

内灵火上来点燃了上炉火，就温热启动了松果体、中脉，人通了，天地就清净有根了，做事就自动都在德上。

【心解】

真正有了道，就外表反而一点儿也没有道了，“虚空粉碎，大地平沉”，运乎之妙，存乎一心！

【延展】

“大辩若讷”就是禅宗三祖僧璨大师《信心铭》：“至道无难，唯嫌拣择。”什么都不“惊”了，看上去就不八面玲珑。

“大……若……”就是“宁静致远”。

这里老子是在打造另一个圣人，只有两个圣人相碰才能创造出这伟大的经典，这样的圣典才能光照千秋，万古流芳！

“知清靖，以为天下正。”圣人见到了大道，就知道了“本”，自然就不执着，就不被“外”“彼”牵绊，就是得一。

“天下正”，凡夫是以“万物”之心去对待万物，而见道之人是放下“万物”心，就是天人合一。

第四十六章

知足常乐——心若匮乏就会起欲望，心若清静，身心灵就一片祥和

【原经】

天下有道，却走马①以播②。天下无道，戎马③生于郊④。罪莫大于可欲，祸莫大于不知足，咎莫憯⑤于欲得。故知足之足，常足矣！

【解析】

①“走马”：下马。古代的马分为“上马、中马、下马”。

②“以播”：马粪播到田地里。

③“戎马”：战马，上马。

④“郊”：荒地。

⑤“憯”：倒霉。

【意译】

（尹喜可能接着问：修道、得道对天下有什么好处？）

天下如果有道，那么不值钱的马拉出来的不值钱的粪都值钱；如果天下无道，那么值钱的马生出来的值钱的马驹都不值钱。要知道，失道的首要问题就是贪欲，贪欲造成了匮乏心，造成匮乏心理的是欲壑难填。所以，能够知道知足的人就是圆满的人，就是真正的心充足啊！

【心解】

人若有道，心就是充盈的；人若无道，心就是匮乏的。快乐可以是因为得到的多，也可以是满足所得。烦恼不是因为得到的“少”，而是因贪心而永不知足，千亿富翁也是穷鬼的心，只有心不匮乏了才能够满足、充足、知足、富足。

【延展】

这一章表面是回答尹喜有关上一章的道理，是告诉尹喜心无匮乏就近于道。实际是接着动员尹喜放下家事、国事、天下事，来干更伟大的事。

“走马”，用来拉货干粗活的低档马。老子时代，“走”的意思是行进，包括走和跑。人们赶路走走跑跑和马的慢跑在古代也都属于“走”。

“戎”原指被国家征用、服役，后世特指军事，“戎马”就是战马。这里泛指好的高档马。

在古代，马是最重要的交通工具。老子搞了个对比，同样是从马肚子里“拉”出来的，但是价格是天壤之别。和平时期，低等马的马队遗留下的马粪都有人拾了当肥料。而战乱时期，高等马的马队遗留下的再值钱的马驹也没人要。

第四十七、四十八、四十九章

为道日损，损，损，损——无事于心，无心于事，无事于人，无，无，无

【原经】

（第四十七章）不出户[①]，知天下，不窥牖[②]，见天道。其出弥远，其知弥少。是以圣人不行而知，不见而明，不为而成。

（第四十八章）为学者日益，为道者日损。损之又损之[③]，以至于无为，无为则无不为。将欲取天下[④]者，常以无事。及其有事，又不足以取天下矣。

（第四十九章）圣人[⑤]无常心[⑥]，以百姓心[⑦]为心。善者吾善之，不善者吾亦善之，得善矣；信者吾信之，不信者吾亦信之，得信矣[⑧]。圣人之在天下，歙歙[⑨]焉，为天下浑浑[⑩]焉，百姓皆注其耳目[⑪]，圣人皆咳[⑫]之。

【解析】

①“户”：心。“出户”：人的心随着眼耳鼻舌身意感官向外驰求。

②“牖”：窗户。指尹喜看世界的通道。

③“之又损”：最后将执行“损”的这个“我”也一并丢弃。

④“取天下”：不是得到江山成为君王，而是大智慧得到全天下人包

括君王的认可，就像老子。

⑤“圣人”：这里是指自己和尹喜。

⑥“常心”：普通大众的思维，这里指小“我”。

⑦“百姓心”：无我的平常心，就是庄子的“齐物”，也是佛家的“平等性智”。

⑧“者”：不是单指人，而是一切人和事。

⑨“歙歙（xī xī）”：原字义是迷迷糊糊。这里老子是指不用分别心，统统包容。

⑩“浑浑”：不挑肥拣瘦，全心全意。

⑪“注其耳目”：只注重眼耳鼻舌身意。

⑫“咳”：不屑一顾，瞧不起。

【白话】

不出门，就能够知道一切，不从窗户往外看，就能够见大道。你心思跑得愈远，智慧就愈少。所以你越不动就越有道，越不乱看就越明了，越不打妄想就越心中有底。学习是天天拿取，而学道却是天天放下，放了再放，直至连“放下”的行为和想法都没了就是真放下了。你如果想担天下，就要没有一点有为的事。倘若心还没有完全放空，就先暂时不去弘道。直至你真正无“我”了，就能够以天下人的视角去看待一切了，那时就能够好的你能好对待，不好的你也能好对待，你就是真正修行圆满了；对待讲信誉的人你能信任他，不讲信誉的人你也照样能信任他的话，你就是真正的“大信”。你将来碰到事情呀，就要没有一丁点挂碍，大概都接纳，做事都是全心全意，大多数人只相信自己的眼耳感官，咱们圣人才不受这些迷惑呢！

【意译】

（尹喜大概是说：过去我学修大道也有许多年啦，道理上早已经没有问题，可就是仿佛总也抓不住似的，总是功亏一篑。没有圣人的指点，真的是比登天还难呀！因为根本不知道往哪儿去使劲，只能是乱追乱学，有用的没用的来者不拒……）

不掉进感官的陷阱，才能够知道一切的根本，不被眼睛所迷惑，才能够看见大道。你越是用五官、用头脑去找去看，就反而越没有道。所以为祖师者，就是要心不动而体察道，不分辨而明悟道，不人为地去做事才是真正符合道的行为。咱们学习其他都是使劲拿起来，而学习道恰恰相反是要放下，壮士断腕，直至放无可放，连“放下”的行为、念头都统统放下，最后没有放与不放的区别了，乃是真放下，那才是真正的合道行为。你若想在天下弘扬大道，你的心就要如如不动。倘若还做不到平常心，就说明火候还没到，还不到弘法利生的时候呀！先别着急，就再多闭关一些时日，直至你无“我”了，就能够以平常心、平等心、无我之心去看待一切了。我给你解释一下，就是说好人你对他慈悲，坏人你也一样对他慈悲，这就是“大慈”！有素质的人你相信他，没有素质的人你也一样给予同样的信任，这是“大悲”！为祖师呀，什么事情都不要太较真儿，尽量慈悲包容、宽大为怀。大多数人就只知道依赖眼耳鼻舌身意这些感官，你要摒弃这些迷惑、干扰。

【心解】

“吾丧我”方可见微知著。你越用脑筋分别心，道就越少，越不去向外驰求，道就越多，“掊击而知”。黄帝曰“得道之本，握少以知多”，繁华褪尽超然物外，就回归了无极，心包太虚，无我而大我，无事于心，无心于事，无事于人，“道尽稽万物之理”。无索而无不知，无见而无不明，无为而无不为。“打得念头死，方得法身生”，也就是《金刚经》说的：“凡所有相皆是虚妄……若见诸相非相，即见如来。”

【延展】

这三章是连贯的一个意思，有人给解释成得道人的神通，是没有看懂。后两章是以前面为背景的，如果不合并就要增加篇幅解释。当然，当年分开是因为中间有尹喜的说话。这一段是告诉尹喜："天人合一"了就是"圣人"了。

"户"是尹喜的接收外界信息的器官，就是释迦牟尼说的"内六根"。

"牖"指尹喜的眼耳鼻舌身意六感官，就是释迦牟尼说的"中六识""六贼"。

"天下"就像释迦牟尼得到了天下人的认可。

第一个"损"是要放下我们认知的一切，第二个"损"是放下这个能够认知的"我"。

"损"就是让我们干净，就是咱们总说的"明白"，"白"了就"明"了，不"白"就无从"明"。

"将欲取天下者，常以无事，及其有事，又不足以取天下矣。"是说不起妄想，不离本心，才能承大道。

"无为则无不为"，就是无小我而合于了真我，此真我会顺心而为，虽然一件事不少做，但心如止水，不动不摇——天工开物。

尹喜不是学习到了什么"道"，而是成为道。

第五十章

生死为心造——有心有生死，无心无生死，止心为道

【原经】

出生，入死。生之徒十有三，死之徒十有三，而民之生生①而动②，动皆之死地，亦十有三。夫何故？以其生生之厚③也。

盖闻善摄生者，陆行不遇兕④虎，入军不被⑤甲兵。兕无所⑥投其角，虎无所措其爪，兵无所容其刃。夫何故也？以其无死地⑦焉。

【解析】

①“生生”：每时每刻。

②“动”：贪心无度，索取超过了配置。

③“厚”：奢贪，僭侈。

④“兕”：犀牛。

⑤“被”：身披。

⑥“所”：老子的意思是缘。

⑦“死地”：墓地。“无死地”：老天爷没办法给他配备死亡程序。

【白话】

“生”与“死”，正常走完一生的有十分之三，活不到头的有十分之三，而有些人是本来能够活到天年的，但是没有活到，亦有十分之三。你

知道为什么？只因他贪得无厌、索取无度，就把生命提前透支了。

听说还有一种能够掌握生命的人，走路不会遇到犀牛、老虎，入伍当兵也不会死。因为犀牛不会用角顶他，老虎不会用爪子抓他，兵器都伤不了他。你说这是为什么？是因为他已经脱离了生死。

【意译】

（您刚才说：连“我”都统统不要了，那我们生命的意义、价值在哪里？生为何来，死向何去？）

嗯，问得好！咱们来讲讲生死之道：天下人分三类，一是能从出生直至寿终正寝的，十之有三；二是半路殇折的，也十之有三；第三类是他们本来能够活到年寿有终的，但是因为过分造作而夭折的，也十之有三，因为追求享乐贪得无厌，过度消耗了身体精元，就提前透支了生命。

你有没有听说过还有不在上面那三类之中的人？是悟透了生命的人，他们即使走荒山野路也无缘遇到犀牛、老虎，即便去当兵也不会死。犀牛、老虎、兵器都不能伤害，是因为他的生命已经臻于不生不灭的境界了，是真正了凡成仙的人。

【心解】

愚蠢的人提前用完了今生的财富（福报），提前透支了气数。放纵自己挥霍生命，是愚痴的人生，是“死亡螺旋”的人生，“生于忧患，死于安乐。”《浮士德》说“能克制者，始能成事”，善待灵魂、爱惜生命才是智慧的人生，就能“改出螺旋”。

【延展】

这章是给尹喜、给天下具大胸怀的“君子”们，诠释了一个人生的至高构架，告诉尹喜及后人，是能够通过努力跳出三界外，打破“熵增定律”的。

“生生之厚，动皆之死地”就是我们放纵自己，大鱼大肉大酒，吃喝嫖赌寻求刺激，消耗了生命，提前刷完了生命的信用卡，过度消耗了肾精元炁。我们的生命就是父母给的一个精元气存在我们的肾里，使用完了就死。吃的东西超过了身体的能力，身体就只好去调动肾气来帮忙，就耗损了肾气。

图35 书法“醉酒”

“无所”字面意思是没有地方，真正的意思是无缘。

“投”，用角顶。

“容”，容纳、应允、答应，这里是接到。

“兕无所投其角，虎无所措其爪，兵无所容其刃。”表面意思很好懂：挨，受。圣人的意思是连接，有交集，发生关系。

“不，无所”是指无连接，无有交集，不发生关系。意思是已经跳出三界外不在五行中的人，如果还没有到他的寿数时，额外的死亡因缘就不会与他搭上关系。

六祖慧能就能够“兵无所容其刃”。老子这样的大圣人，就连他的牛都能救人，还能够2500年后，13发炮弹打到“老君台”都没炸。

“无死地”，因为他已经跳出了三界外，不在五行中，所以他不属于这个五浊恶世了，所以老天爷没有给他配备墓地，生死簿上也没有他的名字。也就是第六章的“谷神不死，是谓‘玄牝’”，第三十三章的“死而不亡者，寿”。

这一段老子讲生和死，讲人有几种生死，为的是要引出来天下还有少数的人，他们是透过了生命的人，他们已跳出了三界外，不在五行中，跳出了生死轮回，是马斯洛“需求层次理论”的制高点。一是吸引尹喜，一是在为后面解决生死之道做铺垫。佛家叫“修到了涅槃状态”。历史上许多修成了的人肉身不烂，比如很多“肉身和尚、道士”，筋骨肉已经变了，细胞是全新的了，“心清净故身清净”。老子是在告诉尹喜：见了大道，就可以“跳出三界外不在五行中”了。

你本觉中觉，恒住紫云巅。
闲来人间转，落地食利凡。
日来尘劳欢，夜降同乐暖。
财色忙不迭，身外欲货千。
一日忽钟声，惊醒万亿梦。
抖弃功名利，回归紫微垣。

第五十一、五十二章

道者随缘——道如父，德如母，得其父母而知其子也

【原经】

（第五十一章）“道生之，德畜[①]之，物形之，势[②]成之。”是以万物莫不尊道而贵德。道之尊，德之贵[③]，夫莫之爵[④]而常自然。故道生之，德畜之，长之育之，亭[⑤]之毒[⑥]之，盖之覆之[⑦]。生而不有，为而不恃，长而不宰[⑧]，是谓“玄德”。

（第五十二章）天下有始，可以为天下母[⑨]。既得其母，以知其子[⑩]。既知其子，复守其母，没身[⑪]不殆。塞其兑，闭其门，终身不勤。开其兑，济其事，终身不救。

见小[⑫]曰明，守柔曰强。用其光，复归其明，无遗身殃，是谓“袭常[⑬]”。

【解析】

①“畜”：汇聚因缘。

②“势”：机缘、能量的聚合。

③“尊”“贵”：字面意思是，父、母，“令尊”“令堂”（图36右）。

④“爵”：祭祀时拿着爵（图36左）唱歌洒酒，这里表示人起的作用。

⑤“亭”：“停”，渐渐衰老直至死亡。

⑥“毒”：腐烂消失。

⑦“长”“育”“亭”“毒”“盖”“覆”：就是佛教的“成”“住”“坏”“空”。

⑧“宰”：主宰，真宰。

⑨“母”：根，指大道。

⑩“子”：你（指尹喜）。

⑪“没身”：死亡。

⑫“小”：玄点。

⑬“袭常”：就是《金刚经》的“如如不动”。

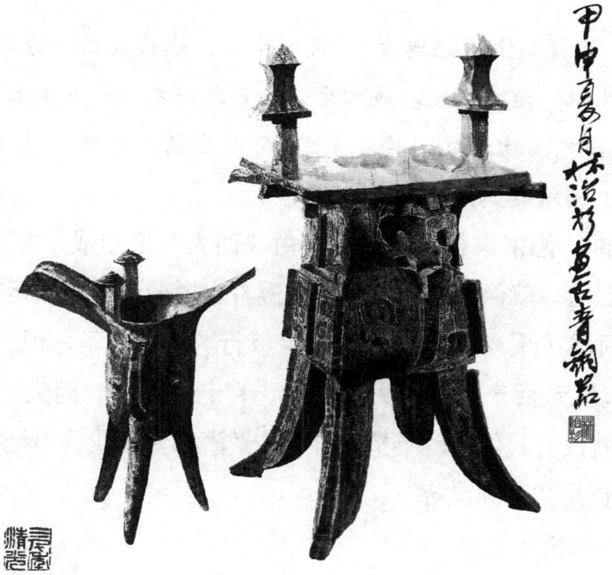

图36　左爵右尊

【白话】

大道是一切的基本材料，德是汇聚、使用材料，使诸多元素组合，然后使一切事物成形。道是用来祭祀而获得旨意的，德是实施这些的，而不用人去干吗，顺其自然就好。所以圣人才说：“道是材料，德加工材料。”万物生了，长了，衰败了，死亡了，直至没有了。产生了而不作为主人拥有着，干了事也不作为主人把持着，干好了也不作为主人主宰着，这就是“大圆满”。

你既已知晓天地开始的原委，就是知道了它的来源。知道了来源，那么就知道了天地万物的性质。知道了性质是空无的，就要好好守着那个本性，就要让它永远传下去。你要堵住人们的窗户，关闭他们的门，终身矢志不渝。如果不管欲望的闸门，任由贪欲发展，那就彻底无可救药了。

你看到了最究竟的那个根本点，就叫“明白人”，能保持无为的人叫“强者”。用他们的光，返回来点亮他们，永远不会错，这就是“度众生”。

【意译】

（师父，为什么上古经典说：“天一生水，地六成之。地二生火，天七成之。天三生木，地八成之。地四生金，天九成之。天五生土，地十成之。道生之，德畜之，物形之，势成之。”都是在讲大道吧，那么具体到我，又该怎么讲？您给具体讲讲。）

道是条件，德来聚合出具体的，由“四大”来形成“有”，最后组合成人类的大社会。就像万物都以德来依遵着大道的游戏规则运转，道是法，德是律，你不必负什么责，你自然随缘就行。所以先圣才说：“道是材料，德使用材料。”然后产生、长大、成熟、衰老、死亡、消失，在这全部过程里边根本就没有我们人的事情。所以，做事都要无我，不把持、不拥有、不指挥，这就是“大圆镜智”。

（那我怎么度天下呀？）

你悟了大道，那个就是宇宙的开端“一”。既然知道了母亲大道，就自然知道儿子是圣人啦。那么知道了自己是圣人“成”，就守着大道“一”，当作你终生的责任。你要关上众生的欲望之窗，闭上他们的贪索之门，一辈子努力干这一个事。如果放任他们的私利，任凭贪欲自由泛滥，随着贪嗔痴妄想跑，那天下人心就无可救药啦。

（我还是心里没有一丁点底，我哪里有您说的那些能力呀！）

见到那个玄之又玄的玄点“一”就是明心见性，“无为而无不为”就是“强大”。你只不过是用他们自己的那个道光，去点燃唤醒他们本自具足的智慧，世世代代坚持下去，就是“普度众生”。

【心解】

大道是天下大事，要由每一代“祖师”为天下牺牲小我，鞠躬尽瘁，死而后已！“为天地立心，为生民立命，为往圣继绝学，为万世开太平！”知“道”达“德”是为“玄德”。

【延展】

“势”，指人类社会团结一心、分工合作就能够兴旺发达。

“道之尊，德之贵，夫莫之爵而常自然。”字面意思是：鼎和尊就把这天下的一切都搞定了，不用爵来锦上添花了，才是道法自然。因为爵是人倒酒用的，爵表示人为。老子的意思是：“天工开物”，小“我”什么也干不了，所干的事最后都要怎么吃进去的，回头怎么给吐出来，除非见了“道”。

“生”“畜”“形”“成”是事物生成的阶段，“生”不是生出来，而是准备好了一定的条件。“畜”是聚集能量。“形”是成形了。“成”是有了结果。

老子的“势”是天地大的流转，是借宇宙之力的博爱。

“恃”是依靠、依赖、倚仗的意思。“为而不恃”字面意思是，不把自己的贡献当作筹码来讨要相应的回报。

图 37　杜鹃花与尊

“道”，宇宙的法则。“德”，人们遵从这宇宙的法则。怎样做是遵从呢？就是心要空。“空”不是什么都没有，而是没有着力点。我们通常着力点在“我”上，那么如果把“我”抽离，就没有地方着力了。

“生而不有，为而不恃，长而不宰，是谓‘玄德’。”不执着，拥有不是占有，而是负责、担当。

“天下有始，可以为天下母。既得其母，以知其子。既知其子，复守其母，没身不殆。”“母”就是“道”，西方叫“太初之母”。“子”就是学习“道”而成为“德”的尹喜。

“柔”不是现代“柔”的意思，而是现代的“弱”。

“复归其明”就是激活尹喜本有的智慧。

“光”就是释迦牟尼说的“一切众生皆具如来智慧德相”。“每个人都是天使，只是遗失了翅膀。”

“用其光，复归其明。”这句话最重要，就是中外一切大圣人要达到的目的，咱们借用上古的话来说：我们每个人都有一个小太阳神，但是大多数人是熄灭的，圣人就是用太阳神的光来点燃人们心中的小太阳神。天下所有圣人陆陆续续来到世间，都是来启发我们众生本有的智慧的。这个智慧不是外边的，而是我们固有的存储。学习是不可或缺的，但是不是学进来什么东西，而是学习如何扔、如何丢，“损之又损”，这样才能启动我们的硬存储，这是学习中外圣人经典的大原则。

紫石出南山，
埏埴烧紫端；
炼得一心泥，
紫泥成道砖。

第五十三章

普世之道——透视大部分道徒的人心

【原经】

使我介然[①]有知，行于大道，惟施[②]是畏。大道甚夷[③]，而民好径[④]。朝[⑤]甚除[⑥]，田甚芜，仓甚虚。服文采，带利剑，猒饮食[⑦]，货财有余。是谓“盗夸[⑧]”，“盗夸”，非道也哉。

【解析】

①“介然”：介怀，又爱又恨，无可奈何。

②“施”：人为的、不自然的施为。

③“夷”：平原。

④“径”：窄的小路。

⑤“朝”：君王、大臣上朝处理政务。

⑥“除”：减量。

⑦“猒饮食”：修苦行，吃素，大、小“五荤”都绝，服气辟谷，静坐闭关。

⑧“盗夸”：哗众取宠。

【白话】

令我担忧的是，修道呀最怕的就是非得搞个什么样子。见道的路宽阔，但人们只认准了一种“修行”形式。为王的朝政也不上心了，田地也尽是撂荒的，仓库也尽是不满的，都穿个黼黻道袍，佩戴着仙士的“道剑”，吃素，服气辟谷，接受着十方的供养。这叫“形式主义”，像这种搞形式的所谓“修行”根本就不是道。

【意译】

（应该是尹喜说了：如今天下修习道的人很多，占比不算少，情况看起来挺好的。老子看到尹喜挺乐观，是被表面的泡沫给欺骗了，就给他剖析一下事情的本质。）

你要知道，修道的路子多得很，何处青山不道场，可是令人担忧的是，很多修道的人呀，就认准了一种形式的“修道”，在家的人弄得跟出家道士似的，工作也不上心了，家也不管了，只一门心思“修行”，煞有介事穿个道袍，成天搞什么斋醮科仪。殊不知，八万四千法门皆可入道，修道不是非得搞个什么形式。他们弄得外表像那么回事似的，其实是披着道的外衣沽名钓誉。这哪里是修道？就只是一个名义上的“修行”，根本没有实际的真修行，心安理得地骗自己，本末倒置！

【心解】

大部分修行人常常有圣解，这从一开始就不对了，把个好好的智慧给搞成了宗教，甚至迷信。他们只仅仅是对宗教形式感兴趣，喜欢那个丰亨豫大的氛围，不是想要弄明白宇宙人生，而只是为了安放自己的仁爱心、善良心、逃避心，甚至名利心。

【延展】

这一章是引用他老师的，应该是一代一代引用千年的，是属于历代祖师都要叮嘱下一代祖师的事情，因为这是普遍的人性，需要引起祖师重视的：古今（中外）皆是，许多人跑到圣道门里来，只是成全自己的宗教心，是仁义小爱，而不是来追求宇宙真理大爱的，是小慈小悲，他们只想找一个依靠，一个港湾。释迦牟尼也说过同样的话，因为他们都清楚，时间一长就会黄鼠狼下耗子——一窝不如一窝。

“径”指在荒地上，人们随便走出来的羊肠小道。

“大道甚夷，而民好径。”修道的途径很宽广，八万四千法门，天底下不只是只有你一个教能够到达，别的其实是名词不一样，都是跟你的那个教的最高目标是一样的。你学习黄帝也能够看到，你学习老庄也能够看到。

“朝”，有人解释为“君王、官吏们处理政务的地方”，也就是“朝堂”这个场所，也没有错，但准确地说，是指上朝的行为。“除”的字义是免除，消除。“朝甚除”是上朝说减了。

“服文彩”，衮弁佩绶。

“带利剑”，过去青铜是贵重物，规定什么人才能佩剑，所以佩剑是身份地位的象征，比如孔子的“紫微剑”，韩信也有。道士的社会地位很高，就可以佩剑，所以大家学道也有虚荣心在。

“盗夸”是虚张声势、欺世盗名，做表面文章，标榜说自己这里有便捷的修道法门，其实不追求心上的事，没有实质的道，以盲引盲，“以其昏昏，使人昭昭”。

《与神对话》里说：“在这场战役里，你不会输，你不会败。所以，它根本不是场战役，是个过程。然而如果你不明白这一点，你会视它为一个不断的攀爬，你甚至可能一直相信那是攀爬。久得足以围绕着它创造出一整个的宗教来，这个宗教会教导人们攀爬，就是它的全部，这是个错误的教导。过程是在接纳中进行的，胜利则是在顺应中赢得的。”所以说，学习圣道，不是永远去追求那“希望”。

这一章讲的这种人，咱们现代大多数人还是这样，学一个什么，都要搞得有“仪式感”，这种认真的态度当然值得肯定。但是有些事往往走着走着就变味了，就偏离了初衷，丢掉了当初的智慧，而是搞形式主义。

图38　书法

第五十四章

道园之游——大心大道，孔心孔道，无心无道，存乎于心

【原经】

善建①者不拔②，善裒③者不脱④，子孙祭祀不辍⑤。修之身，其德乃真。修之家，其德乃余。修之乡，其德乃长。修之邦，其德乃丰。修之天下，其德乃溥⑥。故以身观⑦身，以家观家，以乡观乡，以邦观邦，以天下观天下。吾奚以知天下之然哉？以此⑧。

【解析】

①“建”：建立一种国家机制。

②“拔”：立的神树被撤除，比喻国家倾覆。比如国家面临灭亡，就只能仓促将青铜神树、神像砸毁烧了埋起来，然后逃命。

③“裒”：汇集成邦。

④“脱”：分开，散开。

⑤“不辍”：绵延不绝。

⑥“真”“余”“长”“丰”“溥”：都是讲心的覆盖面。

⑦“观”：视角，视野。

⑧“以此”：都一个德行。

【白话】

好的国王图腾不会倒，好的国王子民不会散伙，好的国策可以使后代长久祭奠。修行好自己，他的德就是真正的。管好家庭，他的德就大一点了。管好他的乡，他的德就更大了。管好他的国，他的德就是丰沛的。管好他的天下十方，他的德就是天地宇宙的大。所以，身体那么大的心就管身体，家那么大的心就管家，心装的是一个乡就管乡，心能够盛下国家就考虑国家的事。我能够看清一切，就是站得高。

【意译】

（可能是其他人问：圣人，我们好像就是这样的，是不是悟了道就能够跨越宗教迷信、驶入正轨啦？怎么样才算够资格为天下服务了？）

成了道就不会丢失了，成了道就不会改变了，就会这样一直学习修行下去的。刚开始只能管好自己时时保持真一不二，然后慢慢能够顾及家庭了，就说明你的内德有富余了；然后能够顾及乡里了，你的内德就更广泛了；你的智慧能够贯彻于一国，你的内德就更丰沛了；当智慧能够贯彻于天下时，则你的内德就普冠宇内。我为什么能够看清楚一切，就是站在了宇宙至高处。

【心解】

一朝眼睁开，尽情看天下；一朝心灯燃，万世无黑夜。一旦见道，行止由心，宇宙“全景效应”终生不会丢失，格局会随着修行的进程而慢慢扩展。

【延展】

这一章讲的是视野、格局，老子是在示意尹喜：是龙就别待在国家的池子里，你就给我飞起来，到宇宙苍穹去，我已经把“紫微垣”的座位给你让出来了，你就给我坐上去。

这一章就是古代的两个词，“大人”“小人”。这一章是很难懂的，是说“天下有始，以为天下母。既得其母，以知其子。既知其子，复守其母”。“善建”“善袌”“不辍”都是说你要“没身不殆”地“守”住自己的“母”。“母”就是自己的来源，悟道了就知道是来源于大道。不只是为你，也为我，不是为我老师，而是我承载的华夏民族。尹喜你要按照天下最大的心胸来做，因为我就是这样的。

“子孙祭祀不辍”，字面意思就是慎终追远。表面意思是：一个好的治国方略，可以使国家延续，不改弦易辙。比如，不管哪个朝代上位，都同前朝、前前朝一样遵从神农、黄帝、大禹的基本国策，都没有从根本上否定前人。北京的“历代帝王庙”就是“子孙祭祀不辍”，清朝重新给修了供有包括明朝在内的“历代帝王庙”。尽管每一朝在表面上、名义上、名字上、口号上是不同的，然而在宏观上、骨子里是相同的，历朝皇帝都祭祀过去的帝王，比如康熙大帝就多次虔诚地去南京拜谒朱元璋陵。这就是我们中华民族香火不断的原因——“中华民族”是一个“世家”。老子的真正意思当然还是说尹喜的修行。我们平时说话，难说清楚的就需要打比方。“道”难于理解，就需仰赖比喻和故事。

我们从2楼往下看，尽是垃圾；我们从80楼往下看，皆是美景；我们从飞机往下看，遍地城郭；我们在空间站往下看就是地球家园，到了这个高度非常容易使人恐惧；再远就是卡尔·萨根的那个“蓝点”。

人生是美景还是垃圾，取决于我们看问题的高度，也就是格局，目光短浅，视线所至满目狼藉，抑或是无限可期。曾国藩说“谋大事者首重格局”。

回到我们当今，如果一个领导人，就只是想着自己任期的这几年，计划也只是几年的，那么他是不会长远考虑问题的，这样别说治理一个国家了，治理一个社区都不会好的。

第五十五章

厚德无漏——一切事物都要有生灭，除了大道

【原经】

含德之厚者，比之于赤子①也。蜂虿不螫，猛兽不据，攫②鸟不搏，骨弱筋柔而握固③。未知牝牡④之合而朘作⑤，精之至也。终日号而嗌⑥不哑，和之至也。

知“和”曰“常”，知“常”曰“明”。益生曰⑦：“祥”，心使气则强，物壮则老，谓之“不道”，“不道早已⑧”。

【解析】

①“赤子”：还未感染黄疸的小婴儿身体比较红。老子的意思是：有道的人能量满格，因为无损耗所以纯阳之气充足。

②“攫”：抓取。

③“握固”：小拳头攥得非常有力。

④“牝”：雌性。“牡”：雄性。

⑤“朘作”：有的版本也作“朘怒”，意思是勃起。

⑥“号而嗌”：使劲喊到声都变了。

⑦“益生曰”：从普通老百姓的角度讲，从生活的角度讲。

⑧“早已”：字面意思，功败垂成。这里是提前了结。

【白话】

德雄厚的人，就像小婴儿一样是纯阳之体。蜂蝎毒虫不会螫他，野兽不会伤他，猛禽不会抓他。看着很柔软但小拳头攥得很有力量，虽不知道男女之事而常阳举，是精气充足的表现。即便是喊到劈了音儿，嗓子也不会喊坏，这是阴阳和合的表现。

懂得“和合”就是“永恒”；知道“永恒”就是“明心见性”。从生活的角度就要“祥和”，像易怒的人就是蛮横，霸道的人都叫“缺德”，就是人们常说的：“缺德的人不得好死。”

【意译】

（圣人，那修到最高能得到什么好处，有什么表现？）

玄德之人能量满格，就像婴儿一样的是纯阳之体、无漏之身。一切危及生命的危险都远离他，因为他与天地万物都是和的。

知道和合不变就是明心见性。从生活的角度说就是“祥和”，如果成天摆出一副牛哄哄的架势就是倒霉催的，这叫“缺德”。缺德是兔子的尾巴长不了，早晚会得到惩罚的。

【心解】

心顺着红尘走，顺则生物。心若逆着红尘，不沾着污泥，像小孩子一样干净，逆则成仙。人有了名，就会有人盯着你，你稍不注意就会跌下神坛。

【延展】

这一章可以和前面第五十章连着看。

“物壮则老”和“不道早已”是一个意思。字面意思，比如太阳升到很高，就会开始下落。山高起来了，就要被风雨慢慢削平。这里“物壮”，老子是指傲慢无礼。

修道高的，干净纯洁得跟孩子一样，我们看孩子做事情都是直截了当，没有弯弯绕，所以不损耗能量，古装电视剧中叫“不损耗仙力”。我们看“七日大”的婴儿常常有怪异的表情，有时就像“蒙娜丽莎的微笑”，诡异、玄怪，那是达·芬奇凌驾于红尘之上、高维度超脱意识的满足感。“蒙娜丽莎的微笑”，展示了人心，它的广度、深度、精微度都是大大超出人们的想象，只要我们还有“未解之谜”，就有“诡异、玄怪”。

第五十六章
尹喜见大道——躬亲传典，以道为师

【原经】

知者不言也，言者不知也[①]。“塞其兑[②]，闭其门[③]，挫其锐[④]，解其纷[⑤]，和其光，同其尘。”是谓“玄同[⑥]”。不可得而亲，亦不可得而疏；不可得而利，亦不可得而害；不可得而贵，亦不可得而贱。故为天下贵[⑦]。

【解析】

①“知者”“言者”：都是指尹喜。

②“兑”：嘴巴。这里是指往脑袋里学进来有用的东西。

③“门”：心门。这里指脑袋往外扔没有用的垃圾。

④“锐”：凸出的，出头鸟。“挫其锐”：心里不平的都平静了。

⑤“纷”：丝线都分着，没有理顺就乱如麻。“解其纷”：心里不一致的都捋顺了。

⑥“玄同”：悟道了，见到了宇宙大和小都是一个，“天地与我同根，万物与我一体”。

⑦“贵”：特别当一回事。“贱”：不当回事。末了的第二个“贵”：能够承继道统的祖师，是至高无上的。

【白话】

有了道的你就不说话了，说话那是因为不知道道。堵住嘴巴，关闭心门，削去锋芒，捋顺纷乱，掩弃名位，落入尘埃，这就叫“得道”。得到了大道也没有太当回事，得到了也没有不当回事；得到了也不觉得有多大的好，得到了也没觉得有害；得到了也没高人一等，得到了也不低人一等，这样才是天下最尊贵的人。

【意译】

（圣人，我没有问题了。）

你看你现在就踏实啦，得了大道就不再缠着我给你“道”啦，之前花那么大的心思来堵我，现在心里不闹腾了吧？多好！你现在特别棒，完全像你师公说的那样：“也不需要往里学进来什么啦，也没有需要扔掉的东西啦，也没有锋芒啦，也没有哪儿不和谐啦，官儿也不当回事啦，只知道自己是一个人、一个存在体。”师公意思是：得道了就自动丢掉了一切身外之物，这就是先圣说的“得大自在”，得了大道也没太当回事，也没不当回事啦；也没觉得赚，也没觉得亏啦；也没觉得有多了不起，也没觉得不好啦！你就是完全符合师公说的标准，真正得了全部大道的至尊者，也就是真正能接我班的人。

【心解】

人一旦见了道，心就落地了，心无事了，也不想什么了，“我花开后百花杀”。也没有想说的了，没有“我”了，不会为了自己去争什么了，去追求什么了，也没有道法了，也不想“道”“德”之类的了——无为，只是一个“存在”，只去做事——无不为。“缄藏俊辩黜聪明，收卷精神作愚鲁；坚心一志任前程，大道于人终不负。”

【延展】

“知者不言也，言者不知也。”这句话单看很容易看懂，就是在教育大家做人要稳重大气：往往心中有底的人话并不多，话多是心中缺少底蕴。或者不轻率地拆穿对方，给对方留有余地是有大度量。而缺乏涵养的人往往按捺不住而马上反驳，得理不饶人是浅薄的表现。这就是天下人认为的老子的意思。

上面的解释哲理非常好，是应该鼓励的。咱们这里讲一下老子的原意，原意没有那么一本正经，是老子看到尹喜悟道了，心靖了，老先生就放松了。因为之前老子的心是一直如履薄冰，只是他不能让尹喜看出来。他心里也是一块石头悬在空中，几十年了，这千斤的担子就没有给出去。如今好了，石头落了地，圣人的心情特别好——“青山一道同云雨，明月何曾是两乡！”

这一章老先生讲得无比轻松俏皮，拉着得意的长音，以谐谑的语气夸赞尹喜：人一旦见了道就没什么可问的啦，也没什么可表达的啦，也不来堵我啦，这回不扣留我啦！然后讲了师公告诉的，从上面老师传下来的，检验弟子合格的条款，然后换成尹喜能完全听懂的大白话给讲解一下，是在告诉尹喜，你完全符合师公的标准，也符合先圣黄帝的指标，你就是这天下唯一至高无上的法王。

上面把道理给大家讲完了，下面给大家讲一讲当时老子的实际意思，不是大家看经那样的严肃认真，而是完全另一番风景。老子的意思是：你这个小鬼头，这回心安静啦，不闹腾啦，不纠缠我啦？你心不烦了，也就不来烦我咯，咱们爷俩就都消停啦！大老远跑这儿来截我没白截，这回轻松啦，可把老夫我给累坏喽，老夫这辈子第一次费这么多唾沫。你可是这天下第一偷奸耍滑的娃儿，算准了跑来跪在大街上，就说上几句甜言蜜语，就诓去了我毕生学问。你要知道你得到的东西，那可是老夫我穷尽几十载所学，让你三天就给骗走了。你可真会投机取巧，就学会了一招，向我要。哈哈，这回老夫可是栽在了你这个小机灵鬼手里喽！

已经修成龙的，最后一步就是要有高人给“点睛”，尹喜就是那龙，就需要圣人老子给点一下，眼睛就睁开了，就能飞天了。荀子曰：“吾尝终日而思矣，不如须臾之所学也。”

南怀瑾参加袁焕仙的“打禅七”活动，南老师悟了，坐在地上不说话。袁先生问他：“为什么不说话？”南老师还是没说话。这时袁先生说：

“如是如是！释迦牟尼是这样，历代印度的和中国的祖师是这样，我是这样，如今你也是这样！”

同样，我的老师在南老师那里参加“打禅七”活动，当听到南老师讲“万法本闲，惟人自闹”时一下子悟了，大哭，然后坐在那里不说话。南先生问他：“为什么哭？”王老师后来给我们讲，他当时心里根本没有什么可说的，可是老师问，并等着呢，他就半天才应道：“万法本闲，惟人自闹。”

我太太的一个老师在外地，听别人传过去说自己“悟了”，老师就写了几个问题，让从那边过来的人拿给她看，要求她跟来人回答，我太太接过纸直接就给扯碎了。

“塞其兑，闭其门。”没有什么需要表白、说明的，也没有什么需要知道的，心就此了然无事也！

“和其光，同其尘。”心里没有高贵和低贱的差别了，人、事、物一切平等，这就是庄子的“齐物”，也就是“平等性智”（见第四章）。

“挫其锐，解其纷，和其光，同其尘。”应该是老师的话，是叫人行事低调。“光”：光鲜亮丽的社会地位，老子指尹喜在朝廷当的“侯”位（比函谷关关吏大）。

“利”，比如有了名气啦，大家都来参拜供养了，或者就像李斯那样的被君王请过去辅政，高官厚禄。

这一章的关键词是“玄同”，应该是老子的老师讲的先圣的词句，也是整个《道德经》的关键词，其实也是天下一切圣经典的关键意思：“无缘大慈，同体大悲”“博爱”“大爱无疆”“平等性智，大圆镜智”。“妙觉”，是达到了全维，大脑矩阵接近全打开，而不是我们的3 %。“玄同”就是非世间的、大道层面的同，“天地与我同根，万物与我一体”。

有很多学习智慧的人，他们自己觉得自己很好了，“为天下先”啦，我告诉大家一个自检和检验别人的方法，就是看自己能不能够赞叹别人，释迦牟尼叫“礼赞”。很多人很吝啬于“礼赞”别人，有一句话说“佛看谁都是佛”，那么如果我们也像苏东坡看佛印师兄就是臭狗屎，那就不会赞叹，是没有悟到家的，那样就只是修行到了“同”，而没有到“玄同”，用我们老师的话说就是："悟，也不能说他没悟，只是开了一只眼。"

咱们前边也经常说法王比人王稀有高贵，历史上伟大的王阳明与尹喜非常相像，也是学问、政绩、带兵、智慧皆一流。

老子《道德经》的意思就是很高的，如果我们看到一本讲解《道德经》的书，解读的没有紧紧扣着道，那就不是老子的东西，只能算是古文翻译。

第五十七、五十八章

保任圣胎　耳提面命——治心要定，治事可以灵活善巧

【原经】

（第五十七章）以正治国，以奇用兵，以无事取天下①，吾奚以知天下其然哉，以此。夫天下多忌讳，而民彌贫。民多利器，国家滋昏。民多知慧②，而袤事滋起③。法令滋章，盗贼多有。故圣人④云："我⑤无为而民自化，我好靖而民自正，我无事⑥而民自富，我无欲而民自朴，我无情而民自清⑦。"

（第五十八章）其政闵闵⑧，其民偆偆，其政訾訾⑨，其民缺缺。祸兮，福之所倚，福兮，祸之所伏，孰知其极？其无正袤？正复为奇⑩，善复为袄⑪。人之迷也，其日固久⑫矣。是以圣人方⑬而不割，廉⑭而不刿⑮，直⑯而不肆⑰，光而不耀。

【解析】

①"取天下"：承天下法的祖师。

②"慧"：脑瓜子好使，分别心强。

③"袤事"：乱事。"民多知慧，而袤事滋起"：那些个能说会道的公知们就喜欢找犄角旮旯生点事儿，看不到大处。

④“圣人”：从前得大道的圣人，极大可能是黄帝。

⑤“我”：领导者，这里指尹喜的头脑。

⑥“事”：过度征税，摊工役、兵役。“无事”：不贪。

⑦“情”：私。为自己谋利益，贪污受贿，开后门。“清”：不行贿，不请客送礼，不走后门。“我无情而民自清”：上边一身正气，无私，一碗水端平，下边百姓就不搞邪的歪的。老子真正的意思是说：你心无妄想，就可以入道。

⑧“闵”：君王昏聩无能，疏于管理。这里是指尹喜的心。

⑨“訾訾”：时不时地监督检查。表示对心管得太死。

⑩“奇”：不正，歪。

⑪“善复为袄”：比如光鲜亮丽的苹果，时间长了就烂了，坏了。

⑫“固久”：多生累劫，无始劫以来。

⑬“方”：古人将石头打出碴，就像玻璃碴，很锋利，当刀子割东西用，当斧子砍木头。表示比别人厉害，比别人有能力。

⑭“廉”：镰刀。

⑮“刿”：分割。

⑯“直”：矛枪。

⑰“肆”：刺杀。

【白话】

治国要遵守死教条，用兵要灵活，而以顺遂自然来指导天下，我怎么知道这天下的终极智慧呢？就是这样。你要知道，你限制刀具的数量越少，百姓就越穷。百姓的刀具越多，国家就越有忧患。百姓如果太较真儿，就会没事找事。你越按法律去规定他们，盗贼反而越多。所以我老师说：“如果我无为，那么百姓就做他该做的；我安静，百姓就遵纪守法；我不摊公派，百姓就富足；我无欲，百姓就无求；总之，我无我，百姓就无私。”

如果你的执政是稳稳当当的，那么百姓就稳稳当当。如果你的执政是严严厉厉的，那么百姓就紧紧张张。灾祸是从享福那里来的，享福是从吃亏那里来的，谁也撸不清真正的终极因缘！没有一个不变的，死板的会变为灵活的，好的会变为坏的，人们的糊涂由来已久哇！因此，圣人都是有镰而不割，有刀而不砍，有枪而不刺，有火而不烧。

【意译】

（可能尹喜请教治国与大道的关系：师父，您给讲讲“绝而复属，亡而复存，孰知其神。死而复生，以祸为福，孰知其极。反索之无形，故知祸福之所从生。应化之道，平衡而止”。）

治国要严格地恪守律法典章，而用兵则可以变化多端、灵活运用，而承天法要顺应天地宇宙自然，不可强为。我能够掌握大智慧成为道祖，就是永远保持中道。你如果太守修道的规矩呢，你的思维就会被箍住，你如果脑筋太灵活呢，心就容易散乱不聚。你头脑想得太多，就会心里乱七八糟的，全是事。你越遵守修行的教条，就倒形成阻力和障碍。所以先圣云：“我无为则心就能无不为，我不起心动念就是真正的守规矩，我不生出事情就是大顺，我不求什么就都静定，总之，我不起心动念，就是心如止水。”

如果你紧一紧，那么心就被囿得太死；如果你松一松，那么心就太活，放任自流，无法无天，一切都要掌握一个“度”，这就叫“中道”，“中道”是需要智慧的。我跟你说：那个祸啊，是因为你福享得太多了；那个福啊，是你吃亏付出造成的，它最最根本的原委呀，谁也不能完全弄清楚。因为一旦条件变了，结果就会跟着变的，你是永远抓不住的，没有什么是绝对的、一成不变的，笨可能就是聪明，好可能反而是坏。总之，永远不要执着，人的执着呀可谓是根深蒂固、深入骨髓！

只有圣人才能够做到，有债而不讨，有便宜而不占，有回击别人的机会而不回击，比别人优秀而不炫耀。

【心解】

学道治心不能像治国那样严格管束，也不能像用兵那样灵活多变。咱们传播智慧要因势利导，不必担心自己会做错，有时候好事不一定就是好事，苍狗白云任尔转！大胆直心地去做，只要不执着就行，“野鹤无粮天地宽”。

【延展】

这两章口语化非常明显，写作是不会这样的。

这两章是一以贯之的，如果分开，那么第五十八章的背景还得再解释。这样合并了意思就连着了，第五十八章是对第五十七章立论的一个展开阐释，是一个整体。

这两章也是接着上一章的赓续，依然是叮嘱尹喜明白道后怎么样修心“保道”，就是禅宗的“保任”，不是字面意思，正如《庖丁解牛》说的“臣所好非技也，而为道”。老子一上来就用了尹喜所熟悉的事情来作比喻：小尹呐，我知道你文武双全，是懂治国用兵的，你看治国呀需要高度的严格，用兵呢则要机动灵活。那么我跟你讲，咱们悟道呀，则恰恰既不能太过认真，又不能不认真，要恰到好处，就像法王祭祀天地作法，要顺天而为。

“正”，严格遵守规矩法度，也就是典章《法》《律》《礼》，一切处理的事情都有章可循，大众就服气。非常像咱们现代法院，要大声朗读出：依某某法典，第几款第几条。旁边要有旁听的，要有监督的，证明的，“三老四少”。

“以奇用兵”，“兵者，诡道也，而应形于无穷。兵无常势，水无常形”（《孙子兵法》）。

“吾奚以知天下其然哉，以此。”是指上一章及这一章“知者不言也，言者不知也”。是说：我如今成为这天下至高智慧的人，你不要以为我有超乎常人、天赋异禀的能力，我也是老老实实、规规矩矩地听老师的话才做到的。

“忌”：国家规定不许干的事。“讳”：国家规定不许说的话。

“其政督督，其民缺缺”是指第五十七章说的“天下多忌讳而民弥贫”。上面管得严一些，下面百姓就不能好好生产生活，就会多穷一些；上面管得松一些，下面百姓就会少穷一些，就是“弥贫”。管得过严，办事就会死板些。这里也是口语，非笔写。当然这里是打比喻，是说你悟道了，你如果使劲认真去保护悟道，就会给“道”弄死板了；你如果不认真呢，“道”就会散乱不聚。

现代人不懂“方”是什么意思。古人用石头打出棱叫“方”，用来砍木头，切割东西，是将黑曜石、玉髓玛瑙、水晶等硬度高的“玻璃体”打断出棱，犹如我们现代的玻璃断碴，很锋利的。老子的“方”字就是我们现代的“刃”。老子时代青铜是非常昂贵的东西，所以百姓是没有金属刀具的。

“夫天下多忌讳，而民弥贫。民多利器，国家滋昏。”从上古时代开始，国家就限制老百姓拥有金属器，是为安定天下。比如大禹时代把九个国家的青铜都收上来，就是不让他们打仗，到汉唐时期是限制铁器。第一，消除械斗、战争。第二，消除造反隐患。如果上边限制得多，老百姓生产工具、生活刀具就少，上交的税就少，百姓和国家就穷。反之，老百姓的金属工具多，生产生活就发达，百姓和国家就富，但是就会有人拿金属去打造兵器，社会容易有战争，还会有起兵造反的。就好比当今世界上，只要有国家大力制造军火，发军火的财，世界就会有大的矛盾和战争，将来就会有人类毁灭的一天。

“民多知慧，而衺事滋起。法令滋章，盗贼多有。”与上句话一样，是说你上面管理得过紧也不好，过松也不好，要中庸。背后的意思是告诉尹喜，你管理自己的心要恰到好处，即中道。

第五十九章

安道——心安了，才是你的立命之本

【原经】

治人事[1]天，莫若啬[2]。夫惟啬，是以早服[3]。早服谓之重[4]积德，重积德则无不克，无不克则莫知其极[5]。莫知其极，可以有国。有国之母，可以长久。是谓深根固柢[6]，长生久视[7]之道。

【解析】

①“事”：敬奉，就是青铜器上的“母”字。

②“啬”：节约，不消耗，积攒能量。

③“服”：字面意思，服膺，回归，还原。这里是指恢复人本有的智慧。

④“重”：重量大。

⑤“极”：头，极限。

⑥“深根固柢”：与道合一，安身立命。

⑦“久视”：能一直看着。

【白话】

把人调教到天人合一，最好的办法莫过于静坐。你只有让他打坐入定，才是基础。基础的“定”有了才叫入了修行的门，有了“定”就会一直往里深入下去不知道能走多远，无可限量。无可限量就有了强大的基础，就会一直走下去，就叫仙根牢固，就会最终达到与天同寿长生不老之仙境。

【意译】

教导人悟道啊，最好的方法就是制心一处。你只有使他的心如如不动了，才是真正走上了修行的路。只有真正的修行才能够一步一步地修上去，修行上了路就有能力找正确的路了，而不会走了弯路、错路，这样一直高歌猛进就不会停止了，而前途无可限量，就是天人合一的基础，有了安身立命的基础就进入不生不灭的大道仙境里，就是达到了“大罗金仙”，就可以把生死掌握在自己的手中。

【心解】

度人，最好让他的心不动。心不乱动则智慧生，智慧生则心包太虚、无量无边，才是修道人安心立命的地方，就叫“慧根清净”——“青山元不动，浮云飞去来”。

【延展】

这一章也是从第五十四章一直延续的意思，还是教尹喜将来度化人的事情。故宫的匾额是清朝留下来的，是一个展示我中华智慧，展示国家的威仪，也展示帝王、法王之德，它的根就是老子的智慧。

人身上都有“场能光”，下三路是暖色系，中间是黄色（五行的中心），上三路是冷色系。智慧越高的，越是与本性（大道）接近的人，头顶的频率就越高，能量也越强。老子就是头上有强大的紫华盖，叫“紫虚之气”，普散开直达天际，古代也叫“炁”。“虚”是广大无边的意思。（图5）

第六十章

万法本闲，惟人自闹——梦已经醒来，心不会害怕，自信、自当、自肯

【原经】

治大国若烹小鲜①。以道莅天下②者，其鬼不神。非其鬼不神③，其神不伤④人。非其神不伤人，圣人⑤亦不伤人。夫两不相伤，故德交归⑥焉。

【解析】

①“烹小鲜”：小菜一碟。

②“道莅天下”：见道的人以大道智慧来指导天下，这里是指尹喜教导、引领天下人心。

③“鬼”：是指那些在人们脑海中能定人生死的上界威严的仙佛道神。“不神”：在我们的心中不神圣了，不再迷信、惧怕他们了。

④“伤”：不是物质肉体的伤害，而是精神层面的惩罚、评判、谴责。比如说：你这么做是要下地狱的，会遭到上帝的诅咒！遭雷劈，罚你到畜生道、饿鬼道。

⑤“圣人”：泛指权威人物、智者及尹喜。

⑥“交”：人与大道合一。“归”：人就回到了本来面目——止于至善。

【白话】

治理再大的国家也只如煮小鱼小虾一样简单，因为你道祖莅临了天下，我们平常一切所敬畏、惧怕的神仙都不神圣了，不是大神们不神圣了，而是神不判定惩罚人的罪了，其实不是神圣不定人的罪，而是大人物再拿判定人的罪来吓唬天下不起作用了。这天下就没有谁来判谁的罪，所以人心就皆归于正道啦！

【意译】

（圣人，我如何让人们放下执着？）

小尹，如今对于你来说呀，再大的事儿统统都不在话下啦！只要是大道统领了你的心，就没有了一切神力，乃至迷信超自然的宇宙太上神佛啦。不是说它们不判人的生死了，而是根本就没有什么“审判”。也不是不“审判”了，而是根本就没有那些大神。就是说，“审判”这码事根本就是人造的，现在你不去判定天下人的罪过，就没有谁去判定了。所以，这两方面都不判定人，这就是代表了你道莅天下，天下就德光普照大地啦！

【心解】

对于悟道的人来说，就像太阳一出照破黑暗，无为而无不为，人间正道是沧桑。

【延展】

“若烹小鲜”，屁大点事儿，不值得一提！

“鬼”不是指我们现代的鬼，而是指那些在人们脑海中有权威、有力量、能定人生死的神、佛、上大仙。“其鬼不神”是说那些个神、佛、道、圣等在我们的心中一下子不神圣了。

这一章是继续告诉尹喜：你悟道了，天下根本就没有判定人的大神大圣，一切我们过去心中法力无边的大神，我们顶礼膜拜的大圣，我们尊崇

图39 书法

的什么什么圣地，一切都在明白之后就知道了真相，“神、圣”等统统荡然无存了，他们没有了威力，我们从此不再迷信了。

“德交归焉”，一切我们所创造出来的神、圣，都是一个慰藉。如今见了大道，一切这些虚假的东西都不攻自破，就都回复到了最原初的智慧——德。

第六十一章

安而能泰小天下——天下之交，心底无私天地宽

【原经】

大国者，天下之下流，天下之交。天下之牝[①]，牝常以靖胜牡[②]。以其靖，故为下[③]也。故大国以下小国，则取于小国。小国以下大国，则取于大国。或下以取，或下而取，大国不过欲兼[④]畜人[⑤]，小国不过欲入事[⑥]人，两者各得其所欲，故大者宜为下[⑦]。

【帛书版】

大邦者，下流也；天下之牝，天下之交也；牝恒以静胜牡。为其静也，故宜为下。大邦以下小邦，则取小邦；小邦以下大邦，则取于大邦。故或下以取，或下而取。故大邦者，不过欲兼畜人，小邦者，不过欲入事人，夫皆得其欲，则大者宜为下。

【解析】

①“牝”：雌性。

②“胜”：遂愿。“牡”：雄性。

③“下”：吸引。

④“兼”：非主要的，而是顺便捎带的。

⑤“畜人”：增加人口。

⑥“事”：打工，服务。

⑦“大者宜为下”：大国要先表现出诚意，小国才敢靠过来。

【白话】

为大国者就像天下的海洋，天下水的汇集地。也像是天下的母性，母性是以等待和吸引来俘获雄性的，就是因为静态，才有了一种魅力。因此大国要用魅力吸引小国，才能把小国团结过来。小国也要吸引大国，就向大国团结。不管是团结过来，还是团结过去，大国可以适当增加人口，小国人可以适当去大国工作，两国各取所需各得其所，所以强大的一方要先拿出诚意示好。

【意译】

（可能尹喜问：“先圣说‘执雌持下，人莫逾之’是不是天下归心的方法？我是不是将来也照着这样做？”）

大国是天下邦国汇集的地方，是天下的中心。它就好比天下的母性。怎么讲？你看那母的，它不是去追公的，而是静静地等待，就把公的吸引过来了，因为它越文静就越有魅力，才能万众归心，懂吧？基于此，大国有吸引小国的地方，小国就会过来。小国也表现出吸引大国的地方，大国就会接纳小国，不管是吸引他国来，还是被他国吸引去，总之对双方都是有好处的。大国可以增加人口，小国的人可以到大国去打工。要想两边都各取所需互利共赢，主要取决于大国的态度，就是说是否友好联盟主要看大国。

【心解】

“德不孤，必有邻。”要想心与灵和合不分离，就要放下，放之又放以至于无我。

【延展】

这一章虽然讲的是心，但所用的比喻后代都可以从中学习借鉴。讲大小国联合之道，构建人类命运共同体就要和谐友好，“得道多助，失道寡助”。

这里老子只讲了各自双方小的好处。大家可能会问，老子为什么不讲大的好处呢？因为大的好处是明摆着的，大家都知道，所以只讲容易被忽略的方面，因为需用智慧才能看到。大的方面就是军事和商贸。

“牝常以靖胜牡”母的动物都比较安静，没有说母的满处去追雄的。雄鸟找雌鸟，卖力地展开漂亮的衣裳唱歌跳舞，雌鸟就是在一旁观察着，看着雄鸟上蹿下跳地表演。鹿和狮子也是去追雌性。我们人也是如此，妈妈都会嘱咐说：“闺女呀！说话小点声，稳当点儿，将来哪个男孩也不喜欢大嗓门的疯丫头！”女孩子文静、端庄、含蓄自然会吸引异性。

“胜”不要按照我们现代的理解，简单地看成战胜、胜利、征服，而是成功、获得、所求皆随人愿，达到目的的意思，是友好、爱的性质，不是对抗、斗争的性质，与咱们现代相反。

这一章的“兼畜人”“入事人”最难懂。“兼畜人”是指“人口资源”，这在古代是最重要的资源，所以古代把新生儿比作初升的太阳——“子”，就是现代的“希望”一词。

小国人喜欢去大国还有一个原因，是能够增长见识，就是老话说的“读万卷书，行万里路”。只有大国才能够“行万里路”，讲出这话的董其昌必须是有大心胸、大见识的大国中人。

第六十二章

功成名就不如入道——君子常怀丈夫志，誓向生死索一回

【原经】

道者，万物之奥①也。善人之宝，不善人之所保②。美言③可以于市④，尊言⑤可以加于人⑥。人之不善，何弃之有。故立天子，置三公⑦，虽有拱璧⑧以先驷马⑨，不如进此道也。古之所以贵此道者何也？不曰求以得，有罪以免邪⑩。故为天下贵⑪。

【解析】

①“奥”：规律。

②“宝”：装在心里。“保”：抱在怀里。

③“美言”：大道理。

④“市”：博取拥趸，有市场，有认同。

⑤“尊言”：有道者的圣言。

⑥“加于人”：加入。形成特定人群，团体，圈子。

⑦“三公”：太师、太傅、太保，是君王身边的重臣。

⑧“拱璧”：大型豪华马车顶棚是拱形的，上面装饰嵌玉描金漆彩。

⑨“先驷马”：《礼》规定：王六驾，卿大夫四驾。

⑩“求以得，有罪以免邪”：就是我们庙里常见的“有求必应，消灾避难”“增福增寿”“逢凶化吉”等。

⑪“天下贵”：也同时指尹喜。

【白话】

大道啊，它是万物的基础。它既是见道人的宝贝，也是没见道的人所抱持的理论基础。道理可以让人们传播，而圣言可以深入人心。只要学习道，没有见道的人我们也不能瞧不起他们。因为不管你是拥有天下的天子，还是国之重臣，你虽然坐着有玉装饰的四匹马的豪车，再有地位也都不如学道的人高贵啊！为什么从古至今大家都这么珍视大道？不是仅看它能够“有求必应，消灾避难”就获得名声的。

【意译】

（那我要让他们都来学习正道吗？如果很多转不上正道来，怎么办？老子的意思：小尹呐，不着急，别拿出你那个当大官的气势，圣人要包容，这个心灵上的事儿不是像普通事情那样的，根基的不同是不能强硬来的，要柔顺才行。）

这个“道”啊，是形成宇宙的根本。它既是像你这样的明白人所秉持的根本智慧，也是没有明白的人所学习、向往甚至迷信的东西。语言道理可以以媒介的形式传播大道，而智慧才能够打动人心、深入人心、改变人心的。因此，学道没有学明白的人，你也要欢迎他们、尊敬他们，他们只要学习道就值得赞叹，他们能够起到宣传的作用。因为不论是多了不起的人，纵然是这世界上最尊贵的人，也不如学道的人尊贵。

从古至今大家这么尊重道，不是仅仅靠着“有求必应，消灾避难”这些肤浅的东西就能够支撑几千年的，之所以流传这么久，是有真正的内涵作为支撑的。所以能够来学道的人，才是这天下最高贵的人。

【心解】

君子常怀丈夫志，誓向生死索一回。为圣人者，不可轻视每一个来学大道的人，因为他们未来一定成道，“云将东游，过扶摇之枝而适遭鸿蒙”。

【延展】

咱们的“意译”里老子说道有“几千年”，可能有些人会有疑问：《道德经》里不是明明写着“道”是老子发明的吗？咱们在第二十五章和“经名解”里都讲解了，“道”这个字及其概念是在黄帝之前就有的。这就像孔子的说教、理论体系，前代也是有一些的，孔子是把这些以他的话说出来，平常落地。

这一章是接着第五十三章的，是给尹喜一个人说的，为让尹喜知道，那些学习了哪怕一丁点道都是难能可贵的，都是值得鼓励和尊敬的。

这一章老子说：大道的摄受力是不可思议的，它可以对各层次的人产生影响，不过大多数人只是信奉道、言道、尊道，拿它当作一块金字招牌，也还是很珍贵的，很不容易的，尹喜你也要珍惜它们。

“加于人”指有共同追求爱好的人，大家形成圈子。

“人之不善，何弃之有。”就是常不轻菩萨说的：“我深敬汝等，不敢轻慢。所以者何？汝等皆行菩萨道，当得作佛。”

在上古，“立”和“位”是一个字，如这里应该是“故，位天子，置三公”。“位”和“置”是一个意思，就是设立，所以咱们现代就合并成了“位置”一词。

“三公”，“太师”一般是具有大智慧的圣贤，是君王所倚重的人。“太傅”有点类似于“亚父”、老师、叔父、“托孤大臣”等年岁大的前辈，主要起监督、提醒、防止冲动的作用。还有“太保”。

第六十三章

真亦假来假亦真，生亦死来死亦生——放下时间，放下空间，最终放下小我

【原经】

为无为，事无事，味无味[①]。大小，多少[②]，报怨以德[③]。图难乎于其易[④]，为大乎于其细。天下之难事必作于易，天下之大事必作于细。是以圣人[⑤]终不为大，故能成其大[⑥]。夫轻诺者必寡信[⑦]，多易者必多难。是以圣人犹难之[⑧]，故终无难矣！

【解析】

①“味”：玩味，品味，是辨别的意思。

②“大小”：指人的社会地位。“多少”：指人的钱财。

③“报”“以”：我们所得到的命运。“报怨”：老天爷怎么这么不公平，给了我一个困苦的人生！

④“图难乎于其易”：“难”不是凭空掉到你怀里的，而是你过往产生过“易”，今天才有“难”给你。

⑤“圣人”：一般指得道的人，这里指尹喜。

⑥“大”：一切有利的方面，多，富贵，有地位，十全十美。“细”：一切不利的方面，少，贫穷，失败，不完美。

第一个“大”是人界的王——君王，第二个“大”是上面层界的王——法王。

⑦“诺”：应诺，这里是指发誓。“轻”“寡”：戏言不必当真。

⑧“犹难之”：吃亏是福。

【白话】

所为没有所为的人，也没有所为的事，也不是我们所分辨谋划的结果。也没有地位的高和低，没有金钱的多和少，没有欠债的苦命人生，也没有得债的享受人生。我们得到的苦难人生，是由过往的享福享过头了所导致的。我们得到的高地位，大的成功皆是由许多小的付出攒出来的。是由我们过往的卑微低下换来的。就是说呀，一切的苦命是由顺利所导致的，一切的大人物，是由小人物换来的。所以说，圣人从来不贪图什么，反而得到了整个宇宙。这就好比你随便开玩笑发的誓是不作数的，你不付出就甭想获得顺利。因为圣人越是艰险越不怕，所以他们就永远遇不到阻力呀！

咱们把第二章的“意译”拿过来放在这一章“意译”的前边，大家连在一起读会更有助于对这两章的理解。

【意译】

天下人就只看到了美丽就是美丽，却不知道它包含了丑。只看到好就是好，却看不到它包含了坏。因此经上才说：拥有是从一无所有那里来的，反过来一贫如洗也是从拥有很多那里回报来的；阻力和顺利也是由过去相互造就出来的；帅气的高个子是由过往的矮个子换来的；高贵也是从过往的低贱变来的；声音的优劣也是过去造就出来的；优秀也是由之前的笨产生的果。所以你要明白，你所干成功的事并不真正是你干成的，也不是因为就是按照你说的话去做了才成功的。一切今生的结果都不是今生所看到的这些原因所造成的，因为我们看到的原因并不是真正的原因，这样的结果也不是因为那样做了而成的，一切都只是表面现象，是假象。所以，做事情不必执着是我们自己做的，成了也不要当成功。你只有不执着这一切，才不会跑到道外面去。

事情你以为是你干的，结果是你造成的，你以为是因为你这样谋划就出来这样的？非也！事情的真相不是眼睛看到的这些个表面原因，也不是你的原因。地位高呀低呀，钱多呀少呀，没有什么“命不好”或者“命好”。老话说：“逆”是没有的，只是因为过往你得到了“顺”，这次才给你一个“逆”；我回答你的中心意思是：像你现在天资明慧成为伟大的祖师，不是因为你比别人高贵、比别人聪明，也不是因为你是特殊材料制成的人，而是因为你过往无数的付出积累出来的。天下的所有“难”事都是因为人们过往有偷懒、不劳而获，这次就才有“难”；天下一切的大成功，都是他曾经付出了许许多多，聚沙成塔才得到的。就好比你生生世世都喜欢给众生做马牛，所以才成就了如今的伟大智慧。这就像老百姓常说的：你瞎开玩笑发的誓是不作数的；你总是不想付出就别怪上天不喜欢你，生命才处处给你制造了许多的困难。就像你，无始劫以来都不计个人得失，久久为功才有你今天这么圆满的成就。

【心解】

“世上没有无缘无故的爱，也没有无缘无故的恨。”因为就没有一个实质性的“我”，也就没有“我”感觉的“好”和“坏”，统统是我们自己创造出来的高低贵贱。这样看问题就容易放下——损，眼界就会放大而悟道，功不唐捐。

【延展】

为什么把第二章挪过来呢？因为是一脉相承的。这两章并不是文字难懂，而是难接受。因为我看到很多人的书，老子的字词都能看懂，可是到了总讲意思时就不明所以了，学问没用上。不过，如果大家对这个理解不能接受也不勉强。不过这里要提个醒，古代圣人庄子、黄帝、诸子百家，包括《西游记》《聊斋志异》里面的道理和故事都是建立在因果轮回基础上的，否则是读不懂的。

老子还是对尹喜讲的，意思是：人们都以为我们命运的好坏是上苍赐予的，其实不是，都是过往的你自己造就的。小尹你今天之所以成为伟大的“祖师”，是因为你在过往长劫中道德高尚，勇于付出，敢于为众生挑重担，不计小利、吃亏是福，“屈身守分以待天时”，积累了福报智慧才换来的，所以说人必须明白了才不会做错事。你不要以为是上天特别眷顾于你，单独给你掉了馅饼，也不是我给的，那馅饼其实都是你自己烙的，要感谢就感谢你自己吧，上天只会眷顾像你这样品德高尚、无私无畏、久久为功的人。《与神对话》说：“我要告诉你的是，没有‘巧合’，并且也没有什么事是‘因意外’而发生的。每件事和每个险情，都是你的灵魂招来你自己身边的，以使你能创造并经验你真的是谁。所有真正的大师都懂得这一点。那就是为什么在面对最糟糕的情况时，真正玄妙的大师仍能保持面不改色。”

“为无为，事无事，味无味”就是《金刚经》的模式：为者，即非为，是名为；事者，即非事，是名事；……也即“善战者无赫赫之功，善医者无煌煌之名，善弈者通盘无妙手”。

“图难乎于其易，为大乎于其细”是尹喜问的老话，“天下之难事必作于易，天下之大事必作于细”是老子对先圣的讲解：天下的“难”都是从容易那里回报来的。

“圣人终不为大，故能成其大”是老话，“是以圣人犹难之，故终无难矣”是老子的解释。“夫轻诺者必寡信，多易者必多难”是这个解释的铺垫。意思是：你不要光看眼前，你要看到背后的东西，那个背后的积累才是一切成就的“因”。“果”不是平白无故有的，它是有“因”的，无论多么大、多么难的成就都是可以完成的，只要花足够的时间。你们大家不要羡慕尹喜，不要只是看到“贼吃饭”，要知道，贼吃香喝辣的背后是“贼挨打”。也许他当年也给你们在座的当牛做马过。

所以圣人能够做到“宠辱不惊”，是因为他知道，占便宜并没有占了外边的便宜，生命是占不到便宜的。眼前的吃亏是谁亏了？因为是根本吃不到亏的。因此圣人占了便宜也不会窃喜，吃了亏也不会不高兴，他也不会去干占便宜的事。我们眼前有盈亏○●，其实背后是无极，不会“多●”，也不会“少○”的，“天网”在缜密地看着每个人的一切。你今天多了，“天网”将来就给你拿掉；你少了，它未来就会给你补上，尽职尽责，这就是“天网恢恢，疏而不失”。

这一章前面几句因为太直接了，字面意思又很不合逻辑，就难以看懂，有些甚至半句话一带而过，就像禅宗语录。过于精炼都是由于尹喜的智慧越来越高，就造成了《道德经》越来越高，这就苦了我们后人了！当然精彩亦在其中！

这一章难度很大，继承了《黄帝阴符经》“恩生于害，害生于恩”的主旨，是讲：你现在所得到的情况，是过往形成的。咱们这章可以作为第二章的注解，大家也回去看看第二章的“延展”，这样两章都好理解了。

就像这一章，大家不要给当成了排比句，不然会解释错的。《道德经》这个讲课，大部分是尹喜问问题，有《易》，有民间俗语、坊间俚语，还有很多失传的黄帝等教导。这些包括治国平天下的典籍，比如已经失传的兵书。那么这里尹喜问的典籍，距离他们就已经有近两千年了，而咱们现代人看黄帝的和老子的都一样古老，大家就以为老子啰嗦了。

“圣人终不为大，故能成其大。”这第一个“大”是指下边的事，指人世间、红尘中的大成就、高地位，最高的就是人王，后一个“大”是上边的事，是指比人王还要大得多的法王，意思是：你尹喜多劫以来，从来不求为自己得到什么，反而现在上天给了你一个更大的果实。

“轻诺必寡信”就像平时年轻人常常胡开玩笑，随便乱发的誓，谁也不会当真。比如一帮朋友在高层的楼房聚餐，一个人指着另一个人说：“就这一大堆吃的，还有这酒你肯定吃不完。”那个人说：“我要是吃完了怎么办？”这个人说：“我还不知道你那点出息！你要是全吃了……”然后指着窗户说：“我从这儿跳下去。”结果真的全吃光了，也就顶多大伙一起哄一乐就过去了，谁也不会当真。

“多易必多难”是说其他学生在过往生，尽享受红尘美景、吃喝玩乐了，根本不仔细想想人生、生命。如今参加我的活动，想要弄明白人生就难一些啦。

“故终无难矣”，就像孙悟空在八卦炉里说：“好凉快，好舒服！”孙悟空修到了无对待，已经悟“空”了，再大的“业火”也烧不到他。“八卦炉”表示将大千世界森罗万象的万千变化都来考验你，看你是不是真的能够“宠辱不惊”，“应无所住而生其心”，这样就是有智慧的“火眼金睛”。老子的意思是：尹喜你过去生有大智慧，乐于付出，今生来我这里学道就没有障碍，一下子就能达到最高点。

第六十四、六十五章

保任功夫慢慢做——能够把头脑与真心和合的人就与大道融为了一体，自在无碍

【原经】

（第六十四章）其①安易持，其未兆②易谋，其脆易泮，其微易散。为之于未有，治之于未乱。合抱之木生于毫末③，九层之台④起于累土，千里之行始于足下。为者败之，执者失之。是以圣人无为故无败，无执故无失。民之从事常于几成而败之。慎终如始则无败事。是以圣人欲不欲，不贵难得之货⑤。学不学⑥，复众人之所过⑦，以辅万物之自然而不敢为⑧。

（第六十五章）古之，善为道者，非以明民⑨，将以愚之⑩。民之难治，以其多知也，故以知治国，国⑪之贼⑫也，不以知治国，国之福也。常知此两者亦稽式⑬也。能知稽式，是谓“玄德”⑭。“玄德”深矣、远矣⑮、与物⑯反⑰矣！乃复至于⑱大顺⑲。

【解析】

①“其”：这里特指尹喜的心。

②“兆”：两性结合。“未兆”：心还没有被喧闹带跑。

③“毫末”：刚破土的小苗。

④“九层之台”:《礼》规定，国家的唯一中心神台才能用九层台。

⑤“难得之货”：这里指修行中常常有外来的诱惑，什么加持接引，速成法，出神通，长生不老，看到了美丽的景象、圣地、圣人等。

⑥“不学”：消除分别心。“欲”：希望达到。“不欲”：无欲无求。

⑦“复众人之所过”：重蹈覆辙。

⑧“以辅万物之自然而不敢为”：行事尊重宇宙万物，不去人为地干涉大自然的造化规律。

⑨“明民”：这里指头脑的小聪明过多。

⑩“愚之”：归零。

⑪“国”：事情。

⑫“贼”：使心不静。

⑬“式”：经。“稽式”：至尊，至高道法。

⑭“玄德”：见到了自性那个点的悟道者。

⑮“深矣”：上下无尽。“远矣”：宽广无边。“深矣远矣”：就是佛家的“无量无边”。

⑯“物”：地球引力，物理原理。

⑰“反”：逆天而行。

⑱“乃复至于”：又翻上去了一级。

⑲“大顺”：道法自然。

【白话】

在我们的心安静的时候最容易把持道，在未乱跑之前最容易稳定道。心在虚弱的时候最容易不定，它在弱小无力的时候最容易散乱。所以，静心要趁没有妄想的时候开始，入定要从未乱的时候开始。就好比合抱的大树是从小苗一点一点长起来的，九层的祭台是由一筐一筐土垒起来的，千里的路是一步一步走下来的。假如你想赶快速成，那一定要吃亏的，你只要一赶就会倒霉。就好比你从来不以头脑去找投机取巧的捷径，你就很顺利，只要不使劲就不会失败。大多数人平常做事，往往只学到了几成就觉得行了，就半途而废了，只有踏踏实实慎终如始才能成功。所以你要努力做到不使劲努力，不去追求什么“神通”“境界”呀。要追求无所求，纵使反复看到妄想就在你头脑里来来去去，也不要去管它、干涉它，你看着它就行。过去你的师公，不去追求头脑聪明，而是追求头脑空如白痴。不以脑筋为依托，而是让脑筋停下来。妄想难治理，是因为脑筋太活。所以，靠理论来学习道，那是修道的歪路，什么道理都不要学，才是修道的福音。知道这两点就是至高法宝，就叫“大智慧”的人。“大智慧”那叫一个深啊！那叫一个宽广呀！他的身体可以逆天而行，直至恢复成为本有的大自在。

【意译】

（可能是别人问：圣人，您刚才说我们大伙都“得道”了，都可以出去讲道了，可为什么您反而不许尹大夫讲课，他不是“祖师”吗？更应该讲呀！老子的意思是：你们出去是宣传正道，小尹他的担子很重，所以我还要给调教调教，他也需要沉淀。）

悟道后，真正的修行就算是开始了，保任是一个长期的工作，不可着急。在你无事、没有受到干扰和内外诱惑时，心最容易保持静定。而当遇到了阻力，脆弱的时候，心最容易散乱。因此，一开始要在一个安静的环境中打好基础，然后才能一点一点修，由小变大，由弱变强，功到自然成。但你还不能急功近利，快了就会走火入魔，只能徐徐图之。就像你师公修到了永远不会因恐怖而动心，也不会被诱惑而动心。而其他人都不如你师公，他们的习性往往喜欢耍小聪明，见到了一点眉目就以为了不起，得少为足就会在某个环节卡了，这都是胸无大志的人，最后只修了个半吊子。只有踏踏实实、一步一个脚印的人才能成功。你使劲努力就会搞砸，可是你不努力就没有。你师公是无修而修，那才是真修，顺其自然，遵照它该有的节奏进行。修道必须是我们顺应它，而不是以我们为中心。所以，修行不是把头脑练得更聪明，而是要头脑空无、放下。你们有的总是入不深定的人，就是心里面道理、理论太多。所以，依道理来修行，是修行的邪路；不以理论来修行才是对的。明白了这两点就是大道的全部法，能够明白全部道法的人就叫“至高尊者”。至高尊者的身体可以达到不可思议的程度，成为大罗神仙。

【心解】

理要坚决地悟，但功上要顺其自然，知止而后有得，要先打好基础，然后一点一点积累，水滴石穿。

【延展】

“意译”里的“其他人”包括老师常枞的同门师兄弟，然后是老子自己的师兄弟，及除尹喜以外自己的其他徒弟，包括在场的其他人，及历代没有悟到像尹喜、自己、老师常枞这样的一切修道者。

这一章是讲悟了之后的保任功夫，是因为尹喜见道了，老子就要求他要管理心。一开始要找一个安静的地方静心闭关。再有，不要想有什么取巧的方法，没有捷径，只有老老实实地下功夫，日积月累俯首农桑，耕读致远，就能练就在风浪中也如如不动的心。且不能着急不能赶，慢慢地循序渐进才能将乱的心变稳，弱的心变强。所以，修道不要想找个什么捷径，更不要追求神通，只有脚踏实地有始有终才能积跬步至千里。能够把事与理最终和合的人就知行合一了。

人在悟明白了之后最容易犯的毛病，一个是想努力再快一点达到圆满，再一个是出来了神通喜欢去追，老子就先给尹喜打预防针。

“未兆易谋”字面意思是说：还没有入洞房，就还没有定死，就还可以有另外的打算。一旦入了洞房，生米煮成了熟饭，就一切都不可改变了，另谋他路就没门了。

“其安易持，未兆易谋。”心没动之前容易控制。悟了的人就能够看到自己念头的升起和下去，等到功夫深了，就能看到念头升起之前的起因。达到了这样的功夫，就能够看住还没动之前的动因，直至达到心一点都不动的无为，这时人完全融于大道。

“为之于未有，治之于未乱。”应该是借的周成王的话：“制治于未乱，保邦于未危。”

“九层之台”就是《尚书·旅獒》“为山九仞”。

“合抱之木生于毫末，九层之台起于累土，千里之行始于足下。”老子的第一层意思是：先闭关，打好基础最要紧，慢慢来不能着急，日积月累，循序渐进，也不能揠苗助长，急于求成。圣人的第二层意思是：你不能停留在这宏伟的大道大厦中，不能完全由着大悟境界落拓不羁，不能将自己完全浸在高高的大道中而脚不落地，还要从珠穆朗玛峰上下到人间。“道在观正，名非从欲。”我们常说：行天道，尽人事，在人世间的游戏规则当中，悟道了就能够做到不悖天道了——顺天，但是一个成熟的悟道者也不要背离人道——顺人。所以禅宗师父说：不光要“高高山顶立”，还要“深深海底行”。

“是以圣人”是对着尹喜说的：你那个伟大的师公，可了不起啊！

“欲不欲，不贵难得之货。”这句话是说，你师公修到了最高的那一级了，一切的诱惑和恐吓都不会再动心了。

“以辅万物之自然而不敢为。”尊重大自然，不去干涉。这就好比野生动物考察专家或摄影师，在多数情况下不能去管动物的生死。

“非以明民，将以愚之。”大家统统“依文解义”，认为老子是让统治者实行愚民政策，这样好统治。如果大家是这样认为，那么尹喜就应该返回京城君王的身边继续做官，就像张良那样。而不是“托病辞官”随老子出函谷关，或者是先随老子走，日后再回去复职，对不对？而事实上尹喜是“和其光”，不要了风光的地位，“同其尘”落草为尘民了，终其一生弘扬大道。这句话是指导尹喜对治妄想的。“非以明民，将以愚之”就是我们常说的心“归零”。我老师在“打七”讲课时常说：“你们到我这里来，都要把家里的事情、生意统统丢掉，手机关掉，心关掉，归零做白痴。放下你高贵的头，放下你高贵的屁股。到我这里来要绝对服从，不然的话‘一百杀威棒’伺候，你们就是‘贼配军’林冲，到了沧州任谁都得给我掉层皮！只有这样才能这七天不打妄想。”这才是老子的意思。像我们老师这样的场景，在《道德经》里很多，所以这就是《道德经》常常打比喻、讲悖论的原因。

“以知治国，国之贼也，不以知治国，国之福也。”“知”是咱们现代的“道理、理论”，“国”是指头脑。这句话的字面意思是，以道理来指挥头脑，那肯定心会乱。不以道理来告诉头脑，那才是心的福祉。

“常知，恒知，能知”，我们现代的文字，有很大是来自唐宋元明时期的文人，从圣贤那里改造来的。比如“道德”，我们知道，老子是一个“道”一个“德”单独讲的，是后人常常一起引用，就成为一个词组“道德”。在老子的时代，词往往都还多是一个字，与五千年前的黄帝没有大的差别。那么这里，“常”是“恒”，“恒知”不是词组，不是永恒地知道、一直知道。“恒”与前面的其他都是一个意思，指永恒不变的大道。“知”是道理、理论。因此，“恒、知”要用顿号分开，就是佛家的“理、事”。

“稽式”字面意思是双手合十下跪，奉为经典。

“玄德”，指修到了最高境界的人见到了自性那个点。

“与物反矣”，物质身体可以违背常理，不受物理规律的影响逆天而行，不被“万有引力定律”和“熵增定律”涵盖，不受三维空间、时间、五行、五谷、空气、水的限制，一切无碍。

这两章是一气儿的，如果给分开，那么第六十五章的开头就没有了所指，就成了单独的开始，这样没有背景的上来两句话就是我们常说的“断章取义”，定会造成理解上的误会。大家都知道，我们把一个人的讲话，只取中间的一两句，那么意思就会大变，甚至相反。这里就是一个例证，就造成了历史上对老子、对道家，进而对（包括其他）“圣人”的误解。

这里从第六十四章“是以圣人欲不欲”一直到第六十五章“将以愚之”是连贯下来的，连贯看就知道这里老子是在对尹喜说去除“有为”的头脑，而以心的“无为”去行事，一定会“无不为”的“大顺”。

如果单独第六十五章一上来就是“为道者，非以明民将以愚之”。我们现代人对这个“愚”字很受刺激，那么就会与老子的本义相反，就一定会看成是：君王努力的不让人民太聪明，为的是不让百姓们动脑筋去看君王的错误，而施行愚民政策，这样有利于统治。

“故之，善为道者，非以明民，将以愚之。民之难治，以其多知也，故以知治国，国之贼也，不以知治国，国之福也。常知此两者，亦稽式也。能知稽式，是谓‘玄德’”。咱们这里讲一讲尹喜真正听到了什么大道真理：所以说，你师公哇，修到了百分之百没有了分别心，也就是没有了“我相”“人相”，没有了空间和时间相，所以看到的世界就是自己的那一个点。

“为”是做事。那么“为无为”直译过来就成了“做事没有做事”，而真正的意思是：做事并不是真正在做事，只是我们认为、感觉是在做事，那就算做事吧，因为大家都说这是“做事”，那就叫“做事”吧。

“九层高台”（六千年前叫“坟”“山”）是古代国家的中心大祭台，其中心点矗立着国家的至高精神，是人心的精神支柱——国魂。

第六十六章

王道有良德——我无所我，物无所物，心无所心，不扯一物

【原经】

江海[①]所以能为百谷王[②]者，以其善下[③]之也，故能为百谷王。是以圣人[④]欲上[⑤]民，必以其言[⑥]下之。欲先[⑦]民，必以其身后之。是以圣人处之上而民弗重，处之前而民不害也[⑧]。是以天下乐推[⑨]而不厌。不以其不争，故天下莫能与之争。

【解析】

①“海”：湖泊，海洋。

②“谷”：两山间的水道，河。这里指归顺，皈依。“百谷王”：喻指祖师。

③“下”：居于低下之位。

④“圣人”：您。

⑤“上”：领导，指挥。

⑥“言”：这里不单指说话，而是指办事。

⑦“先”：引导，带领。

⑧“重”：掣肘，负担。“民弗重”“民不害”：大家不会成为负担和压力，指天下都很支持和服从。

⑨“推”：拥趸。

【白话】

大的江湖之所以能够吸纳百川，是因为它能够低姿态，所以才能够增大水量。就是说你要想领导天下，就要下心于天下。要想带领天下就要把人民的利益放在首位，广纳博采大家的意见。这样你的教导大家才听，指引人民，人民才能不产生阻力。这样才能天下都拥护而不反对。你只要没有私利，就能赢得人心。

【意译】

（应该是尹喜问：圣人，那将来我怎么样弘扬大道？）

你看，那个大海能够汇聚江河的水，是因为它把自己搁在低下的位置。为圣人者也是一个道理，你如果要引领天下人心，就要告诉他们，你是为他们提供大道技术服务的服务者，而不是高高在上的大权威，指手画脚的“大师”。告诉他们你教导引领他们的，当年被老师也是这么教导引领的，你是过来人，你为他们指的路，都是你踩过的雷了，保证是一条正确的道路。这样天下才能认可你，与你同心同德。告诉他们你压根就不是为了自己的私利来当圣人的，这样天下就不会不承认你。

【心解】

天下如果有了一个宗旨，人心就会聚拢过来，跟随你走，依照你指的方向前进——“海纳百川有容乃大，壁立千仞无欲则刚。”

【延展】

“百谷王”就是喻指引领天下文化智慧的圣人，这也是“上善若水”，国家这棵大树生长所需要的水就是“文化”。

这一章还是接着上一章继续教导尹喜如何当好圣人：为圣人者，就是要心系天下，不是高高在上，而是平等的；不是指手画脚的大圣君，而是天下智慧火种的守护者；不是接受顶礼膜拜的什么大仙，而是哪里需要哪里去的战士。岁月静好，是由你这样的圣人在暗中默默地替他们负重前行，不需要掌声、不需要礼赞，甚至不被知道、不被理解。

“圣人欲上民，必以言下之。”这一句的表面意思是，圣人想要在上面领导人民，就要说自己是为下面人民服务的。后代人很容易以自己的不良心态去理解，就是：君王要当领导，就要说自己是为人民服务的，当领导的都要学会“领导艺术”“领导之道”，说一套做一套，现代人就这么认为，因为我们生活在一个充满欺骗、谎言的时代里；还有，西方人说：“如果你相信了政治家的话，那你是白痴。”在上古时代，如果君王说了谎，马上就失掉了人心；普通人如果不诚信，就没有人愿意理他了，古人把“诚信”看作立身之本，是做人的起码指标，都言行一致，言什么就会行什么，所以老子这里的“言”是“行”的意思。后来的皇帝就从老子这里找到了欺骗百姓的借口，让大家以为圣人都教这些了，实是揆情度理以小人之心度君子之腹，历史上因为我们的错误理解，圣人背了许多黑锅！真可谓“依文解义，三世佛冤”！

当然，我们的“师”们给大家把《道德经》的古文字关打开也是很重要的，只是还有一些距离，圣人的东西不是文字的那个表达，就好比不能把电视剧当历史。

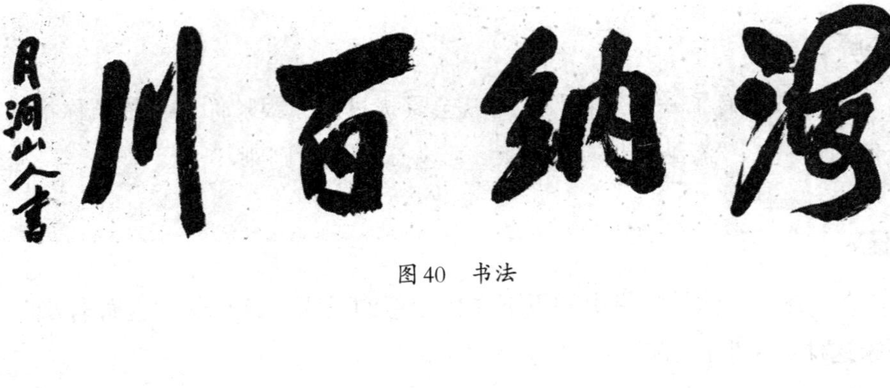

图40　书法

第六十七章

衣钵垂训——一曰“慈”，二曰“俭”，三曰“不敢为天下先”

【原经】

天下皆谓吾大，似不肖[①]。夫惟大，故似不肖。若肖，久矣其细[②]也。

夫，吾有三宝，持而宝之：一曰“慈[③]”，二曰“俭[④]”，三曰“不敢为天下先[⑤]”。夫“慈”，故能勇；“俭”，故能广；“不敢为天下先”，故能成器长[⑥]。今舍其“慈”，且勇？舍其“俭”，且广？舍其“后”，且先？是谓入死门[⑦]！夫“慈”，以陈则正，以守则固。天将救之，以慈卫之[⑧]。

【解析】

①“肖”：形象，个体。

②“细”：磨损、消耗至消亡。

③“慈”：家慈，母爱。就是我们现代的“大慈大悲”“大爱无疆”。

④“俭”：不较真，中庸之道，海纳百川，有容乃大。

⑤“先”：第一名。

⑥“器”：人才。“长”：官长，司掌。

⑦“入死门”：完蛋！

⑧“救”“卫”：“祖师”者，身担着天命，上天就会护佑的。

【白话】

天下都说大我无量无边般大，却又好像没有。你要知道，只有无限的东西才是好似看不到的。倘若是“有”，那么就会随着时间而损消的。

尹喜，我有三个法宝，你要拿它当宝贝：一是“大爱”，二是“包容”，三是“夹着尾巴做人”。有大爱，大家就知道你有大担当；海纳百川，大家就知道你心宽广；不傲慢，大家就知道你为天下之栋梁。假如没有爱你还能有担当吗？不低调你再去看看信誉还有几许？傲慢，目中无人，你再去领导一下看看！看看你的威望还有多少？肯定不孚众望！你如果有大爱，那么你做的事就正，你坚守的就牢不可破。上天就会时时为你解困，如母亲一般护佑你。

【意译】

（圣人，我知道很多人都学习过黄帝的“道”，但是他们都当一个东西去看待了，一开始需要怎么讲才能先让他们转回过来？我需要怎么做才能取信于天下？）

天下人都知道大我是无量无边的，似有非有。正因为它无量无边，所以它才性质属空。如果大我是个东西，那就会在时间的磨砺下消耗殆尽，就不是永恒的了。

你听好了，我有三条至理名言，你要当作宝典铭记在心：一是“大爱”，二是“有容乃大”，三是“夹着尾巴做人”。这三条如果做不好，你就得不到天下人的认可，你的道就弘扬不出去。如果做到了，大道和《道德经》就可以名扬天下、造福于人类。九天都会护你的大道，因为上天的博爱仁光，会护持“祖师”的。

【心解】

“举世皆浊我独清，众人皆醉我独醒。”能力越大责任就越大，千祥骈集。傲慢——风必摧之！

【延展】

这一章是老子这几天讲课的最终目的，就是将尹喜延揽到自己麾下，传衣钵于他。所以这一章是最要紧的嘱托：尹喜，大者虚也，要想成为圣人去承担天下，除了具有无上智慧，含弘大道，还要有无上的道德，高尚的品格，自知之明。得道多助，失道寡助。

所以这一章又一次证明《道德经》是讲课而不是手“著”。人的心性是与道同体的，都能纳于“无间”，达于穹顶。老子在第六章说“人亦大”。我们同宇宙是连接的。只有当你停止了头脑的比较和分别，才能见到真正的“无”。

“谓”，只是嘴上知道，不是心里知道。只停留在理论上、皮毛中，而不是真正的懂。

“似不肖”，表面意思是说：不能说它没有，但确实看不到，就不得不说是没有。

“夫惟大，故似不肖。”这个大我正因为它不是小我，所以才是“空性”的。尹喜看世界以及天下的一切圣人都是“无我”的，所以他们只有一个概念——“都是我的”。

断句应该是“若肖，久矣其细也”，没有“夫”字。

“夫”是下面叫尹喜，意思是：你给我认真听着啊，重点来啦。或者是：小尹哪，师父我要传达最高指示啦，你给我打起精神来啊。

“持而宝之”，因为你有智慧，得了我的衣钵，所以我把我一生最重要的座右铭传付于你，因为只有你能听懂，也就能承当，希望你好好珍惜，将这种精神传扬下去，惠及天下，不辜负我的一片心——“……为往圣继绝学，为万世开太平。”

“先”，排队的第一名，排头兵，NO.1，冠军。

“天下先”，狂妄自大，老子天下第一！

“不敢为天下先”，戒骄戒躁，夹着尾巴做人，下心于一切。老子对尹喜说的真正意思是：你悟的程度确实是天下无人能敌了，确实是了不起了，但你不可就此满足、目空一切，要清楚，你这才是万里长征的第一步，要完成我交给的重担，就还需努力，你不要跟别人比，要跟自己比。

以上三条是老子传衣钵于尹喜所宣的法旨。可能是老子自己的，也可能是当年老子接衣钵时他老师讲的，这就无从知晓了，但是每一代祖师都有传法时的法旨，这是肯定的，是会参考前辈法旨的。

“慈”是宗旨，是鸟的身子，就是大爱（博爱）。“俭”和“不敢为天下先”是两个翅膀。“俭”是说要低下于人，“不敢为天下先”是说不要高傲于人，要无我。圣雄甘地说过：“没有足够谦卑的人是找不到真理的。如果你想在真理的海洋中游泳，你必须把自己降低为零。”

“天下”就是天下敬仰道的和修道的人，他们修行的正确与否，都以祖师为标准。有了祖师，天下修行人就不是没头苍蝇盲修瞎练了。老子尽管知道尹喜很优秀，但依然不敢松懈，一定要把尹喜锤打成一个能够承担天下、百分之百无瑕疵的祖师才放心，他当年也是被这样赋予重托的，他也看到了师父的威危之心。

这里也讲一下整个《道德经》。在这些天的课程里，最最大的教导就是这里：“吾有三宝，持而保之：一曰‘慈’，二曰‘俭’，三曰‘不敢为天下先’”，不能因为你有了天下第一的本领就骄傲自大，“物壮则老”，也是管子的“失于傲”，是要尹喜“无我”“无为”。原因就是，尹喜是天下第一的祖师，就是老子说的“取天下”的人。在老子那个时代，君王不是后来的帝王，而是智慧的人，是用他的智慧来带领大众生存的。所以那个时代君王的地位不是像后来的帝王那样，所以那时候圣人的地位在人王之上。老子也怕尹喜骄傲自满，因为历代的祖师多是“方外人士”，比如老子自己，比如老子的老师，而尹喜是在权力场中混得很高地位的方“内”人士，所以老子才非常严正地告诫尹喜不许狂妄。现在咱们后人看，尹喜是完全按照老子的法旨去做的，没有恃才自傲，只是传播《道德经》和大道智慧，法脉到二十一世纪也没有断掉。如今中华民族伟大复兴的时候，“万经之王”也能发挥重要的作用。

“死矣！”是一句粗话，相当于咱们现代的“去死吧”，意思是行不通，失败。后来老子看了讲课记录后，觉得太粗鲁了，就给改成了“是谓入死门”，这就成了文明的书面语言了。我们也能从中看出，老子为了最好传达他的意思，说话时是用了最直接的话乃至粗话，这也证明了这是一个问答课，而不是写的。一切都是为了更有助于表达清楚去启发尹喜，最后尹喜大悟，把函谷关交代给了下属，自己托病，跟随老子走掉了。

“以陈则正”，拥有充分的准备就心中有底，有备无患。以现代的话来说，就是我们中国拥有核武器，但不首先使用核武器。我们不希望打仗，但我们也不怕打仗。

做事情（属阳）。“守”，处理事情（属阴）。“陈”，主动做事，被动接纳，解决问题。“正”“固”字面意思，保住了，没有丢失。这里的意思是没有丢失道心。

“天将救之，以慈卫之。”就相当于六祖慧能一看跑不掉了，就将衣钵搁在大石头上，慧明拿不动。还有，刀砍不动慧能大师的脖子。也就是我们现代知道的“得道多助”。

尹喜将老子讲的记录下来，经老子校阅，就是我们今天的《道德经》。而其他人回去记录下来的，原顺序“德”在前“道”在后的，没有名字，后人就只好叫《老子》的，是非正式的，用现代的话说是“非官方”的。尹喜乘天威，做下这一桩利世之事，大道有知，自会“以慈卫之”的。

这一章老子是办他此生的大事，即，非常庄重地传衣钵，以无上大道的名义垂圣训。老子先告诉尹喜，你悟的道与

图41 书法

我、与古圣先贤无别，“道乃天下之公道”，它是属于天下的，你既有大智慧，自然就该让你得之。我今传的道也不是我个人的，是古圣先贤的，不是我伟大，而是古圣先贤伟大，也不是古圣先贤伟大，因为它不属于谁，伟大属于大道。然后他训诫道：身为大道的法脉，你要牢牢记住一、二、三,一辈子要铭记！

这一章就是整个《道德经》的目的，给尹喜一个正确的价值观，《道德经》就是人心的永动机。老子从他的师父往上到黄帝再往上，也都是这个目的——将大道传播于天下，务使中华民族源远流长，永远屹立于世界中央。

这里可以总的说一说《道德经》，许多人都觉得很多章句是可以凑到一起的，因为意思相近，因此就认为是后世有人给动了。比如，有人说这章可以挪到第三十四章“以其终不自为大，故能成其大”的后面，是的，确实有很多地方意思一样。不过大家这是从写作的角度考虑的，其实这也证明了《道德经》是讲课，所以常常前天尹喜问过了，或者老子讲过了，今天又自然而然导出了相同的意思，因为尹喜还有相同的问题没有突破。

这几天的课程是先“德”后“道”，这个是挪动的，除此，里边的顺序是没有动的。里边的顺序是尹喜所请教的问题，老子是看着尹喜的心的走向，当机而教，就是说老子看到了尹喜进展到什么程度，就说这个层面的话，不能快不能慢，要刚刚好。所以，讲课是没有规划的，是以听众为中心的。《道德经》是随机应变，随尹喜的机而应变，如同水在大地上，要根据外在条件而左右逢源——“大顺”。所以《道德经》不是像写出来的书那样，论理论据条理分明、逻辑清晰、铺陈有章、展收有序。

这一章的成语是“俭故能广”“敢为天下先”。

第六十八、六十九章

尽道无心——做而无做，事而无事，人而无人，只是直去做了便是

【原经】

（第六十八章）善①为士者不武，善战者不怒，善胜敌者不与②，善用人③者为之下④，是谓“不争之德”，是谓“用人之力”，是谓“配天⑤之极”。

（第六十九章）用兵有言：“吾不敢为主⑥而为客⑦，不敢进寸而退尺⑧。”是谓“行无行。攘⑨无臂，扔无敌，执无兵⑩”。祸莫大于轻敌，轻敌几⑪丧吾宝⑫，故，抗兵相加，哀⑬者胜矣。

【解析】

①“善”：和天道。

②“与”：对立，二。

③“用人”：在古代，打败了对方，对方的人为奴佣。

④“下”：不欺压，平等。

⑤“配天”：符合大道。

⑥“主”：占领，拥有，成为主人。

⑦“客”：对别人的城池没有觊觎，只做邻居，和平相处。

⑧“退尺”：双方都向后退，保持一定的安全距离。

⑨“攘”：挥动胳膊，这里特指砍杀。

⑩“兵”：兵器。

⑪“几”：相当于，近似于。

⑫“吾宝”：本心。

⑬“哀”：被动，吃亏，指被侵略的一方。

【意译】

（弟子谨遵法旨，铭记于心终身守护！如何守护心，如何灭除妄想？烦请圣人具体指点一二。）

小尹，假如圣者去当兵呀，他心中没有武力对抗，他打仗没有愤怒心，赢了也没有赢谁，征服了也没有征服的对象，这就是“无为之德”，这就是“无我的高尚人格”，这就是“齐天大圣”。就如兵法所言：“我们的军队不是为了占领，而是与邻为友，睦邻友好。不是想侵略扩张，而是为了保持一定的安全距离。”这就是所谓的：“前进非前进，挥臂非挥臂，摔敌人而非敌人，拿武器非拿。”尹喜你打坐没有入定是因为你尽看妄想啦，尽跟它斗啦！别不拿妄想当回事，不当回事心就乱了吧？现在正是紧要关头，往往吃亏就吃在因为不知道妄想的厉害，轻敌就会把刚刚得来的道心给丢失了，所以，你要认认真真、老老实实地对待妄想才行呀。

【心解】

悟了以后尽量不要起心动念去对治妄想，看着它就行，正确的事情也不要做。就保持无事、无心、无我，一切的不靖统统远离，“惟德动天，无远弗届”。

【延展】

“满者损之机，亏者盈之渐。”这一章很多引自先圣的兵法，不是教尹喜用兵打仗的，而是老子借过来打比方的，是教导尹喜看见妄想也不要去跟它斗。这一章是在打坐冥想，老先生看到尹喜打坐的时候去压制妄想了，结果就心有动，入定就不深，老子赶紧提醒一下。（参看第八十章“那个念头就是念头”）

“善为士者不武，善战者不怒，善胜敌者不与，善用人者为之下。”“行无行，攘无臂，扔无敌，执无兵。”与列子的“至为为不为，至言为无言，至射为不射”相通。列子的思想智慧师从于尹喜等。

全经里“吾”字有好几个，其中第四章“吾不知谁之子”和这里的“吾”可以看作“我们”。

“吾不敢为主而为客，不敢进寸而退尺”是对上一章“不敢为天下先”的解释。这两章跟用兵打仗、治国没有关系，这样说，尹喜就能够更好地理解道。见了大道的人就是明白人，就不会主动生出什么“事”了，因为心中无我就自然无“事”，对外边来的事无住，就像镜子一样回应一下。“主”就是有我、有意、有为。“客”就是客观看一切，无我，只是站在道的角度共同完成事情——天成。

诚然，咱们老师也必须把引用的原话翻译一下。“吾不敢为主而为客”这句兵法的字面意思是，我从来不想霸占你们国家，而只是来做客、交朋友，让你知道我是友好的邻邦。老子利用这句话的意思是：悟道的人所思所想不是从自己出发，而是从大自然天道出发，是“无极”而不是有“极”。不是看到了事情我要怎么做才对我好，而是怎么做符合宇宙，也就是大道，这就是“得道多助，失道寡助”。这就是“天工开物”，而不是人工开物。

这句话还可以指导我们管孩子：我们要密切注意孩子的动向，但尽量不去指挥（属阳），我们尽量只给予建议（属阴），内紧外松。大家应该能够听懂我说的，也应该觉得我说的对，不过我想让大家学习到的不止这些，我的真正意思不是我们让孩子成长，而是我们成长。我们家长是最拿孩子当回事啦，孩子牵动着我们的心，那么如果我们在孩子这个最大的挑战面前，心都能稳得住，沉得住气，如如不动，我们的心就强大了，这才是“王道”（图42）。否则，孩子的“动”就牵动了我们的心，我们就去指导、指挥、命令、强迫，这就是“强道”“霸道”。不要以为我们在孩子面

图42　书法

前是“上”，如果我们能够就像老子说的“下”，那我们就在孩子的这个大课堂中长大了，我们就利用孩子使我们成长成熟，这样我们与孩子就共同成长，就是说：我们成长好了才是对孩子最大的好，才能使孩子成熟。反之我们就一直是长不大的孩子，那就是孩子养孩子，孩子再养孩子一直延续。只有成长成“大人”的人才有责任心，才能不自私。我想，所有大学，都应该挂上“为中华之崛起而读书”。

“不敢进寸而退尺”的字面意思乍看起来很好懂，结果我中华民族的雄伟，因为大家的误解给变成了懦弱。大家都给解成了老子提倡忍让哲学，为了求得和平，宁可牺牲一些利益也在所不惜，甘愿吃亏来换取和平，高姿态，大度量。大家要记住，圣人是大勇者，绝不是窝囊废。

兵书的意思是：我不是想多占领别人的一丁点土地，为了和平，我可以放弃更多我的土地作为缓冲带。“退”不是大家认为的我方退，而是双方都退，你也必须退后相同的距离，咱们谁也不要进入这个“安全区”，就可以相安无事。大家看，这句话是尊重对方而又有尊严的，是有底线的，是“王道”，而不是靠我们的吃亏忍让来换取和平，那样只会培养给脸不要脸的无赖，原则问题不谦让，对待国家利益就是要“人不犯我我不犯人，人若犯我我必犯人！”兵书这句的核心意思是：我们不会去欺负谁，但是我们也不能被欺负，睦邻友好是要靠双方共同努力营造的，而不是我一方，保持距离，以策安全。如果你是个讲道义的国家，我就用道义跟你处，你不讲我也就不客气，“朋友来了有好酒，豺狼来了有猎枪”。

“行无行。攘无臂，扔无敌，执无兵。”就是达摩说的“终日去来而未曾去来，终日见而未曾见……”

这两章的宗旨就是无我。无我是无角度。小我的个体与宇宙是一个大整体了。心就是宇宙，就不会像从前那样看问题是站在一个人的立场，而是社会、人类、历史的立场。

“抗兵相加哀者胜”的字面意思是，两支力量相当的军队打仗，往往是守的一方觉得危险程度高，就更加重视，所以胜的概率就大。老子的意思是，你只要重视妄想，它就不会把你搅乱，就怕你不当回事。

这一章尽管咱们这里业已解清楚了，大家不必太认真，因为从文字到逻辑都是在大多数人的认知范围之外的。比如“行无行”就是佛经说的：“行”者非行也，是名“行”。这只是给尹喜讲的。

图43　兰花

第七十、七十一章

潜龙守道——圣人“不德”“被褐而怀玉”

【原经】

（第七十章）吾言甚易知，甚易行；而人莫之能知，莫之能行。言有宗，事有主①。夫惟无知②，是以不吾知③也。

知我者稀，则我贵矣。是以圣人④被褐⑤而怀玉。

（第七十一章）知不知，尚矣。不知知，病矣。夫惟病病⑥，是以不病。圣人之不病，以其病病，是以不吾病⑦。

【解析】

①“宗”“主”：指尹喜有了道心。

②“无知”：没有一个能够“知”的主体，无我。

③“不吾知”：字面意思是，放下了小我。

④“圣人”：尹喜。

⑤“褐”：穷人穿的麻布衣服。

⑥“病病”：知道没有悟道是最根本的不足。

⑦“吾病”：有我相。

【白话】

我讲的你现在都很容易听懂啦，也能做到了，而他们是听不懂的，更做不到。你现在说出的话都符合至高标准啦，做事也都有主心骨了。你只有清楚自己无知，才不自以为是呀。

能够见到本我的人太少了，所以本我很珍贵呀！你就像一个穿着褐色的麻布衣服但怀里揣着宝玉的人！

知道自己无知就对啦。没有悟却说自己悟了，那就错啦！你只有意识到未悟言悟这种愚蠢是错误的，才能不犯错。小尹你之所以没有错，就是你知道那种错误的认知是不可取的，所以你就没有犯自以为是、得少为足的错误。

【意译】

（老师，您打的比喻太恰当啦！简直太完美太智慧啦！！您拿用兵打的比喻特别贴切，我一下子就懂了……仿佛您就是带兵打仗的将军。还有您说的“拿”什么而“非”拿……我也一下就懂了，多少年的问题一下子就给解决了！就是说应该注重当下，而心不东跑西跑地想这想那，只是这儿的一心一意，这个时候无我、无为、无想，只有一体大我，对吧？）

哎！我打的比喻不难懂吧？也很容易做到吧？他们都听不懂，也做不到的。你看你，说话也有道啦，做事也有德啦。就是因为你当初清楚自己还差得远呢，才没有自以为是、自高自大，这个是你最正确的做法。

像你这样见到大我是很不容易的，因为它很难被发现。你看，眼下就只有你一个人，所以你要好好珍惜。我跟你讲啊，你就好比是一个穷人，但怀里却藏着价值连城的宝贝，虽然现在没有使你感觉到什么明显的变化，但是有了就是有了，早晚会起作用的。

就是因为你没有把学道修道就认为是有道，认为没有见道就不算数，是非常正确的。就怕那些认为修道就是道的，那就错了。你只有心里有自知之明，没有悟道这个欠缺是你根本的问题，就没问题。你之所以没有犯糊涂，就是因为你看到了什么问题才是真正的问题，所以就没有问题。

【心解】

“君子务本，本立而道生。”“道在观政，名非从欲。”

“知之为知之，不知为不知，是知也。”修道，就怕自己不明白自己不明白，如果明白自己不明白，那说到底仍是个不糊涂的明白人。

【延展】

这两句我看大家都依文解义给解成了：老子说他的话很容易懂，容易做。《道德经》里有许多处都是这样的情形，是对大众讲课还是对一个人讲，是有天壤之别的。如果没有把语境搞明白，那么即使能够看懂字面，也会差之毫厘而功亏一篑。“吾言甚易知，甚易行。”是对着悟道的尹喜说的，恰恰是因为难懂才这么说的，意思是：你太了不起啦，我的话这全天下就没谁了，只有你能懂。

第七十一章可能是让大家最晕的，从一开头到后面的双字。其实第七十一章是延续第七十章的立意，是因为尹喜中间有答话才分开了。第七十章的背景是尹喜的话和第七十一章，如果大家单独看“知不知，不知不知……”这么凝练晦涩的言句就找不着门了。

这两章是因为上两章老子批评了尹喜，看到尹喜领悟力超强，一说就懂了。通过尹喜的说话和行为，老子看到他已臻于完美，在极短的时间内就能够转变过来，也还因为老子此前的学生都没有达到这样，“祖师”的棒子就没法交出去，老子多少年的等待，而今当下心愿终于了了，因此说得就很轻松幽默。这正是：

智老传衍圣大道，
慧尹承习妙玄德。

这两章尹喜已经悟到了最高级别，可尹喜自己还不是完全清楚，因此老子告诉他：小尹你看哈，我刚刚讲的可是最高的，你都能听懂了，你看你举手投足一言一行全都在道上了。告诉你啊！你现在已经达到了“无我无为”啦，这就是宇宙的本来面目。

这部《道德经》这样精彩绝伦，虽然是与老子的智慧分不开的，但也要有好的智慧听众，才能将圣人的潜能全数发挥。正如禅宗所言：大叩大应，小叩小应，不叩不应。给南荣趎讲就没有这么精彩，老子还是那个老子，如今我们能够看到这么伟大的经典，也要跪拜伟大的尹喜，可以说：《道德经》是尹喜跪在地上求来的，没有尹喜也就没有《道德经》。

“吾言甚易知，甚易行”是在告诉尹喜，你如今悟道了，也是同我在一个层级的圣人祖师了，你也没有大多数人的比量心了，你要好好珍惜。

“不吾知”，尹喜是身份地位很高的大官。为了求法，下到这边关过艰苦的日子，为了法，不顾身份，跪到地上求老子。

“宗”原指玉琮。我们常见的“宗旨”就是玉琮里面放的经，最高的天旨。这里“宗”“主”是指尹喜悟了道就有了道心、主心骨。

“知我者稀，则我贵矣。”所以圣人都不是人（好像是在骂人），他们自己就是这样认为的，因为他们知道自己什么都不是——“君子不器”。

“被褐怀玉”。老子是告诉他：你已经是圣人啦，已经脱胎换骨了，身体开始启动转化啦，我知道你没有觉得有什么，没有觉得跟以前有天翻地覆的变化，我很清楚，不着急，你以后慢慢会体会到的。

如果老子尹喜是现代人，那么这个比喻可以说：小尹呐，你悟道就是圣人啦，这就好比你中了彩票，别看你现在穿的还是昨天的地摊衣服，看着还是个穷人，然则你已经是富翁啦。

整个《道德经》一直是在用比喻，就像这里，说尹喜现在有钱了表示有道了。所以我在前面讲，《道德经》不是讲治国用兵这等小事的，而是根本大事的。“但得本，不愁末。”

“不知”是指不知道大道。“知不知”是在夸赞尹喜之前有智慧，心里像明镜一样，知道自己虽然见了一点道，但没有全见大道，就没有自以为是，清楚没有全悟道就不算数。

“知不知，尚矣。不知知，病矣。”你没有自以为是，就是正确的开始。假如你当初做出的是另一种选择，没有见全道也认为自己有道行，有功德，那就完蛋了，就没有眼下的悟道了。这也就是“吉德林法则”，尽管尹喜不知道怎么解决问题，但是他清楚问题在哪，这样就不会出问题，早晚会解决的。

第七十二、七十三、七十四章

安妥道德——舍弃小我，回归大我，才是人生的终极解脱

【原经】

（第七十二章）民不畏威，则大威[①]至矣。无狎其所居，无厌[②]其所生。夫惟无厌，是以无厌。是以圣人自知而不自见[③]，自爱[④]而不自贵[⑤]，故“去彼取此[⑥]”。

（第七十三章）勇于敢则杀[⑦]，勇于不敢则活。此两者或利或害。天之所恶，孰知其故？是以圣人犹难之！天之道，不争而善胜，不言而善应，不召而自来，繟然而善谋。天网恢恢，疏[⑧]而不失。

（第七十四章）民常不畏死，如之何其以死惧之？若使民常畏死，而为奇[⑨]者，吾得而杀之，孰敢也！常有司杀者杀，而代司杀者杀，是代大匠斲[⑩]。夫代大匠斲者，稀不自伤其手矣。

【解析】

①“威”：天威，指老天爷的赏罚，天灾。

②“厌”：怨言，不满，嫌弃。

③“自见”：认为有一个真实的自己——小我，佛家叫“我相”“身见”。

④“自爱”：让生命有价值、有意义。

⑤“自贵”：执着、贪恋于小“我”。

⑥“此”：本心。

⑦“杀”：灭亡。

⑧“默”“疏”：悄无声息。

⑨“奇”：奇谈怪论，可笑至极。

⑩“斲”：斫，砍削。

【白话】

如果人们不信因果的话，那么就会遭到报应的。不要老觉得你待的这个地球不好，不要总埋怨命不好。你只有不讨厌生活，生活才能不嫌弃你。所以明白人虽然是有个自己，但不把这当真，自重但不执着，所以不要那样要这样。你什么都不在乎那就是在玩火，再什么都不怕也要知道因果才行。这两个做法的利弊，上天讨厌哪个，谁能说得清？比如你就不清楚吧？宇宙大道是不要出手而绝对搞定，不用你表示而自动应我们所求，不用我们召唤而适时地出现，冥冥之中把一切都安排好了。它就像一张无形的大网，把一切都罩着。

人们如果不怕死的话，那怎么能够怕因果报应呢？如果有谁说因果报应是无稽之谈、奇谈怪论，我恨不得现在就宰了他，我看谁还敢胡说八道！上天的因果报应永远不会缺席。而如果你想代替上苍去惩罚人的话，就好比去代替大木匠砍削。你要知道，代替大木匠去砍木料，很少有不伤到手的呀。

【意译】

（圣人，您给讲讲什么是成功，什么是失败？为什么有的人命好，有的人命就不好？为什么往往好人不得好报？为什么大舜圣王都是以道行于天下的，怎么还是有灭顶之灾？为何后来新王大禹九死一生才治住了大水？灾难是怎么回事？圣人在其中能发挥什么作用？）

人们不知道“我”与宇宙大道是一个整体，只知道自我，所以就不懂得敬畏自然，做事就胆大妄为、毫无底线，那就必须为无知愚蠢买单，天灾人祸等。其实我们来到这个世界上，自有我们该承负的一切，不要老是不知足，贪得无厌。我们只有不什么都归结是命不好，才能心充盈，就无有匮乏感。你看你虽然也有个自己、有身体，但已经没有了“我见”。你也爱自己，也维护自己，但与凡夫有本质的不同，你没有小我的执着。所以要舍弃那些个“我的知见”，而回归大我才是人生的终极解脱。

不信因果，什么都不怕的人就敢胡作非为，他无疑会得到报应的，而努力遵守天律人法的就没事，这两种人生谁算成功，谁算失败，上天喜好什么，不喜欢什么，有几个人能说得清？就连你也说不清楚。大道办事是于无形中就给平衡好了，你不用说就做完了，你不用叫，该来的时候就来，它自动就把一切的奖励与惩罚都完成了，犹如一张无形的大网，都无可逃脱于天地之间。

如果大众都不知道天灾人祸是与我们的行事有关联，那么就不懂得惧怕天灾人祸，就不敬畏大自然，认为是它自己发生的。然而我们也不能为了让人们敬畏大自然，就做出违背自然规律的事去强迫他们。虽然是正确的，但强而为之也是不对的，因为大自然有它自己的平衡机制，这套机制永远在那里看着一切，不会不作为的，只是“时候未到”罢了。谁要是代替大自然去执法，越俎代庖的话，那同样也会遭到报应的。我刚刚也就是表达我的态度，不是真的去惩罚谁，就算是我这样的祖师也不能违背大道。

【心解】

当你不再试图盲目地追求更多，无所顾忌地想干吗就干吗，当你不再试图努力躲开不好的了，当你不再说是自己的命不好了，当你不再试图挖空心思，当你不再试图奢望什么时，就说明你已懂得了“顺”“和”的智慧，你的心就安在了大道上，这就是“道法自然”（图44），也就是“天人合一”。

图44　图章

【延展】

这三章是尹喜刚悟道，过去几十年对生命的思考今天好像行了，过去所看圣人书的思考今天仿佛都懂了，加上尹喜悟了所产生的新问题，一并要老师给一个讲解。

这三章的开头和中间都有尹喜的大段说话，可惜我们看不见，不然就会容易理解，老子这里讲的就是大家都知道但不信的事。

比如大家单独看第七十三章“勇于敢则杀，勇于不敢则活”就会觉得老子说错了，因为这句话依文解义，就是敢想敢干的、勇于开拓的、富有探索精神的人是得不偿失的，而没有冒险精神的人反而会稳赚不赔，提倡懦弱、保守，当顺民、缩头乌龟。大家要照下面这么看就懂了：“民不畏威，则大威至矣。……勇于敢则杀，勇于不敢则活。”【白话】：人要是不怕因果呀，那么就会遭到报应的。不在乎因果的就会遭报应，知道因果的就不会犯错。【意译】：人们不知道“我”与宇宙大道是一个整体，只知道自我，所以就不懂得敬畏自然，做事就敢胡来，无所顾忌，这样就必须为无知买单，导致天灾人祸。不信因果什么都不怕的人就敢胡作非为，他无疑会得到报应的，而努力遵守天律人法的就没事。

老子的意思是：你虽然跟大家一样说话办事，但无“我”无为，做事而没有一个做事的人，说话也没有说话的人。虽然表面上有个人，却从来不执着于自我。所以要去掉“我”，保持本心，本心就是大“我”，这样你就能自己看到大道（上天）是怎样运作的，你自然就不会去做违背大道的事情了，因为你知道大道有自动平衡的作用。

第七十二、七十三、七十四章是一脉下来的师徒问答，每一章看似接不上，却又有机地联系在一起。因为看不到尹喜的话作为串联，所以必然会感到每一章开头的话很突兀，影响我们的理解。

上天有它的因果法则，这也是大道的能力。做了违背大多数人利益的事，就是违背了天意，大自然会自动回给我们天灾人祸的。本来没有灾祸，大道（上天）就如一个弹簧，弹性就是大道之性。我们做事就相当于是去推动弹簧，如果我们往错误的方向去推，那么就会弹回来打到我们。注意，弹簧是没有自主和头脑的（“天道无亲”），它的行为完全是我们造成的，因此打到了自己我们不能去怪弹簧，而且打到我们力量的大小也是我们制造的，“老天爷”惩罚力道的大小，也是我们自己制造的，这就是因果报应，只是有时它没有立即行动，我们就不知道罢了（见第四十二、四十三章“植物和地球，它们与我们动物的区别只是反应滞后，其他都一样”），所以只有圣人才能够看到。因为人们做的事情复杂，大道的回应也就同样复杂，那么我们就不容易看透，就以为是大自然自己的运行，或者是那些“坏人”他们所“做”的“坏事”。

“畏威”，对大自然怀有敬畏之心。《与神对话》里相同的意思翻译为“臣服”。

“无狎其所居，无厌其所生。”不要说上帝不公平，老天爷不公平，给了你一个苦难的命。不要总是不知足，房子永远少一间，衣服永远少一件，钞票永远少一张，总感觉生活仿佛短你什么。很多人一有点什么事就不高兴，总是恨呆呆的，其实他就是对自己的生命不满意，而只有圣人才活在常乐中，“极乐世界”。

大道“无亲”，它只是机械客观地回应人们所制造出的不平衡，把这些都给平衡掉，使一切最终归零。我们人不会认为弹簧的回弹打到身上这个因果报应是迷信，但是当我们干了那些比错误推弹簧要复杂得多的事情时，那么上天回应了我们相同复杂的天灾和人祸。当有人告诉了我们时，我们就认为是迷信，是无稽之谈，这就是老子说的“大笑之”。

“圣人自知而不自见，自爱而不自贵，故‘去彼取此’。”这一段话是悟道的境界，是说圣人也是一个人，当然就有他自己与他人、他物的区别，所以他们当然也爱护自己的身体、维护自己的利益。这些与凡夫没有任何区别，但是他们没有小我的自私角度，他们的“我”是大的人类的角度，他们把自己客观地摆在大环境里一起考虑。

“争”字面原义指赛跑。“不争而善胜”字面意思是，不比赛就超过了。“不争而善胜，不言而善应，不召而自来”“默然而善谋”指以上三方面大道都是悄无声息地给搞好了。

“天网”，老子是形容一切都在大道里面，且大道不会损毁。“天网恢恢”，就是我们常说的：孙悟空本事再大，也跳不出如来佛的手心，如来佛就是大道。

“天网恢恢，疏而不失。”天下一切的一切，统统都是连成一片交织在一起的。

“斲”，斫木头，用斧、锛去砍削。在两三千年前没有刨子锯子，木工主要就是用斧头、锛子、砍刀。是左手扶着，右手拿斧子砍，全凭手里的功夫斫出各种所需的料来，需多年的功夫方能练成。

这一段就讲完了，也像其他章节一样的，悟解得透彻了。这里《道德经》也到尾声了，下边的话不光是总的讲《道德经》，还总的讲天下的所有大圣人。就是说，咱们“悟解”得再百分之百透彻，跟下边的话相比，统统都是皮毛（看其他经典也要这么看）。

图 45　桃与鼎

“民不畏威，则大威至矣。”前面解了：人们如果胡来就会招致天灾人祸。我们可以很平平常常稀稀松松就看过去了。大圣人、祖师是伴随着人类一同来到人间的，人类最早也是与动物一同在地球上生存、拼搏的。然后人类社会与动物社会分化开，动物是靠改变自身去适应环境，不适应的就灭绝。而我们人类是靠改变环境来生存，比如穿衣服，盖房子，用火把肉、谷物和蔬菜弄熟了吃，把野生的植物、动物养在我们身边。那么，人类从养蚕发明丝绸开始，靠聪明才智，推动科学技术一步步发展。在这当中，一直有大小圣人或明或暗地来陪伴人类。

好，说完了铺垫回来看“民不畏威，则大威至矣”。天下的大圣人看到的世界不是大家看到的模样，他们能够看到很长远的“沧海桑田”。社会一直进步下去，科技一直发展下去，不是就这样一直一直地发展，而是量变一定会促成质变。只是一个节点，人类如果道德也同步，那么就升华成为高等的。可人类的道德如果滞后了，没有同步跟上发达的科技，还是保留着原始社会的思维——丛林法则，那么就毁灭，这就是“大威”。老子是要尹喜及后代祖师保护人类，使之道德提高，而不是继续那多少次的人类的“沧海桑田”。所以老子想的，《道德经》讲的，不是我们当个学问、知识、智慧看了、学习了就是了，老子之于尹喜，他们传递的是一颗威危之心，是引导人类向着升华的方向走的，而不要再遇上“诺亚方舟”那样的大水。所以《道德经》表面上是传承大道智慧的，实际上是交给尹喜一个人类发展的药方，人类如何能够不生病，生病如何才能治好。这就像孙中山、鲁迅，他们本来都是学医的，可后来他们悟到了，人的病不是在身上，而是在心上，不是身体弱，而是心没有站起来。《道德经》《论语》等就是让人心站起来。

“若使民常畏死，而为奇者，吾得而杀之，孰敢也！”是老子讲到激动处，表达他的愤怒。然后他自己知道这样讲是不对的，赶紧把情绪降下来，安安静静、正正经经地讲了下面的大道理：“常有司杀者杀，而代司杀者杀，是代大匠斲。夫代大匠斲者，稀不自伤其手矣。”是说任谁也不能去行天做的事，就连我这个天下第一的圣人做了也是违背大道的。

第七十五章

养德——不要把生命只当作满足私欲的工具，而是体验大道的神器，才是真正对得起此生命

【原经】

民之饥者，以其上[①]食税之多也，是以饥。民之难治者，以其上之有为也，是以难治。民之轻死[②]者，以其上求生生之厚[③]也，是以轻死。夫惟无以生为贵者，是贤于贵生也[④]。

【解析】

①“上”：国家机构。

②“轻死”：一旦生活过于艰难了就会去干玩命的营生，小的是盗贼，中的是土匪，大的是造反。

③“求生生之厚”：生活像一个厚重的盖子，压得人喘不过气来。这里指妄想总停不下来。

④“惟无以生为贵者”：字面意思是，只有上面的领导不把自己太当回事。给尹喜的意思是：只有头脑不执着小我。“无以生为贵者，是贤于贵生也。”老子想让尹喜明白：不把生命只当作满足私欲的工具，而是体验大道的神器，生命才有意义。

【白话】

百姓的日子疾苦，那是因为上面政府征的税赋太重，所以才没有粮食

度日。百姓之所以不服管，都是因为上边做得不好，总不让百姓们消停，所以才难管。百姓之所以造反，是因为生活太艰难，所以不怕死。你只有不把自己寄托在这些外事上，才对得起自己来人间走这一遭。

【意译】

（别人问：圣人，我们还治不住妄想，达不到尹大人那样，是不是我们努力不够，再使劲努力才行？）

通常修行不顺利，是因为总想着要怎么努力、怎么管制妄想，所以才惶惶努力去追求正确的而避免错误的，这就造成了心之不定，因为头脑总是在盘回曲折，在分辨，所以就不消停，就入不了靖。妄想之所以总是兴风作浪，是因为人老去管它，这说明特在乎它，你把它搞成了你的对头。所以说“万法本闲，惟人自闹”，大家只有不把注意力搁在这些外在的事上，而是关注内心，才是对得起此身此生遇到的大道。

【心解】

心之不定，是因为头脑太活跃，按下葫芦浮起瓢，都是人自己制造的负箧曳屣。你头脑太强大，心就弱了，你只有停止头脑，心才起作用，人生才有意义。“此心光明，亦复何言。”

【延展】

古代指人的字有“民，人，大，天，夫，美，王，立”。“民”在上古是指只有一只眼睛的人，奴隶，干人，后来才画成现在这个样子，是一个低头拢手的侧面人。

“人”字是抬起头来的正面像，在古代，正面表示有尊严。“民”字为侧面，表示没有社会地位。“百姓”是人中高等的、有姓的人。“人”就是孟子口中的“劳心者”。“民”就是孟子口中的“劳力者”。“大”就有很大的能力了，能够带领大家通天的王，当然也是“大”的意思。“夫”不仅能够不违逆大道，而且还能运用自然造化为人类服务——“正善治，事善能，动善时”。“美”字画的是大王头上装饰了许多羽毛，还有两根长的，身上有文身彩绘，脖子上挂着玉饰。

“王”字中间那个“十”字也是“大”“立”字，表示站立在大地的中心，即天下的主人。一竖也表示通天地。

《道德经》里有许多的“民”字，广义是指只知道以头脑分别心去看事情的人。《道德经》里有许多的“人”字，表面意思是指有社会地位的人，实际指有心的人，能够以上天的角度长远考虑问题。

第七十六章
柔弱胜刚强——一切圣人的经典都是要大家不执着

【原经】

人之生也——柔弱，其死也——坚强①。草木之生也——柔脆，其死也——枯槁。故："坚强者，死之徒也；柔弱者，生之徒也。"是以兵强者则不胜，木强则共②。故"坚强③处下，柔弱④处上"。

【解析】

①"坚"：结实，硬。"强"：粗壮。

②"共"：祭祀。这里用祭祀表示烧火。

③"坚强"：硬，指生物体干固化了，细胞活性降低，水分减少。

④"柔弱"：细胞活性强，富有弹性和水分，富有生命力。

【白话】

人在出生的时候是柔软的，而在死的时候是坚硬的。花草树木出生时也是软弱的，而死时是干硬的。所以老话说："成熟强大了，就该走下坡路了。柔软弱小是蒸蒸日上的。"兵器太重了，是没有谁能够抡得动的，木头太硬了就只能烧火。粗壮的在下边，柔弱的在上面。

【意译】

（还是别人接着上章问：那您又鼓励我们好好修行，又不许我们努力，那我们咋修啊？我们没懂您的意思。为什么先圣说“极阳以杀，极阴以生”？）

人、动植物等初生都是骨弱筋柔的，而死的时候则是骨强筋硬的。所以老话说：“强大了标志着该走衰落的归途，弱小是兴盛发达的旅途。”你看那个兵器太重了就打不了仗，木头太硬了就做不了东西，只能拿去烧火。所以，刚强的人就少有发展空间，谦虚柔软的人才能进步。

【心解】

不要“先”而要“谷”。不要牛气哄哄的，要“慈”“俭”。“当人打你的左脸时，你干脆把右脸也给他。”

【延展】

“坚”描述质量。“强”描述体积。“柔弱”和“坚强”在古代只是描述物理现象。“柔，坚”是描述外在的，属阳；“弱，强”是指内在的，属阴。

“坚强者，死之徒也；柔弱者，生之徒也。”幼稚、弱小、柔软是行走在成长的道路上。

“坚强者死之徒，柔弱者生之徒。”意思是：事物到了成熟、强大时，就该往衰落走了；事物处在弱小期时，才能继续往上成长，越来越强盛。

“兵强者则不胜”，如果是军人、军队，“强”了怎么能不胜利甚至被消灭呢？首先，从上边一直是在讲具体的，而且成对的也是具体的东西“木”，那么这个“兵”就不是指军人或军队，而是指东西。所以“强”是指重，老子的意思是：兵器重量大自然就杀伤力大，但不能过重，要恰到好处。

“木强则共”，在古代，处理木头是靠人的力气，太硬的木头不能制作东西，就只能烧火了。有的版本是“木强则折”，木头太硬了就容易折。

这两章老子是教育其他人，心不要强硬，要谦虚柔软，才能够多学到智慧。

这一章可以和第七十八章一起看。这一章很容易看清楚讲的是什么，就是因为容易看懂，反而容易忽略了背后的意义。圣人不是在给我们上“自然常识”课。《道德经》里所讲的自然和人文的故事，都和庄子、伊索、吴承恩一样，都是用以阐述一个伟大的道理，因为最高妙的智慧用直接讲道理是难以理解的。中外的大圣人除了讲大道理，也都是会讲故事的人。

这个平衡还体现在时间上，大家都认为“时间”是“常量”，而实际上是“变量”。小动物与大动物对时间的感觉是完全不同的；还有，动物在小时候与长大了的时间感觉也是完全不同的，做事节奏快的小动物活得短，节奏慢的大动物活得长，它们不同长短感觉到的“一生”与其他动物是一样的。不知道大家能够理解吗？就是说，小耗子、小鱼活2年，狗和雀、鳝活13年，大象和大鲸鱼活70年，他们对生命“长”“短”的感觉是相同的。这么说吧，小耗子、小鱼、大象、大鲸鱼心脏跳动的次数可能一样，所经历的乐与苦也一样多，是它们自己感觉一样多。

人真实的时间感觉才是个人所真正的“时间”，才是我们真正所经历的生命，而不是客观时间，咱们可以叫它“紫微时间”。这非常像我们听“天气预报”，它里面有“温度、风力、风向”，这些与我们感觉到的冷、热虽然是一码事，但也不完全是，我们最相信的是从外边进来的人说的怎么怎么的“冷”。指标是死指标，“感觉”才是我们真正生活的“时间”。

比如我们罚幼儿站五分钟，大约相当于大人拘留两天的煎熬，还相当于爷爷奶奶坐一年的牢。儿童的一天是很长的，一年是非常漫长的。而老年人一晃就是一年，觉得没注意就怎么又过生日啦？小孩子所看到的太阳和表针的运行速度比老年人要慢。人的感觉时间因受着各种不同因素的影响，每一个个体实际的感觉时间是不同的，感觉时间与年龄是成反比的，咱们用公式来表达：

$H(\text{aesthesis}) = 1/AGE^2 \times C^2/10000$

H（aesthesis）是“真正时间”

AGE是年龄

C为光速299792k m/s（$C = 299792.458 \times 10^8 m/s$）

紫微时间 $= 1/$ 年龄 $^2 \times 30^2$，可以测算分、小时、年等具体时间的比量。

咱们设定30岁为基准，因为接近30岁为人的峰值。

比如一个9岁的孩子，他的“真正时间”通常为：

$1 \div 9^2 \times 30^2 = 11.111$

结论是：一个9岁的孩子，他的时间感觉是峰值人的11倍，就是说，他1分钟的感觉是峰值人的11分钟。

一个70岁老人1年的感觉：

$1 \div 70^2 \times 30^2 = 0.18367$ 那么带入客观时间365天 $0.18367 \times 365 \approx 67$天

就是说，一个70岁的人一年相当于峰值人的67天的感觉。

这个公式本质上是算的能量的相对平衡，能量不同，频率就不同，质量、时间、空间长度的膨胀收缩就不同。感觉的“差别感受性”是与不同年龄的能量频谱成反比的，这个公式是算大道上阴阳拓扑的等准率。

人的年龄不同，干细胞的年龄也就不同，生物钟的“稳速率”就不同，速率对应的大道回应就不同。我们动物随着年龄的长大，线粒体慢慢削短，能量渐渐随之式微，甲状腺、前庭器官、松果体就慢慢变肥厚僵硬，“静止动量”就不同，“晶准”节奏频率就慢下来。脑淋巴系统，星状神经节的机能也都逐渐慢下来。小孩子动作快，是前庭器官能量充足、结实，振幅就小，频率就快。就好比岁数越大能够听到的声音频率就越低，是因为耳骨膜等变老了。线粒体是大道（上帝）的使者，它操控着染色体，也就是操控着我们多大、多长，什么性质、相状。大道还有另几套系统运作着我们的其他。

这个公式表面是算“晶准”的“质速关系”，它也是“快子世界”的“等准率”，其实咱们这个公式算的是心。我们和动物，频率、感觉的快慢不同是心的快慢不同。

“光速”是一个常量，是贯穿高、中、低维的“显影”。光的所谓“速度”不是“移动”，而是“到位”，是大道（以太）的基准显现，所以爱因斯坦才用它。咱们这个公式和爱因斯坦的质能方程式 $E = mc^2$ 都是算的能量的平衡。我说的“能量”是“心生万物”的能量，不是物质世界的“能”。爱因斯坦就是因为悟到了“心能转物”，才由这个切入点去思考的。爱因斯坦写给女儿的信中说：“因为为了你我才升起无限的动力去寻找宇宙的终极真理，最终的结论——爱，为了让你能够清晰明确地看到爱，我用我那个著名的方程式做了个简单的替代法，即 $E=mc^2$，我们寻找宇宙的和谐能量可通过爱乘以光速的平方来获得，我们就得出一个结论：爱是最强大的力量，因为爱是无限的。当我们学会给予和接受这种自然能量的时候，亲爱的Lieserl，我们就得承认爱能涵盖一切，爱超越每一个个体生命和一切的事物，因为爱就是生命的本源。但遗憾的是，我内心深处所感悟的境界，是很难用文字给你表达清楚的，这让我一生都在为你而困扰。或许，现在抱歉太晚了，但时间是相对的。我想说的是：我爱你，谢谢你，因你的缘故我找到了宇宙的终极答案！！”其实“道”就是他说的“统一场”，现代叫“信息场”。

植物越老细胞的活力越小，新陈代谢越慢，就越硬。

咱们可以用图来说明上边的时间公式：生命之车的时间如过彩虹桥，年龄越小越陡，也就爬得越慢，阳大阴也就大（生命力大，阻力就大）。反过来越老时间下滑得就越快，阳少阴也就少。人30岁是峰值，也就是孔子的“而立”，后面的生命是比较轻松地在“不惑，知天命，耳顺，随心所欲”中下滑过去了。前30年比后60年所经历的时光要长得多，生命也更丰富、更有意义得多。人们往往对生活了18年的故乡比后来生活了36年的居住地更加有感情，说普通话也有乡音。家父题画，如果是最重要的，就题写上老家。其实他在老家就只待到7岁，后来从小学到大学是在上海，共15年，后在北京住了70年。但在他心目中，老家最有感情，其次是上海，最后才轮到北京，就是说，$7>15>70$。生命两头最弱，是坤卦，中间最强是乾卦（30岁），之间是其他卦。

第五章讲说一切都是“橐玥”，为什么人有生出来？为什么我们都会老？我们这个三维的世界是有空间和时间的，在时间空间里一切都要有进程才能存在，也就是有“有”。本来是什么都没有的，要产生“有”就不能说一下子就出来一个30岁的，那就没有“出来”了，一定要从零开始，成长，进入“当打之年”，到了30是最高峰，然后也不能停下来，就开始一如既往地慢慢走下坡。从一生下来就是朝着死亡走，就是因为先是从0到30这样走过来，而后到了30就也要下来朝向0走，来自0，回归0，因为我们的本质就是0。

所以，圣人们的一切经典都是要大家不执着，时间是不可执着的，它只是当下的一个现象而已。如果时间停止，或者极快，那么我们就看不到一切，也就是“无、空”，所以，实际的生命长短不是把时间拿过来当尺子量一下就行的，而是心对过程的真实感觉，感觉的是能量，因人而异，这就是“代沟”。

图46　桃与鼎

第七十七章

天之道——损有余而补不足

【原经】

天之道[①]，其犹张弓者欤，高者抑之，下者举之[②]。有余者损之，不足者补之。天之道：损有余而补不足。人之道则不然：损不足以奉有余。孰能损有余而奉不足于天下者？其惟道者乎？是以圣人[③]为而不恃，功成而不居[④]，其不欲见贤邪[⑤]。

【解析】

①“天”：大道。

②“抑”：向下。“举”：向上。

③“圣人”：祖师。

④“居”：自己盖的房子理所应当是自己住。真正给尹喜的意思是：享受自己的劳动果实。

⑤“贤邪”：富余、辉煌是掠夺、剥削来的。

【白话】

大自然的做法很像你们守函谷关射箭，你们上边的往下射，而敌人是从下往上射。意思是多的就给去掉些，缺的就给补一些。也就是先圣说的“天之道是，将多的去掉一些去补给少的”。而人们的做法却刚好相反：“夺走缺少的去奉献给富余的。”有谁能够夺走富人的东西送给天下的穷人？

只有得道的人呀！因为圣人做事从不追求名，也不追求利，他从来不要这种虚假的东西。

【意译】

（您曾经讲过“天之道，损盈益寡；地之道，损高益下；鬼神之道，骄溢与下；人之道，多者不与；圣人之道，卑而莫能上也。”）

大道是自动使事物均衡，就像医圣岐伯说的：高的使之降低，低的使之升高；多的令其减少，少的促其增多。而人们做事却刚好相反，常常会按照自我的意愿来办事，是从缺少的人、穷人那里拿过来去奉献给富人。所以没有见道就会做错事，见了道才能做事符合大自然。因为祖师不把事情分高低贵贱，不把人分成三六九等，从来事情就只是事情，做成了事从来也不会执着什么，因为区别对待就是分别心，是妄想，圣人只是平常心看待一切。见了大道就懂得，咱们所做的事都只是大自然之中的一部分，因为咱们祖师认为自己就是大自然的一部分，而没有一个单独的“我”。

【心解】

心平，事平，天下平。“平”即无。圣人无我，自然不会为了“我”而去“恃、居”，“已识乾坤大，犹怜草木青”。

【延展】

《黄帝内经》曰：“高者抑之，下者举之，有余折之，不足补之。”《道德经》里有许多是黄帝的教导，可能是尹喜把过去学习黄帝的书而问的问题，也有可能是尹喜表述一下对黄帝某句话的体会，然后老子给他讲一遍，也有是老子看尹喜体会得还不够高度，就重新讲一遍。所以说：《道德经》是中华民族智慧的集大成。

有一个词叫“太上”，是指经过了历史的沉淀，大浪淘沙，依然占据至高无上位置的圣人，咱们现在大都就一概是指老子了。那么在尹喜所能够学习到的书籍和言传中，除了黄帝应该还有更早圣人的教导（注意，古人学习的“书籍”不像后世，只是纸质的一种，而是物质的和人背诵出来的两种，咱们《道德经》也是尹喜及其他学生事后把记住的写下来的，比如早期的佛经是靠口耳相传传下来的）。所以，老子、尹喜、孔子可以学习到没有文字记载的很多“书籍”，比如伏羲的、盘古的、神农的各种“神话故事”，口耳相传的“书”，所以司马迁的“著”是指用嘴讲课，学生记在了心里。古代圣贤都讲究“三不朽，立德、立功、立言”。“立言”就是把自己的思想讲给大家，就存在于天地间了，学生们也记录下来形成书，比如《论语》《传习录》和老子的其他经。

大道是宇宙间一切物理的缔造者，一切化学的生产者，一切物质、生命、精神、宇宙的总创造师，是洪荒之力。它是能量，能创造一切和灭掉一切。

“高者抑之”就是“枪打出头鸟”。“木秀于林，风必摧之；堆出于岸，流必湍之；行高于人，众必非之。”

“其犹张弓者欤，高者抑之，下者举之。”老子是拿他们把守函谷关来解释岐伯的高论：它就好比你们守城，敌人在下边向城上射箭，而你们守城的则是从箭孔向下射。老子的讲课理论联系实际，以尹喜一干人最熟悉的事情打比方是最能让人理解的。

“居”，自己带领大家打下的江山，理所应当是自己坐这个天下。

“功成而不居”，是说做成了事，甚至打下了江山，也不躺在功劳上享受。得道的人无“我”，做事就只是自然依道而行，从不执着应该怎样，“应该”是头脑所产生的预设，是头脑给自己设的一个固定的东西，有了这些执着我们便不能得见大道，“全心全意地为人民服务”就是圣人无“我”。比如我们经常能听到有男性说：“我对她这么好，她应该接受我啦！”我要说的是：对不起，这只是你的一厢情愿。她可以接受你，也可以不接受你。得大道的人是，尽自己的努力去追，努力了，用心了，至于结果怎样不是我说了算。这样不预设结果就不会太受伤。

“天之道：损有余而补不足”是引用的老话，就是阴阳平衡。比如雨季，就会有崩塌、滑坡、泥石流，比如河水泛滥，大水过后，地面高的地方被冲掉，而沟壑低洼被填平。我们大地上的大平原，都是河水长时间的沉积作用才形成的，所以叫“冲积平原”，如“珠江三角洲”。上海就是高原上的泥沙向海里堆积出来的河滩，过去叫“上海滩”。大自然慢慢风化高山以填低谷。老子总说水是最遵从道的，水一直在努力地为道工作。如果看不清这种力量想要达到的结果，你只要把一切都想成是冰做的。当冰融化了，水就会在大道之手的推动下运动，使地球趋于平坦。我们看，考古地层是一层一层的，越下层越古老。

在动物的层面就是“傻人有傻福，天公疼憨人”。越是动作快的、效率高的、机灵的越早死。

所谓的“天之道”就是大道。“天”是指宇宙的自然规律、法则，也就是“道”，也被说成“造化”“老天爷”“长生天”“神”。“天之道，损有余而补不足”相当于“得道多助”；“人之道，损不足以奉有余”相当于“失道寡助”。

金字塔，第十层有10077696块石块，越高越少，到第三层有36块，第二层是6块，最上的这一块我们可以叫它“第一层”，还可以叫“顶层”，叫“塔顶”“塔尖”“塔刹”“台顶”“坟顶”。宇宙的至高层只有一个，它是一切事物的根本，只有少数人知道，他们就引导天下的大众去看，去了解，老子管这个叫“道”。很多叫法，你不能说“有许多个”。吵架是因为我们没有学到家，没有看到最高层，全世界分6块互相否定，岂不知6块并不是最高的，它们只是上边那块奔奔石的垫脚石。

第七十八章

柔软过于水——“为天地立心，为生民立命，为往圣继绝学，为万世开太平。”

【原经】

天下莫柔弱于水，而攻坚强者莫之能先，以其无以易①之也。“柔之胜刚，弱之胜强。”天下莫不知，而莫之能行②。故圣人③之言云：“受国之垢，是谓社稷之主④。受国之不祥，是谓天下之王⑤。”正言若反也。

【解析】

①“易”：改变。

②“莫不知”：道可道。“莫之能行”：非恒道。

③“圣人”：前辈的祖师，这里应该是黄帝，也可以是老子的老师。

④“受”：承当。“国”：原来是“邦”字。“垢”：错误。“社稷之主”：也就是君王，天下方向的制定者，律法的制定者。

⑤“受”：承担。“不祥”：天灾人祸。“天下之王”：君王，天下的行政管理者。

【白话】

天下最柔弱的莫过于水了，然而对付坚硬的东西谁都不如它，因为它有坚持到底的性格。正所谓：“柔能克刚，弱能克强。”大家都知道，却都做不到。所以，黄帝曾说："能够承担天下责任的，才能够成为社稷坛的主人。而只是能够带领天下解决困难的人，就是天下的君王。"好事说出来反而成相反的啦！

【意译】

（应该是尹喜对书上的"受国之垢，是谓社稷之主。受国之不祥，是谓天下之主"有了一番解释，老子认为尹喜说得对，补充一下，以水来打比喻，就更加准确精炼，也是在认可赞叹尹喜，也同时是赞叹老子自己及天下的一切圣人祖师，比如黄帝、大禹，还有老子的老师。）

这普天之下最没有力量的东西谁也比不过水，但是论克服困难也是它第一，因为它能够坚持不懈始终如一。前人说得好："柔软能够克硬，弱能克强。"水滴石穿，蚂蚁啃骨头。这些道理天下人都知道，但是都缺乏坚韧不拔的毅力，不能够坚持到底也就半途而废了。所以黄帝早就说过："有智慧能够高瞻远瞩，看清楚大多数人看不到的那么远，也许不被大家理解，但是只要对国家好就做，一点不考虑自己的身后名节，一切后果自己承担，这才是真正的圣王。而为天下操劳，带领人民解决问题的人，就只能成为天下的行政领导。"说出来似乎不是好事而是倒霉的事。

【心解】

为真理，为天下，像水一样全心全意地无私奉献，"铁肩担道义"。

【延展】

这一章的意思是：大圣人的东西，需要有大的格局、大的心怀才能够担得起，才能够继承这部经。小尹，不要以为你天生天赋异禀，人人都是平等的，你现在的优秀是你过往劫中，为了真理栉风沐雨，不懈为众生做马牛的结果。我，还有历代的圣人祖师也不是天上掉下来的智慧，也是这样坚持不懈的结果。你是有大志气的勇者，而弱小者没有你我这样的毅力。所以，像咱们这样"铁肩担道义"的人才能够修成大道，才能承受一切苦难，才能担天下，我才敢把天下心交给你。

“正言若反”意思是：你努力为人民了，按理说应该获得人民的赞美、尊重。而我告诉你，当你的智慧更大、看得更远时，你就会给天下更大的好处，老百姓非但看不到好处，反而看到的都是坏处，他们自然会说你是不好的人。

“攻坚强者”“柔之胜刚，弱之胜强。”东西在水里时间长了会泡烂。我们大家都知道的“水滴石穿”，还有很多很多，雨水把山石浸泡、冲刷成土下来铺成了平原。我们赞叹的风景“鬼斧神工”，都是水参与创造的。

“易”，这里指坚持不下去了，就改变了，水只要没有干，它会一直泡着你。水不会改变性质，它会一直渗进一切能进去的地方。

“无以易之”，不会回头，一条道走到黑，坚韧不拔的毅力。夸赞水是在夸赞能够学习到真东西的尹喜及自己，以及历代的圣人。认准了一个正确的事情，就一直坚持到底，不达目的决不罢休，这才是愚公移山、精卫填海真正的精神。

“柔之胜刚，弱之胜强”是引用的，柔弱随顺于大道。讲一个大家都知道的典故，老子的老师常枞，张其口而示老子曰：“吾舌存乎？”老子曰：“然。”“吾齿存乎？”“老子曰：“亡。”常枞曰：“子知之乎？”老子答曰：“夫舌之存乎，岂非以其柔耶。齿之亡乎，岂非以其刚耶。”常枞曰：“嘻！是已。天下之事已尽矣，何以复语子哉！”

这一章是《道德经》的难点，（1）“社稷之主”是什么？（2）“社稷之主”与“天下之王”有什么区别？是什么关系？（3）“国之垢”是什么？（4）“国之不祥”指什么？（5）字面意思很清楚，尤其是前半段，但是前面讲柔弱跟后面“主”有什么关系？这是最大的难点，即便文字看懂了也难以理解。甚至大家看了下面的讲解还是难以理解，因为是在我们大家的认知范围之外的，这一章是给尹喜一个人讲的。

“垢”，污点，接近于现代的“黑”。就是说，原本不是错误，只因为大家不理解，就认为是错，国人就黑他。比如写孟姜女的文人们，才不管长城对国家、对后世的作用，甚至两千五百年后全世界都啧啧称奇，只是恨秦始皇统一了他的国家，就拿死了人来黑秦始皇。

“社稷之主”字面意思是指国家大政方针、律法的制定者，解读天道的圣贤。“受国之垢，是谓社稷之主。”是援引前辈祖师的话，意思是：能够忘我，为天下办事，即使不被天下人理解而诟病也在所不惜，是给国家传达上天旨意的人。为什么会“垢”呢？是心的格局不同，圣人看到的情况大家看不到，自然就不能理解。

那么下句“受国之不祥，是谓天下之主”，就要求低一些了。

“天下之主”是指君王，只负责民生行政管理的，是依律法政策的执行者。“受国之不祥”君王所承担的是国家的责任，要吃苦操劳，把国家维护好，治理好，把问题给解决了就行。就是历史上大多数的“好”皇帝，比如唐明皇、朱棣、康熙、乾隆。

“社稷之主”是要看天下大的方向，跑偏了的要纠正过来，出现了大的毒瘤要动手术割掉。所以可能动作太大，天下人的心受不了而不能理解。他们是真正舍己为人的——“岂能尽如人意，但求无愧我心！”他（她）们所造出的恩泽因为太宏大，太猛烈，太摧枯拉朽，令众生望不尽秋水浩渺——“冥”，所以就得到了他所保卫的人民之诟。

“垢”是指大家的误会。“不祥”指不顺利，不是一个程度。佛陀能担大家的指责，用生命作为责任心的表征，在菩提树下坐下的那一刻，就已经把生命做了赌注，为了真理，用身家性命做最后一搏。未来的弥勒佛也会是这样的，不管有多少人不理解，为了他们都要以命为搏。

“正言若反”意思是说出来似是呈现出不好的结果，因为与天下大多数人们的生活追求相反。我们大多数人追求的都是个人的幸福，读书是要出人头地焚香列鼎光宗耀祖，有好的工作，高贵的地位，很多的钱，娶心仪的漂亮的太太，因为他的心就那么大，而圣人的心是宇宙，追求的是全人类的幸福，“为天地立心，为生民立命；为往圣继绝学，为万世开太平”。

第七十九章

无欲行德——有德的人处理矛盾是解决心，而无道的人只会解决事

【原经】

和大怨，必有余怨。安可以为善？是以圣人执左契，而不责于人。故："有德司契①，无德司彻②。""天道无亲，常与善人③。"

【解析】

①"左契"：佐证。左手拿的"天启"，作为国家办事的依凭。"司契"：在骨头上刻甲骨文的人。

②"彻"：祭祀完了撤去青铜礼器、祭品。

③"善人"：圆满的人，这里指尹喜。

【白话】

即便解决了大的怨，但心中的怨愤不可能一下子说放下就放下的，那么怎么才能没有怨呢？就像你，掌握着理也不去批评别人。正如《礼》上说的："有道的人负责订立法律，无道的人负责撤除礼器。"大道不是喜欢你才给你的，它是专门给能放得下的人。

【意译】

（可能尹喜问：先圣说"君子知天下之不可盖也，故后之下之，使人

慕之……天道无亲常与善人”。您给讲讲。）

出了矛盾争执，虽然过去了，但是终究是有了怨气。那如何才能完全化解，心里一点无挂碍呢？就得像你刚才这样，有理也不辩驳，不得理不饶人，就是法典上说的：“有道的人负责订立法律，无道的人负责撤除青铜礼器。”大道客观公正，不会偏向着谁，大道找你是因为你能够放得下。

【心解】

“昨日种种，譬如昨日死；今日种种，譬如今日生。”有的人心在事上，而有的人心在无相上。只要你无相，都是过眼云烟，大道就找你来。

【延展】

“圣人执左契，而不责于人。”“左契”指契约的根部分，就是讨债的人，表示是占理的一方。“右契”是欠债的一方。

“无亲”是指没有我们常人的好坏之分别。

“天道无亲，常与善人。”这句话是引用前辈圣人黄帝的话，字面意思是宇宙大自然从来不去选择什么，都是客观对待。只有我们不起分别心，顺应了大道，老天爷就不会给我们造成阻力。

“有德司契，无德司彻。”过去在祭祀时，有德，也就是有道的王，咱们现代叫“巫师”，以及一圈能够通道的人，通过王解读上天在龟甲上烧的纹路——“契”，来看上天的旨意。“无德”就是没有得道的大多数人，就做其他的准备工作，比如用稻草秆给青铜器抛光，使之金光闪闪，依《礼》摆放好青铜器。祭祀完了，负责把青铜祭器撤下去，擦拭干净收好——“彻”，这是这句话的原意。

在《道德经》里我们总能够看到诸如退让、软弱、放下，所以有人就认为老子是消极的，是教导我们退让窝囊。其实不是的，因为尹喜是一个偏硬（阳）的将军，老子是来调治尹喜的。

这堂课就仿佛老子是母鸡，尹喜是蛋。老子给尹喜讲《德经》就相当于孵蛋，小鸡快出来了母鸡要啄一下（《德经》后边的第五十四章）。然后小鸡出来了（见第五十五、五十六章），母鸡要维护一下小鸡，就是《道经》。而后母鸡要照顾小鸡长到成年，小鸡就有能力照顾自己了，就是《西升经》，然后长大了的小鸡也可以去孵蛋了，就是后来尹喜弘传大道于天下，并守正出新讲课，他的徒弟给记录成了一部《文始真经》。所以，《德经》《道经》《西升经》《文始真经》是一个序列，为的就是“把真‘道’讲给大家”。

人生蜿蜒负韶华，
雾池迷途费精竭。
五千圣言点梦醒，
消弭红尘始无踪。

第八十章

圆德止心——初见道者，须先养圣心，守心如玉如如不动，方可成就

【原经】

小国寡民，使民有什佰①之器②而不用也，使民重③死而不远徙。虽有舟舆无所乘之。虽有甲兵无所陈④之。使民复结绳⑤而用之。至治之极⑥，民各甘其食，美其服，安其俗，乐其业。邻国相望，鸡犬之声相闻，使民至老死不相与往来。

【解析】

①“什佰”：五花八门，各式各样。

②“器”：工具器材，这里指尹喜的手段。

③“重”：重视。

④“陈”：设置，这里指尹喜的攻防。

⑤“结”：拧，搓。“结绳”：不是“结绳记事”，而是制造绳子。

⑥“治”：悟道后的保任。“至治之极”：最好的管理办法。

【白话】

国家小人口少，这样再好不过，即使有很多的工具也不要去用。让国民因怕死而不敢远足，纵然有车船等交通工具也不要乘坐，虽然有士兵也不要戎戍。让百姓恢复之前自给自足的状态，哪怕是小到一根绳子都要自

己造。最好的治理，就是让百姓将注意力全放在吃好、穿好、用好、居住好。与邻国相望，都能听到鸡犬之声，但老百姓不来往。

【意译】

（尹喜大概是老子一夸赞肯定他，他就想着报答老子的知遇之恩，就表决心说：一定要努力修行，不负使命，为天地立心，为往圣继绝学，用一切手段去消灭妄想，一露头我就把它给灭了！争取早日报效天下，报效师父。老子赶紧讲：孩子，放松，放松，孩子你太懂事啦，咱们悟道后真正的修行不能用你过去的优点，不能太使劲啦，要柔顺，不急，顺其自然哈。）

小尹哪，刚刚悟道之人，心力还很弱小，还没有什么定力，对付不了外界喧嚣的干扰和诱惑，你就不要去想什么征服妄想之类的，你眼下就老老实实地先闭关静修，先把定力搞好了。无论你之前学习了多少法门，这个时候都是无用的垃圾，什么办法都别用。你只有沉下来，静静地，先断了与红尘世界的关联再说，其余的统统不要想。

【心解】

初见道者就好比小孩子，要好好呵护着，必须在大人的眼皮子底下玩，不能乱跑，因为你不知道什么时候会出现意想不到的危险，等长大了才行。

【延展】

这一章文字最好懂了，通篇讲的是小国家要怎样明哲保身的，但是正因为好懂，正因为清晰明确，恰恰就会让人不再深入了，就像《黄帝内经》。

“结绳”不是指“结绳记事”，再回到原始社会去，开历史倒车，而是制造绳子。

“使民复结绳而用之”是说，生活所用统统自己本国解决，哪怕是小到一根绳子。

可能借鉴了《黄帝内经》中那句“故美其食，任其服，乐其俗，高下不相慕，其民故曰朴”。

这一章不是讲国家人民，完全是比喻。因为尹喜悟道了，老子就让他从现在开始心“闭关”。刚刚悟道心力还很弱小，先不要进入红尘中，先安下心来才能慢慢静如止水。等道心长大了，真正做到不动了，“心如墙壁，内心无喘”，才能做事。

那个念头就是念头，但是人总是把它当回事，分辨成阴阳两边，就有喜欢和讨厌了，我们的“喜”“厌”就是妄想，宠辱就“惊”了。那些念头、概念、标签、好坏、阴阳都是我们自己创造的、认同的，在圣人眼里就是无事生非。

讲清楚了，希望今后大家不要再误会老子了，国家间的友好往来是正道，是“和”“大和”“太和”。

这一章跟禅宗一模一样的，因为悟道后的徒弟就是总喜欢去跟妄想斗，喜欢运用智慧去把妄想荡平了，这时候禅师就说：你才开悟不久，不要想着跟妄想去斗。刚开悟就相当于一个小婴儿，还不能干事，等长大了才行。

我这里斗胆给伟大的《道德经》再起一个经名叫《道德心经》，以符合老子一直讲的是心（图47），这样大家就不会认为《道德经》是在给大家讲那些个事情啦。就像《花千骨》中白子画给花千骨上的第一堂课就是告诉她：“凡人只能用眼睛去观看眼前的景物，而我们修道之人要用心去感受，去感受一花一草，一事一物。”王阳明说：“欲修身，先养心。”道家叫“修心炼性”，佛家叫“明心见性”，儒家叫“存心养性”，故宫皇帝的办公室叫“养心殿”，殊途同归。

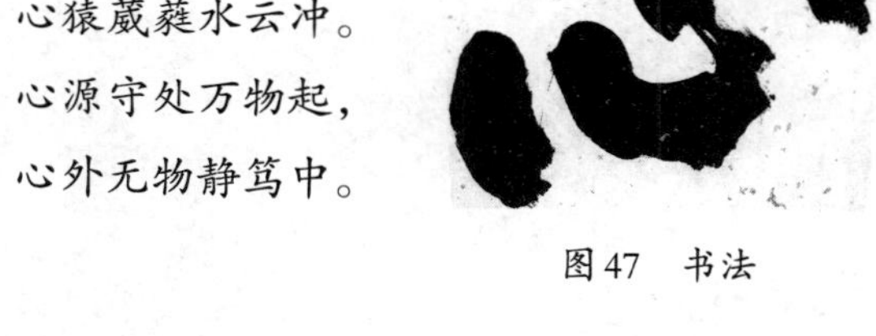

图47　书法

第八十一章

大道至简——情到深处人孤独，爱至穷时尽沧桑

【原经】

信言不美，美言不信①。善言不辩，辩言不善②。知者不博，博者不知③。

圣人无积④，既以为人，己愈有⑤；既以与人，己愈多⑥。天之道，利而不害⑦。圣人之道，为而不争⑧。

【解析】

①“信”：指悟道的尹喜对大道是相信的。

②“善”：见了道。“辩”：理论，哲理。

③“知”：明白了道。“博”：掌握许多修行的知识理论、法门。

④“圣人”：指尹喜。“积”：私心。

⑤“为人”：给予，佛家叫“法布施”。

⑥“多”：道丰德盛，内心充实。

⑦“利而不害”：只要好的而不要不好的，就是王阳明的“为善去恶是格物”。

⑧“争”：为自己考虑。

【意译】

（弟子明白了，真正的道就是平静平凡。身心清静不起波动，该干吗干吗，一切事情都是道，都顺乎于自然。没有一个做事情的人，也没有事情，也没有做，就是一个活着。等心完全沉淀干净了，再为人民做事，以无妄想心去做事，无为而无不为。就像水一样做事，有缘的一个不少，没有缘的就不强求，就像您说的“道法自然”？）

嗯，你现在讲的话就没有先前的大道理啦，讲大道理是因为还没有见道。你看看现在，明白了就没那么多的问题了，也不跟我掰饬啦！前边有那么多的教条、道理跟我争论是因为你没见道。知道了“道”，那些个道理就无立足之地啦，那么多的“法”“根据”“因为所以”……都是没有道造成的！

圣人是怎么想问题呢？告诉你，他从不考虑自己的得失，他只一个心眼去为他人，越是付出就会越充实，越是给予人就越无“我”，道德就越高。而他们君王做事呀，是为天下的，但他们不允许损害到自己，不希望天下说自己不好。然而圣人为天下做事情就不考虑自己，不考虑大家是不是说咱们好，只一心考虑为天下好，哪怕大家不理解骂咱们，咱们也要去做。

【心解】

“信不足则多言”，“此心光明，亦复何言”。见了道就是见了人类之母，就会安之若命，然后自动升起了一种责任和使命，全心全意地为世界服务，而不顾及自己，“为天地立心，为生民立命，为往圣继绝学，为万世开太平”。

【延展】

首先要提醒的是，这一章虽然是经的尾，但不是结束，而是活动的半中腰，所以老子讲的不是收尾、总结的话，第三十五、三十六章才是收官，第三十七章老子收尾。

这一章应该是尹喜说的话不是之前的问题了，大概是说：我现在明白了我们活着的意义，不是要掌握、把持、拥有什么，而是好好活着。看听闻，心应该是收敛的、安静的、踏实的，不去向外追的。做事只是为了天下人，说话也一定是为天下，总之是给予，是付出，这才是我们活着的意义。老子肯定尹喜说：你明白了大道就没有之前的问题啦，也没有之前的疑惑啦，也不讲之前的道法了，也没有那么多的问题问了，也不跟我辩论啦。你看你的心都安定了，大心、天下心自动就升起来了，多好！

为圣人者正是如你刚刚说的无私奉献，将智慧贡献给天下，你要站在宇宙大道的高度来承担天下，不可有一丝丝的小“我”，弘道就是你未来的使命，哪怕不被理解，哪怕背负千年骂名，也要义无反顾地为众生燃尽最后一滴蜡，就算是被我们所服务的对象所诟病。我们的存在就是为人民服务的，这就是我们的天职。我教导你不仅要作为终生奋斗的唯一，还要传给下一代的祖师，因为这些教导不是我的，而是上古圣人传下来的。

“积”这里指自己的小九九。“圣人无积”是肯定尹喜说的，为圣人者，与宇宙合一了，就没有小我私己了，不会为自己考虑一些利害得失而有所保留的，也就是全心全意地为人民服务。

我们看，帛书上是“天之道，利而不害。人之道，为而弗争”。“为而弗争”是圣境，配“人之道”显然是不妥的。那么，差了一个字，意思就相反了，帛书版里有许多类似的瑕疵，有理由相信是其他人记错了。

“天之道”是指道。“圣人”是指尹喜，圣人才是给天下稳定思想的，君王是组织大家干事的领导者。中国从盘古一直下来都是按天意行事的，后来慢慢变成按人的意思了。

“利而不害”是干事为了大家双方都好，不能说天下好了但是对干事的君王有害。

“为而不争”是对天下好就行，不考虑其他，只管为人民服务一头，只有一个方向。咱们借一句名言，“利而不害”是“我为人人，人人为我”，是“为人民服务”。“为而不争”只是“我为人人”，这就是“圣人之道”，就是“全心全意地为人民服务”，释迦牟尼叫“无所住行于布施”。张居正写过一偈：“愿以深心奉尘刹，不予自身求利益。”而“利而不害”是有所住行于布施。所以有人为天下做大好事，被骂也要做，他们知道危险，但是为了天下苍生，为了那些将来骂自己的人的幸福而在所不惜。而其他人知道后果是不会做的，所以其他人是被后世夸的，比如康熙、乾隆，就不会做雍正那样的“傻”事，只有圣人，唯有圣人才能够“拆骨为炬”“投崖饲虎”。

如果尹喜把自己和其他人问的也记录下来，那《道德经》可能就是“两万言”了，那么我们后世就会好懂一些，就像佛经、《西升经》。其实这一章上下是不同的意思，实际是两章。

第五章有说“多言数穷”，大家要知道，老子圣威仰止，话不多。如果几天的课程换作孔子，就会多出去几倍。下面，不管大家信与不信，咱们都要给大家讲一下。有少数时候，尹喜或别人请教了问题，老子依然端坐无语，或说“下一个问题”，或说“不回答”，这些就没有记录在经里。尹喜他们也照样能够从中得到答案、获得启发。有些尹喜的问题是在讲说刚刚老子没有说话时自己所获得的点化甚至比说话还多，这就相当于《维摩诘经》里的“默然”，甚至尹喜的开悟都是在老子“默然”下的结果。因此真正的《道德经》不只是八十一章五千言，可能有一百章六千言，那十九章一千言是尹喜从老子的无言中所获得的答案，它在尹喜的心中是有话语的。那些看不见的与我们看到的文字一样重要，甚至更有启发性，更妙。

所以说，《道德经》的画卷一经展开，就画尽山云海月情。不管它是五千言，还是三千言，大道的智慧就展现给了世人。即便真的有丢字落句，也不会影响圣人智慧的表达，因为它是一个大的整体。大鹏鸟翅膀上掉了几根羽毛，不能说没有影响，但是不会影响它上九霄。

图 48　书法“画尽山云海月情”

南怀瑾老师提倡的幼儿读经运动就是千年大计，是打造中华民族伟大复兴的未来心，“少年强则中国强”。智慧就是国魂，“中华优秀传统文化是中华民族的精神命脉”。

《庄子·天下》：“关尹、老聃闻其风而悦之，建之以常无有，主之以‘太一’，以濡弱谦下为表，以空虚不毁万物为实。”意思是说：这个尹喜，老子一听到他说的话就喜欢，就把最高的祖师道理给他讲，其宗旨都是围绕着大道的，表面上是说谦虚、不执着，而实际上是讲的无我、顺应自然。

庄子的“太一”就是大道。“不毁”即不违背。圣人能看到大家看不到的好处，包括你自己都不清楚的优点，圣人比你还清楚你。这就好比一个好的老师、教练，他能够发现孩子身上的潜质。比如吴昌硕去请益，任伯年就让他画几下看看，吴昌硕就硬着头皮画了画。他自己都看不入眼，觉得很丑；然而任伯年却说，就你现在的笔力已经超过我了。后来，已经成大名的吴昌硕跟他的衣钵弟子王个簃说：当时我根本就不信，认为他就是随口奉承我，但是伯年先生又是一本正经的，我就搞不懂了，反正根本就没觉得自己能画得多好（意思是：根本没有想到会是如今这样名满天下）。就是因为任伯年慧眼识珠，才给予了我莫大的鼓励。言外之意是：一个好的老师至关重要，他能够造就新的辉煌。潜在意思是：你也要像任伯年和我一样好好地教学生，把我们的衣钵传下去，把这种伟大的精神传下去。任伯年、老子都是中国文化的“师道”，“师者”除了“授业”，还要“解惑”，给学生打开一扇窗，让他能够自己看到天。不仅仅告诉他“其然”，还能够告诉他“其所以然”。任伯年不是去教吴昌硕怎么画画，而是让他知道画的根本原理——画道，所以吴昌硕画的一点都不像任伯年。老子不仅仅是给尹喜讲如何学习道，而是让他成为道。好的老师就像好的诗人，都是心中有“志”的。何为“志”？就是心中有能跳过龙门的志气，也就是一颗龙心。好的徒弟也是有龙心的，尹喜就是找老子给自己打开了龙心。

咱们在这里讲一讲中华民族的至高峰、金字塔尖。我中华民族至高无上、无与伦比的圣人是黄帝、老子、庄子、孔子。如果尹喜、王阳明、荀子、韩非子、朱子、孟子、张道陵、诸葛亮、张良、刘伯温等讲黄帝和《道德经》，就是在“讲解”圣人的东西。而如果是老子讲黄帝，庄子讲黄帝、老子，就不是用“讲解”两个字就说完了，应该这么说：他们是借前辈的著作来表达自己的大智慧。所以，他们这些大圣人讲前圣人的东西，就是“如虎添翼”。再打个比方，历代大师都讲解《金刚经》，大多是“讲解”，能够做到不走样的，就是很了不起的悟道人，是名副其实的“圣人”“大师”。但是六祖慧能讲解的《金刚经》，就是借《金刚经》的语言来掏出自己心中的经。就是说，其他人是百丈禅师说的“见与师齐，减师半德”，而庄子、六祖慧能他们这些，是属于“见过于师，方堪传授”的范畴，就是说，他们本身就是老虎，讲自己的东西就能够达到最高峰，前圣人也是老虎，他们讲前圣人的经就是老虎讲老虎，就可以叫“如虎添翼”，《推背图》叫“双羽四足”。

在圣人眼里，我们人生所经历的一切，包括我们讨厌的一切，都是给予我们一个成全，推送我们领略什么是“完美”，都是从正反两个方向给我们的大爱。

老子整个《道德经》震霆启寐，烈耀破谜，说的就是我们一切的生命本是一个大整体，我们的智慧是与大道一样究竟，我们原本就是大道，只

图49 “道”字书法

是我们忘记了初衷。忘记了我们给自己安排的这一趟旅程，一趟由远及近接近道、观察道、欣赏道、抚摸道，直至进入道、感受道，最后才知道，自己就是道。

叫“经”的书，不是要我们此生只是去参加婚礼，去吃宴席，去看热闹，而是要我们去跟生活结婚，去做生活的主人而不是客人。“经”不是让我们了解世界，更不是去搞宗教迷信，而是拥有世界。

结束语

老子五千言解完了，那么整个《道德经》里哪个词最重要呢？就是第十四章的“道纪”。懂了“道纪”，才会理解《道德经》是为什么说，为谁而说，才能知道《道德经》存在的意义。整个《道德经》这次的课程就是为“道纪”而设置的，因为它是大道在天下的上层建筑，也就能理解《道德经》起点之高是何缘故了。

“纪”相当于“线”字，“道纪”可直接翻译成“道线”，是由历代祖师组成的法脉，是道法的生命线，因此《道德经》是从上古到老子几千年无数圣人智慧的集大成。咱们这里借一下佛家来说“道纪”，释迦牟尼说一辈子法，为的就是“拈花微笑”。懂了“拈花微笑”才是真正懂佛法，这在老子就是“道纪”。不懂“拈花微笑”的学佛者很多，他们都能够把佛经讲得很好；同样，不懂“道纪”的人亦很多，他们也都能把《道德经》讲得很好，其实都是“道可道，非恒道”“佛可佛，非恒佛”（大多讲《圣经》《古兰经》的亦如是）。

那么《道德经》里哪个词第二重要？就是第一章的“玄之又玄，众妙之门”，这是道的形象，就相当于佛家说的“三千大千世界囿于微尘中”。

我中华民族的图腾是“神龙”，龙能够小无限小又大无限大，这就是老子给我们描述的大道的样子。

俗话说“铁打的营盘流水的兵”，那“营盘”就是“玄之又玄”，就是大道。而“兵”就是“众妙之门”，就是万物，就是大千世界红尘，《道德经》让我们看的是那个“铁打”的东西，而不是用兵打仗。

排在第三的是老子传衣钵垂的圣训：“吾有三宝，持而保之：一曰

‘慈’，二曰‘俭’，三曰‘不敢为天下先’。”是要尹喜一生恪守的，并且还要传给再下边的祖师。

本书把很多的“秘密”给解开了，比如“啊”字，“取天下”“非以明民，将以愚之”，第六十九章的“不敢进寸而退尺”“小国寡民，老死不相往来”。

《道德经》里，我们不能以为看着很熟悉的字句就依文解义。比如有许多“大”字，它只是借了红尘中的字，不是我们平常的一个相对的“大”，而是绝对的“大”——恒大。

整个《道德经》的中心思想就是《易经·系辞》说的：“一阴一阳之谓道，继之者善也，成之者性也。”这一段话是很难懂的，就是说：我们滚滚的红尘（阴阳）本身就是“恒道”，动的背后乃是静，这是因为我们“大患若身”，有一个“我”，才把阴看成是阴，阳看成是阳，把我看成是“我”而不是他。老子是让尹喜看到一切的背后都是一，也就是“道”。

大道一直在这里，等待着你这个“观察者”的观察、发现，只有你的心观察，它才呈现给你心的样子，否则依然是在路口等红灯。红灯怎么能变绿呢？不是老师去给我们拨开关，而是老师给予我们开导。当我们懂了时，我们的心就与开关“纠缠”上了，用我们的心就能打开绿色的开关。

没有“固定”，没有“产生”，没有青葱少年、二八佳人，也没有时光催老、英雄迟暮，唯有一个你的心。在你无心的时候就能看到你的心，而我们有心时却恰恰看到的是事物，其实就是心。只是我们把它当成了“事物”，“格”成了“物”，变成了“知道”，就是“常无欲以观其妙，常有欲以观其窍”。这句话背后的意思，本来按理应该随着文字在第一章讲，但是因为太难理解了，所以不能在刚开始讲。老子的意思是：不管你怎么找大道，分析、推理、考证、探索、推敲，是不会见到大道的，只会得出一个理论性的东西，因为道不能是像其他的那样找答案，道不在答案里存活，“找”答案的方向就是错的，因为是向外了。找当然要找，但是要向内找，不是找天找地找宇宙，要像丢了魂似的找，不是找答案，而是找问题；不是去找，而是来找。其实不是“找”，是“疑”，疑进来，“疑问”，疑问这个能疑能问的伙计，什么是“疑”，什么是“问”本身，来找这个能找的家伙，找这个能问的是谁，这样才是“恒无欲”，才是正确的方向。

我们常常见到“文化”“文明”这两个词，但是大家说法不一。“文”，字面意思是文字，展开来代表历史和律法，也就是天下所遵循的行为准则。“化”字面意思是贯穿、融入，延伸出去就是思想。那么“文”与“化”两个字组合在一起的意思是：我们一切行为的指导思想。这里边包括人的本性，及区域国家、民族特有的思维认知。我们看，中国文化中的自信自强、文明礼貌、高贵典雅、友善和谐，其实就是两个字——大气。

如何才能大气呢，咱们就用“文明”来讲。“文”表示天下人的行为准则，这也就是孔子要“克己复礼”的追求，怎奈人心不古，失势失道强为无济！“明”就是进一步转化为自觉的主观能动性，是心上的“质变”。所以“文明”是指全民族骨子里的“德”的比例，是对天道的明悟度。不是被胁迫的，而是心中有了光明，就会迸发出来自内心的强大的力量，就像刘胡兰、江姐、王成。这正是文以载道，明以见心！《道德经》就是中华民族“明”的根源。

尽管咱们业已解清楚了，但是有许多的地方大家不必太认真，因为这些地方是在大多数人的认知范围之上的。比如“行无行”就是佛经说的：“行”者非行也，是名“行”，这只是给尹喜讲的。这就像没有读研的大多数大学生、中学生是看不懂那些习题的，你必须要有那个层次才行。不知道大家看过尹喜的经没有？尹喜在这个《道德经》课程完了就不再看人了，也不看物了，也不看自己了，因为没有了自己，自己早已不是个“人”了，只有一个既大既小的“知道”，所以才能知宇宙乾坤，才能将《道德经》弘扬开来，才能讲出那样伟大的《文经》，才能教导出伟大的列子及后代一大批圣贤，也导致了释迦牟尼的智慧来到中国，咱们的圣贤都能够懂。

咱们在书中反复强调：《道德经》大部分是给尹喜讲的。咱们打个比喻，比如尹喜是一个登山健将，他希望有朝一日也登上珠穆朗玛峰，他就截住天下第一登山家老子，请教在珠峰上看天下是个什么样。因为尹喜已经登上过七千米的高峰，所以老子来回多讲几轮尹喜就完全懂了。而听那堂课的其他人，有的就只是在平地上生活，有的只上过小山，有的去过黄山，有的爬过大雪山，因此老子讲的，他们就只能听懂一部分。如果说这个《道德经》，老子只能顾尹喜一个人，那么其他人就是捎带着，因为尹喜人才难得。

再有，如果想真正解好天下一切圣人的经典，只靠依文解义是不行的，必须得有明白人讲给你。咱们举个例子，咱们现代的一句话，两千五百年以后就变成“古文”了，未来咱们的子孙如果不了解意思，也就是说没有“前人”讲给他们，他们依文解义就很可能是这样的翻译：

【原文】：让您见笑了。

【白话】：我使您高兴地笑了。

【意译】：我讨得了您的欢心，引发您欣慰地笑啦。

可笑吗？中外的很多老师就是这样解《道德经》的。比如河上公说“孔者，大也”“玄，天也”，老子“孔”和“玄”都是小的意思，这不仅仅是语言文字表达上的差异，而是说明河上公没有悟道。

我们讲解、学习《道德经》的专家老师们要想进入《道德经》，就要打坐，“致虚极，守定笃”，以“删除”小“我”。道智慧不是光靠学问、学养、学识、训诂就够的，只有“引爆激情”才能“顿开智慧”。不然不光看不懂，就连看到真正解正确的都会认为是错的，就像叶公好龙。甚至道德经专家反而成为宣传真道的绊脚石，所以，不把小“我”拉黑，是进入不了《道德经》的。

有人问我学习《道德经》的目的。我说：“没有烦恼，获得喜乐。”尹喜就是觉得自己还有烦恼，然后他看见紫气东来，于是就去截老子。老子就通过几天的时间，一边讲，一边让大家打坐，一边回答尹喜的问题，带领尹喜去到了“桃花源”，那里没有烦恼。所以，《道德经》课程是开往“桃花源”的飞船。

尹喜的智慧在孟子朱子之上，与庄子平齐，如果《道德经》就是如河上公解释的那样，治国用兵、为人处世，那尹喜和孔子根本不用去请教老子。尹喜和孔子自己都能有水平教育别人，何劳圣人“五千言”。“紫气”和“犹龙”是大道的“草”，惟冬虫方能独享也。

我们大家都知道，中华民族的圣人很多，名气最大的是孔圣人。其实孔子是中华民族的皮和肉，这些都容易让人们看到，其实真正支撑起皮肉，使其有力量的是骨。老子就是那埋在内里默默奉献的骨，我中华民族的骨，像水一样甘居“谷”位，名气没有孔子大，乃“高处不胜寒”。

有人问我：“悟道了是不是就温文尔雅、和蔼可亲了？就仁义礼智信了？”我说：“这是把所谓的‘修行’和悟道混为一谈了。原本修行和悟道是相向而行的一码事，可是后来慢慢变成不一码事了。“明白”“悟道”是一种洞见，很像汽车，它帮助我们有能力走得更快，效率更高。你是一个温文尔雅的人，你就开得温文尔雅；你是一个粗暴的人，你的“车品”就也随你的人品。当然圣人教导了“慈悲”“博爱”，“博”是道，“爱”是德，重点在道，在智慧，在明白，有了“博”的“爱”才是“博爱”，不然只是小爱，小爱用达摩的话说是“没有功德”的。所以要“道德”而不是颠倒过来“德道”。修行道教、佛教、基督教不能重点在“德”，而是重点要在“道”，有“道”才能是真正的“德”，不然“人生无根蒂，飘如陌上尘”。所以大家不要用道德标准去界定别人有道无道，那些仁义道德的指标恰恰是捆住我们悟道的障碍。

那么一个人“悟道”，“明白”了，与他之前有什么不同呢？生命对于我们人来说是最在乎的第一事，动物、蚂蚁也一样，其实植物也是。那么告诉大家，明白了就会知道，生命跟我们过去的看法完全不同，很多事情都放得下了。比如“后事”“遗嘱”就会像说别人的事情一样去想、去说、去直面，因为“我”、利益、得失、宠辱、金钱、世界、宇宙都不是像过去那么真实了——“本来无一物，何处惹尘埃”。

第二十一章“芒芴”是现代“虚”的意思，大家有“说不清道不明”的理解也情有可原，因为明白的人讲出来是这样的：那是一切声音的源，一切光线的源、体积的源、时间的源、宇宙的源、地球的源、物质的源，一切动物的源，乃至我们人的源……其实就是一切的源泉。这些讲解在圣人那里是明确的，尹喜听到这些话是清楚的，知道指的是什么，不过确实我们大家是不清楚的，就是说是“恍惚”的，可以理解。

第十三章有一段话：我们吃进去的，我们的财产、卡里的钱、孩子，乃至我们这一百多斤的身体，甚至我们的思想、利益都只是“小产权”，只是“使用权”，而不是真正拥有的“大产权”，就如《金刚经》说的：是我，非我，是名“我”。《道德经》及一切圣经典就是告诉我们什么是“大”产权。

吕洞宾的道诗说：

二八佳人体似酥，腰间仗剑斩愚夫。
虽然不见人头落，暗里教君骨髓枯。

如果依文解义这可是艳诗，就是说“白话”和“意译”是完全不同的，就像第三十六章。

吕祖是说：大道是天下最美丽的东西，它专门修理没有悟道的人。它虽然不是要了你的命，但是比要命更厉害万倍的是把一切你最最当回事的东西，一切的执着，乃至小“我”统统斩掉。

比如历史上记载老子的长相：“鼻纯骨双柱，耳有三漏门。”“耳有三门，鼻有双柱，形如截筒。”咱们看到，他们就依文解义说：老子有三个耳朵眼儿，两个鼻梁骨。“截筒”就是截断的竹筒，表示直。“双柱”跟“截筒”是一个意思，就是鼻梁骨高高的，就是西方人的“高鼻梁”。“双柱”是说上一段和下一段都像竹筒一样很挺直。

总之，《道德经》是“置入式营销”，老子要达到的目的不是教育、教导，而是置入心灵的道。不只是道家之道，更不是道教之道，而是人类之道、天下之道、宇宙之道。

比如《道德经》是美女，人们研究她的眉眼五官，皮肤身条儿，这就是外表，就是依文解义。假如除了看长相也看美女的气质，这就是对《道德经》思想内涵的解读。假如再看美女的智慧，就是“道”层面的，所以咱们叫“悟解”。

《道德经》为什么这么难？有很多当时的背景已经不知道了，《道德经》主要是给尹喜讲的，所以老子点到为止尹喜就全明白，结果就简而又精，精而又简。黄帝有很多就是讲这方面的，说明书有很多，现代还能看到的只有河图、洛书、八卦了，助人类行游掌观，医学治病，风水建设，排兵布阵，现代的“围棋”是将军行阵兵演用的。所以，我们现代看不到黄帝书，也不懂祭祀的内涵，不懂《易经》八卦，更不懂天演，这些尹喜都懂。所以，支持《道德经》及黄帝经典的文化背景是很多的，那些都是《道德经》和黄帝经典的准内容、影子文字、有机的组合体。

很多人问，研读《道德经》的参考书有哪些？《西升经》《文始真经》《庄子》《荀子》《孟子》《论语》《大学》《中庸》《金刚经》《心经》以及黄帝的全部书。如果时间不多，就读《淮南子》《传习录》两本也可以。

有些人常常问我：“老子《道德经》的中心意思是什么？”我说：“不只是老子，天下大圣人的中心意思是：告诉我们，我们来到地球的意义是什么？”大家都知道许多成语，比如“荣辱与共”“生死相随”，当我见了大道的那一刻，只觉得我过去所理解的都打零分，见了道才知道“荣辱与共”是什么意思，不然我永生永世也不会真正理解。这时就能理解什么是“博爱”，什么是“全心全意为人民服务”，什么是“大慈大悲”，什么是“为中华崛起而读书”，它们是用生命写就的。再有，天下圣人说了这么多，根本上是告诉大家真相，也就是说，这个我们大家天天看到的、天天认为的都是隔着一层假象，圣人就是给我们大家来“证伪”的，证明这些都是假象，都是“梦幻泡影”“虚幻”的境。所以见道了的就叫“见到了实相”，所以管见道了的人，比如尹喜、迦叶、慧能，“十二门徒”，都叫“真人”。老子之于尹喜，就是在黑暗中正苦苦摸索，突然亮起了一盏灯，前途一下子光明了。

这里引《黄帝悟解》里的一段：“《道德经》《易经》《诗经》及黄帝经

就是告诉我们，熵不是无可奈何花落去的事，只要我们有志气，就可以突破‘熵增定律’达到‘熵减’。这就是跳出三界外，不在五行中。这就是孙悟空可以改生死簿，就是《道德经》第五十章说的‘有少数人，能够打破红尘的枷锁——善摄生者’。”

这里的结束语很重要，因为不用对应什么句子、话、章节，可以直接讲主旨。在这里咱们讲一下圣人的作用，经典的作用。很多人知道是悟道，智慧，真理，还有就是慰藉、信仰、保佑等。那么悟道、真理究竟有什么用？跟我们有什么关系？我们所看到的有些经典，如《道德经》《庄子》《六祖坛经》是专门讲悟道的，还有讲悟道及做事结合的，如《易经》《大学》《中庸》《黄帝内经》《黄帝四经》。所以在这里告诉大家，一个圣人君王，他不会自私自利，大家看到的尽管与其他君王一样争权力、追名逐利、打压异己等，但是他不是“为自己”。那只是大家“认为”的为自己，是因为大家有“自己”，有小我，就以小人之心度君子之腹了。悟道、智慧的用处是：我们在碰到事情时的选择，比如《黄帝四经》就是讲，君王知道许多个做法，采取哪一个就要看君王的智慧，智慧高的就会选择不违背“天”的做法，而没有“道”的就可能选择对人我有利的做法。也许眼前，鼻子尖底下确实获得了“好处”，国家百姓也得到了发展，但是无道的人看不到长远，这就是第八十一章说的“天之道利而不害，圣人之道为而不争”。这里的“天之道”是指百姓的愿望，就是说君王办事都是为老百姓，符合老百姓的利益，满足老百姓的诉求。“利而不害”的“利”是利益百姓，“不害”是指君王也不犯错，不受到指责、批评。“为而不争”的“为”是为人民服务，“不争”是不考虑自己是不是也在受益之中。不管在与不在，只要国家百姓好，哪怕人民批评，哪怕人民不理解，都义无反顾地去为百姓好。

有道无道做出的选择不同，眼前的有些利益可能就不能要，有些可以，用老百姓的话说就是“有些钱不能赚”。比如“愚公移山”，如果让你、让天下大多数人选择，一定不会去干的。中国有一句话叫作“不经历九九八十一难是成不了佛的”。你八卦算出来了是“辱”不是“宠”，那怎么样？你于是乎就“惊”——宠辱若惊，就想方设法去改变。再比如，有两个女孩，你找师父一算：一个漂亮，拿得出手，不过你要以她为中心；另一个不漂亮，有助于你的事业。你要怎么选择？没有对与错，不过至少诸葛亮选择了后者。比如黄帝的意思是：我是圣人，我就以大家长的身份替今后的子孙后代做个选择，给后世君王一个主心骨，这样就造成了咱们中国的延续不断，使我中华民族香火不断。所以如今，我们想要“中华民族伟大复兴”，就不能偏离我们的传统。这是总原则，具体情况当然可以具体调整。

不管是“阴阳”“一、二、三、万物”“无极、太极、四象、八卦”“三千大千世界”“须弥”“瀑流”“众妙之门”，还是我们所接触到的一切的一切，圣人统统给你提取出一个公因数——道。

据说在世界上，《道德经》发行量从长期的第二，目前超过了《圣经》上到了第一。在美国政坛，给予老子的评价为“总统之师”。咱们借他们商业的一句话说：《圣经》的优秀主要靠品牌，而《道德经》是纯靠技术。

《道德经》就是圣人大禹的“天河定底神珍铁”，长期静静地待在海底，浑身长满青苔，没有人真正地懂，没有发挥出真正的作用。非遇见未来的斗战胜佛才能得心应手，发挥出它的作用，打败一切妖魔鬼怪。在世界上，从古至今有无数出类拔萃的人和著作，老子、《道德经》是那耀眼的之一。拿破仑说：“世上有两种力量，利剑和思想，从长而论，利剑总是败在思想手下。”意思是：刀剑的力量在短时间是有用的，但是只是一时的；而真正的、长远的、战略性的、根本的还是思想。《道德经》就是“思想”，用三个字总结一下就是聊（讲主观）→疗（愈）→了（彻底明白）。

如果说“含金量”，其他的著作百分之五十以上，就能“坐历史”了，达到百分之八十的就凤毛麟角了，而达到百分之百的，只有黄帝、庄子、六祖慧能、王阳明及老子等的著作。

触目横斜千万朵，
赏心只有两三枝。
——李方膺

图50　柿子

后　记

本书耗时十年，穷毕生之学，涉诸方博杂科项，于知智海中舀得一瓢，深入经藏，学教习长，相得益彰。原七十万字，现精简为二十万字的“简易本”，读来清轻一些，利于广开普及。

一本书的完成，背后有很多的因缘促成，有大环境，有诸师长的期望，门第的责任，也是本人多年的夙愿。

从写书的缘起、写作的过程到本书和大家见面，张珍星先生在整个过程中从打磨、润色，到语言文字的提炼都投入了很大的精力，故我非孤军奋战。

感谢王姮小姐引荐了策划人柯祥河先生，几经辗转，柯先生最后联系了台海出版社。柯先生和台海出版社其出版理念取法乎上，有自己的独立思考、自己的坚守，所以大家志同道合，能够同频共振，将此书携手并力出版面世。

本书的书名和里面的书法是九十六岁高龄的家父林心传先生所写，他是吴昌硕先生的再传衣钵。封面大克鼎为本人所绘，暗合老子一言九鼎之凿意。

在这过程中亦有其他许多朋友给予了支持，在此一并感谢！

接下来的计划是把《黄帝四经》及黄帝的其他作品解析出来。一直说，我们中华民族的智慧是“黄老”和“老庄”，但是多年来大家就只见到“老”，而“黄”就只有《黄帝内经》及一些散短之文。如今终于见到了成规模的黄帝著作，所以要把黄帝的智慧给解出来，以圆成历史上“黄老”之称。

再下面计划把《淮南子》《文始真经》《西升经》等古圣先贤经典都一一悟解，让更多经典普及开来。